갈라디아서·에베소서 ·골로새서의 이해

Galatians · Ephesians · Colossians

갈라디아서 · 에베소서 · 골로새서의 이해

2020년 12월 27일 초 판 1쇄 인쇄
2020년 12월 30일 초 판 1쇄 발행

저 자 • 양 창 삼
발행인 • 조 경 혜
발행처 • 도서출판 그리심
07030 서울시 동작구 사당로2길 72 인정 인정 B동 (B01)

등록번호 • 제 7-258호(1998. 4. 23)
출 판 사 • 전화 523-7589 팩스 523-7590
홈페이지 • http://grisim.biz
전자우편 • grisimcho@hanmail.net

값: 표지 뒷면에

ISBN 978-89-5799-447-4 93230

양 창 삼

저 서

『기독교와 현대사회』로 한양대에서 우수저술상을 받았고,
『헨리 나우웬의 실천하는 영성』은
문화관광부 우수교양도서로 선정되었다.
함께 쓴 『뒤르케임을 다시 생각한다』는
대한민국 학술원 우수학술도서로 선정되었다.

기독교 관계 주요 저서로
『기독교사회학의 인식세계,』
『뒤틀린 삶의 문제와 기독교적 해답,』
『자아의식과 예수의식,』
『조선을 섬긴 행복: 서서평의 사랑과 인생』 등이 있다.

바른 성경읽기에 관심을 가져
『창세기』를 비롯한 모세오경, 『열왕기 상하 읽기』, 『시편 읽기』,
『잠언의 이해』, 『이사야의 이해』, 『다니엘서』, 『소선지서』, 『마태복음의 이해』를 비롯한 사복음서, 『사도행전의 이해』, 『로마서의 이해』,
『고린도전서와 고린도후서의 이해』, 『빌립보서』,
『히브리서의 이해』, 『베드로전서와 베드로후서의 이해』,
『요한1 · 2 · 3서와 요한계시록』 등을 내놓았다.

머리말

이번에 바울의 서신 가운데 갈라디아서, 에베소서, 골로새서를 한 데 묶었다. 빌립보서는 이미 출간되었기 때문이다. 이 세 서신가운데 에베소서와 골로새서 두 서신은 옥중서신으로, 서로 비슷하여 쌍둥이 편지라 한다. 이 서신을 읽다보면 그들 교회가 보인다.

갈라디아서(Galatians)는 갈라디아 교회에 보낸 것이다. 그런데 갈라디아 교회는 한 교회가 아니다. 그 지역의 여러 교회에게 보낸 것이다. 이 서신은 로마서와 고린도 전 · 후서와 함께 3대 "복음 서신"(gospel epistles)으로 불리기도 한다. 복음서신이라 함은 이 서신들이 예수 그리스도의 인격과 사역, 십자가 및 구속 등을 교리적으로 재해석했기 때문이다.

바울은 갈라디아서를 통해 자신에 대한 사도 권을 적극 변호하였다. 또한 구원은 행위가 아니라 오직 믿음과 은혜임을 강조했다. 유대인들은 할례를 받아야 구원을 얻을 수 있다고 가르치기 때문이다. 바울은 이 거짓 선생들을 주의하라고 말하고 있다. 그리고 그리스도 안에서의 삶의 문제를 다루었다. 더 이상 죄에 얽매여 있을 것이 아니라 죄로부터 자유로운 존재로 살아야 한다는 것이다.

에베소서(Ephesians)는 바울이 제3차 전도여행을 마친 후 예루살렘에 올라갔다가 체포된 후 가이사랴를 거쳐 로마에 감금된 상태에서 쓴 것이다. 에베소 교회는 바울이 3년간 머물며 온 힘을 다해 세운 교회이기 때문에 그의 관심은 컸다.

에베소는 우상의 신전이 많은 곳, 마술이 판치는 곳, 인종적 분쟁과 폭력이 난무한 곳이었다. 바울은 이곳에서 영적 삶을 추구하며 살 영적 꿈을 가졌다. 에베소서의 주제는 교회다. 바울은 교회를 구원 받은 새로운 공동체로 간주하고 이상적 교회의 모형을 제시했다. 교회는 그리스도 안에 있어야 하고, 성도는 교회 안에 거하며 성결한 삶을 사는 것이다. 에베소 교회가 그런 교회가 되었으면 하는 소원을 담고 있다. 하지만 이 소원은 이 교회에만 해당되는 것이 아니다. 주님을 변함없이 사랑하는 모든 교회에 해당한다.

골로새서(Colossians)는 골로새 교회에 보내는 서신이다. 이 교회는 바울이 세운 교회는 아니다. 에바브라가 골로새를 비롯해 라오디게아, 히에라폴리스에 복음을 전하며 세워진 교회이다. 에바브라는 골로새 사람으로 주변 지역 전도에 힘쓰며, 바울의 사역을 도왔다.

골로새 교인들은 핍박, 이단, 거짓교사, 이방문화로 고통 가운데 있었다. 바울이 이 편지를 쓴 주요 목적은 골로새 교회에 들어온 이단을 반박하기 위한 것이다. 이 목적을 이루기 위해 그는 그리스도에 관한 진리를 강조하고 있다. 바울은 서신을 통해 무엇을 믿을 것인가, 그리스도인으로서 어떤 삶을 살 것인가를 잘 보여주었다. 골로새서는 감사와 그리스도로 집약된다. 그리고 그들에게 하나님의 은혜가 무엇인가를 알려주고자 한다.

이 세 서신 모두 우리가 예수 그리스도를 알면 어떻게 변화된 삶을 살 수 있는가를 가르치고 있다. 이단과 사설이 난무하는 이 시대에도 경종이 되는 서신이 아닐 수 없다. 오늘날의 위기는 원칙의 흔들림에 있다. 원칙은 말씀에 있다. 성경은 하나님의 말씀이다. 우리가 서야 할 곳은 바로 그 말씀에 있다. 그것을 바울이 잘 가르쳐 주고 있다. 이 책이 그 길을 찾는데 도움을 줄 것이다. (❈)

차 례

갈라디아서

제1장 바울의 인사말, 다른 복음은 없다, 사도직의 신적 기원 · 10

제2장 인정받은 바울의 사도직, 베드로의 외식을 책망함, 믿음으로 얻는 구원 · 18

제3장 어리석음에 대한 책망, 율법의 저주, 복음의 축복, 율법을 주신 목적, 율법보다 우월한 믿음 · 25

제4장 유업을 받을 자, 초등학문으로 돌아가지 말 것, 개인적 간증을 통한 논증, 언약을 통한 논증 · 49

제5장 그리스도께서 주신 자유, 서로 사랑하며 성령을 따라 살기, 육체의 열매와 성령의 열매 · 65

제6장 성도의 교제, 십자가를 자랑하라, 맺음말 · 81

에베소서

제1장 인사의 말, 영적인 축복과 영광의 찬가, 바울의 첫 번째 기도 · 98

제2장 은혜로 말미암은 구원, 그리스도의 십자가 · 120

제3장 하나님의 은혜의 경륜, 이방인을 위한 바울의 사명, 바울의 두 번째 기도 · 139

제4장 그리스도 안에서 하나 됨, 직분을 주신 목적, 그리스도를 믿는 것과 아는 일, 그리스도인의 새로운 삶, 새 생활의 법칙(1) · 155

제5장 새 생활의 법칙(2), 빛의 자녀, 지혜 있는 삶과 성령 충만, 남편과 아내의 관계 · 178

제6장 자녀와 부모의 관계, 종과 상전의 관계, 성도의 영적 무장, 마지막 인사 · 198

골로새서

제1장 인사말, 감사와 기도, 구세주로서의 그리스도, 창조주 그리스도, 교회의 머리이신 그리스도, 바울의 사역 · 218

제2장 바울의 관심과 염려, 거짓 가르침에 대한 경고 · 237

제3장 위의 것을 찾을 것, 그리스도인의 새 생활, 그리스도인의 가정생활 · 251

제4장 상전에 대한 말씀, 그리스도인의 기도생활과 권고, 작별인사와 맺음말 · 268

갈라디아서의 이해

Galatians

갈라디아서

갈라디아서 1장

바울의 인사말, 다른 복음은 없다, 사도직의 신적 기원

1. 바울의 인사말(1-5절)

"사람들에게서 난 것도 아니요 사람으로 말미암은 것도 아니요 오직 예수 그리스도와 그를 죽은 자 가운데서 살리신 하나님 아버지로 말미암아 사도 된 바울은." (1절)

바울은 자신이 사도(*apostolos*, apostle)임을 밝히고 있다. 사도는 "보냄을 받은 자"라는 뜻이다. 사도는 예수님의 열두 제자에만 한정되지 않는다. 바울, 바나바, 그리고 복음을 전파한 다른 이들에게도 적용된다(행 14:4, 14, 갈 1:9, 롬 16:17).

바울은 자신의 사도됨은 사람들이 시켜서 된 것도 아니고 사람이 맡겨서 된 것도 아니며, 예수 그리스도께서 그리고 그분을 죽은 사람들 가운데서 살리신 하나님 아버지께서 임명하여 사도가 되었다고 말하고 있다.

"함께 있는 모든 형제와 더불어 갈라디아 여러 교회들에게." (2절)

여기서 "함께 있는 모든 형제"는 자신과 함께 선교하고 사역에 동참하는 동역자들을 가리킨다. 바울은 이 서신을 쓰기 전에 이 서신에서 다루고자 하는 이슈들을 함께 토론했을 것이다.

"갈라디아 여러 교회들(*ekklesiais*, churches)에게"는 갈라디아(Galatia)에 있는 하나의 교회만을 가리키지 않는다. 바울이 제1차 전도여행에서 갈라디아 남부 지역의 비시디아, 안디옥, 이고니온, 루스드라, 더베 등에 세운 교회들을 가리킨다는 남 갈라디아 설이 있고, 소아시아 중북부에 위치한 여러 교회에 보낸 것이라는 북 갈라디아 설이 있다. 갈라디아는 소아시아 중앙고원 지대로, 지금의 터키에 속한다.

"우리 하나님 아버지와 주 예수 그리스도로부터 은혜와 평강이 있기를 원하노라." (3절)

바울은 하나님 아버지와 예수 그리스도로부터 오는 은혜와 평강이 교회에 있기를 기도했다. 은혜와 평강은 하나님과 구원 받은 그의 백성 사이의 화목한 관계에서 온다는 특성이 있다. 은혜(*charis*, grace)는 주님이 자기 백성에게 주시는 선물로, 우리에게 어떤 공로가 있어서 주신 것이 아니라는 점에서 은혜요 은총이다. 평강(*eirene*, peace)은 하나님이 주시는 평안으로, 구약의 샬롬에 해당한다. 샬롬은 위로부터 부어주시는 평안이다. 이에 비해 에이레네는 "연합하다," "연결하다"는 뜻을 가진 "에이로"(*eiro*)에서 나온 것으로 주님과 연결될 때 오는 평안을 말한다. 바울은 갈라디아 교인들이 은혜의 복음, 평안을 주는 복음에서 멀어지지 않도록 당부하고 있다.

"그리스도께서 하나님 곧 우리 아버지의 뜻을 따라 이 악한 세대에서 우리를 건지시려고 우리 죄를 대속하기 위하여 자기 몸을 주셨으니." (4절)

예수님은 하나님 우리 아버지의 뜻(*thelema*, will)을 따라 우리를 이 악한 세대에서 건져 주시려고, 우리의 죄를 대속하기 위하여 자기 몸을 바치셨다. "이 악한 세대"는 사단의 권세아래 있는 악하고 패역한 현 세상을 가리킨다. 이 죄 때문에 결국 망하게 된다. 따라서 예수님은 이런 세상에 빠져있는 우리를 구하시려고 십자가에 죽으셨다. 이 죽으심은 바로 하나님, 곧 우리 아버지의 뜻을 따른 것이다.

"영광이 그에게 세세토록 있을 지어다 아멘." (5절)

바울은 하나님 아버지께 길이길이 영광이 있기를 기원했다. 아멘(*amen*)은 문자적으로 "의뢰가 되다", "의지하다"는 뜻을 가지고 있다. 부사로는 "진실로"(truly), "참으로"라는 뜻을 가지고 있다. 그 내용에 동의하거나 그것이 이루어지기(so be it)를 바라는 마음을 담고 있다.

2. 다른 복음은 없다(6-10절)

바울은 이 단락에서 서신을 띄우게 된 동기를 밝히고 있다. 교인들이 변질된 다른 복음을 따르는 것을 이상하게 여기며, 그리스도의 복음 외에 다른 복음은 없다고 선언한다.

"그리스도의 은혜로 너희를 부르신 이를 이같이 속히 떠나 다른 복음을 따르는 것을 내가 이상하게 여기노라."(6절)

바울은 전에 갈라디아 교회들에 전한 복음, 곧 그리스도의 복음 외에 다른 복음을 좇고 있음을 보고 이상히 여겼다. 바울은 믿음으로 말미암는 은혜의 복음을 전했다. 그런데 교인들이 이 복음을 전적으로 수용하지 않고 다른 복음(*heteron euangelion*, a different gospel), 곧 변질된 복음, 특히 율법의 행위로 구원을 얻는다고 주장하는 유대주의자들의 가르침을 수용하는 것을 보며 바울은 놀라움을 표시하고 있다.

그리고 바울은 선언한다. "다른 복음은 없다." 그리스도의 은혜의 복음 외에 다른 것을 받아들여서는 안 된다는 것이다. 참된 복음은 오직 십자가의 복음, 오직 은혜의 복음, 그리고 오직 믿음의 복음이다. 다른 복음을 전하는 어떤 사람들, 곧 유대주의자들은 너희를 교란하여 그리스도의 복음을 변하게 하려는 것이라 했다(7절).

다른 복음은 참된 복음 50%에다 율법주의 50% 섞은 것으로 그래야 구원을 받는다고 주장한다. 율법주의자들은 할례를 받아야 하고, 주일이 아니라 안식일을 지켜야 하며, 구약에서 금한 음식(돼지, 닭, 문어, 낙지 등)을 먹지 말아야 하며, 구약의 절기를 지켜야 한다고 말한다. 율법주의는 다른 복음, 곧 이단이다. 현대에도 이단들이 많다. 우리는 어찌하든지 참된 복음을 지켜나가야 한다.

나아가 바울은 누구를 막론하고 다른 복음을 전하는 자들에 대해 저주를 선언한다. "우리나 혹은 하늘로부터 온 천사라도 우리가 너희에게 전한 복음 외에 다른 복음을 전하면 저주를 받을지어다."(8절) 저주(*anathema*, curse)는 문자적으로 "멸할 물건"이라는 뜻이다. 영적인 파멸을 당할 것이라는 말이다. 전하는 자는 참 복음인 그리스도의 복음만을 전하고, 교인들은 참 복음만 받아들여야 한다. 그렇지 않으면 모두 저주아래 놓이게 된다. 갈라디아 교회들이 다른 복음을 받아들일 경우 다른 복음을 전하는 자와 마찬가지로 영적인 파멸을 당하기 때문에 더욱 더 주의해야 한다.

"우리가 전에도 말하였지만, 이제 다시 말한다. 여러분이 이미 받은 것과 다른 복음을 여러분에게 전하는 사람이 있다면, 그가 누구이든지, 저주를 받아야 마땅하다."(9절) 이 경고의 말은 바울 일행이 전도할 때 이미 말한 것으로, 다시 한 번 더 강하게 확인시켜주고 있다. 바울은 변질된 복음을 전하는 거짓 선생들에 대해 두 번씩이나 저주가 임하기를 바랐다. 이것은 교회라면 복음의 순수성을 지켜야 할 의무가 있음을 보여준다.

"이제 내가 사람들에게 좋게 하랴 하나님께 좋게 하랴 사람들에게 기쁨을 구하랴 내가 지금까지 사람들의 기쁨을 구하였다면 그리스도의 종(*dulos*, servant)이 아니니라."(10절)

내가 지금 사람들의 마음을 기쁘게 하려하고 있는가? 아니면, 하나님의 마음을 기쁘게 해 드리려 하고 있는가? 아니면, 사람의 환심을 사려고 하고 있는가? 내가 아직도 사람의 환심을 사려고 하고 있다면 나는 그리스도의 종이 아니다. 바울 자신은 사람의 인기에 영합하거나 아첨하면서 하나님의 뜻을 무시하는 자가 아님을 천명하고 있다. 바울은 과거 한 때 율법아래서 "종의 멍에"(갈 5:1)를 멘 적이 있었다. 그러나 그는 지금 그리스도 안에서 죄로부터 자유 함을 얻어 이제는 의의 종, 곧 하나님의 종이 되었다(롬 6:18, 22). 더 이상 사람을 기쁘게 하는 자가 아니라 오직 하나님을 기쁘게 하는 자가 되었다는 것이다.

3. 사도직의 신적 기원(11-24절)

바울은 1:11-2:21에 걸쳐 자신의 사도직에 대해 말하고 있다.

그는 먼저 갈라디아 교회 형제들에게 자신이 전한 복음은 사람이 만들어낸 것이 아님을 분명히 했다(11절). 그 복음은 자신이 사람에게서 받은 것도 아니고 사람으로부터 배운 것도 아니다. 오직 예수 그리스도의 계시로 말미암은 것이다(12절). 바울은 한 때 그리스도인을 핍박하고, 복음에 맞선 인물이었다. 그러나 예수 그리스도의 계시(*apokalypseos*, a revelation)로 말미암아 열심히 믿던 유대교를 버리고 그리스도의 종이 되었다. 이 계시는 다마스쿠스로 가는 길에서 예수님을 만난 사건을 가리킨다. 바울은 그의 사도직과 복음은 모두 사람으로부터 나온 것이 아니라 하나님과 예수 그리스도에게서 유래한 것임을 확실히 하고 있다. 사람들은 바울이 예수님을 직접 뵙지 못하고 사도들로부터 전달받은 것을 전하기 때문에 가치 면에서 떨어진다고 보았다. 하지만 바울은 이것은 잘못된 생각이며, 자신은 복음을 사도들로부터 받은 것이 아니라 그리스도의 계시를 통해 직접 받은 것임을 강조하고 있다.

바울은 이 사실을 13-24절에 걸쳐 역사적인 상황을 곁들여 입증하고 있다.

내가 유대교에 있을 적에 한 행위가 어떠했는가를 여러분이 이미 들은 줄 안다. 나는 하나님의 교회를 몹시 박해했고, 또 아주 없애버리려고 하였다(13절). 바울은 바리새파에 속한 유대인으로, 율법에 근거한 신앙에 철저했다. 그리하여 그리스도인들을 핍박하는 데 앞장섰고, 교회를 아예 없애고자 했다.

나는 유대교를 지나치게 믿어 내 동족 가운데서 나와 같은 나이 또래의 그 어떤 유대인보다 많은 사람보다 유대교를 믿는데 앞장섰다. 그리고 내 조상들의 전통을 지키는 일에도 누구보다 더 열성적이었다(14절). 바울은 자신이 과거 율법주의자였음을 고백하고 있다. 그러나 지금은 아니라는 말이다. 그는 이 말을 통해 유대교의 율법주의와 기독교가 얼마나 차이가 있는가를 보여주고 있다.

그러나 하나님은 내가 태어나기도 전에 나를 택하시고 은혜로 나를 부르셨다(15절). 바울 자신이 태어나기도 전에 하나님께서는 이미 은총으로 자신을 택하시고(*aphorisas*, having selected) 불러주셨다는 것이다. 은혜로 나를 부르셨다(*kalesas*, having called me)는 것은 다마스쿠스 도상에서 바울이 회심한 사건을 가리킨다.

그 하나님께서 당신의 아들, 곧 예수 그리스도를 이방인들에게 널리 알리게 하시려고 기꺼이 그 아들을 나, 곧 바울에게 나타내 주셨다. 그 때 나는 어떤 사람과도 상의하지 않았다(16절). 예수님이 바울에게 나타나신 것은 바울로 하여금 그 자신이 그리스도이심을 확인시키시는 것은 물론 그를 이방인을 위한 사도로 삼기 위해서였다. 바울이 사도가 된 것은 오직 하나님으로부터 비롯된 것임을 보여주고 있다.

또한 바울은 자신보다 먼저 사도가 된 사람들을 만나려고 예루살렘으로 가지도 않았다. 나는 곧바로 아라비아(Arabia)로 갔다가 다시 다마스쿠스로 돌아갔다(17절). 바울은 예루살렘으로 가지 않았다는 것은 그가 전한 복음이 사도들에게서 비롯된 것이 아님을 분명히 하고 있다. 바울은 하나님의 직접적인 간섭으로 인해 예수 그리스도가 하나님의 아들임을 알게 되었다. 개종한 뒤 그는 아무와도 의논하지 않고 아라비아로 갔다. 바울이 말하는 아라비아의 정확한 위치는 알 수 없다. 그러나 다마스쿠스에서 서쪽으로 떨어진 지역일 것으로 추정하고 있다. 트랜스 요르단의 나바티아 왕국일 것이라는 주장도 있다. 그는 그곳에서 하나님을 통해 진리의 복음이 무엇인가를 깨닫게 되었다. 이것은 그가 전하는 복음과 사도직이 다른 사람의 영향을 받은 것이 아니라는 사실을 보여준다.

그 후 나는 3년 만에 베드로를 만나러 예루살렘으로 올라가서 15일 동안 그와 함께 지냈다. 나는 거기서 주님의 형제 야고보 외에 다른 사도를 만나지 못했다(18, 19절). 사람들은 바울이 전한 복음은 사도들로부터 배운 것이라 공격했지만 자신이 예루살렘을 방문하게 된 것은 회심한 지 3년이 지난 후임을 밝히고 있다. 그것도 15일 동안 그곳에 머물면서 베드로와 주의 형제 야고보(James)를 만났을 뿐 다른 사도들은 만나지 않았다고 했다. 그러니 바울은 사도들로부터 전해 받은 것을 전할 뿐이라며 바울을 공격하는 자들의 주장은 음해라는 것이다. 바울은 자신의 이 말이 거짓말이 아님을 하나님 앞에서 여러분에게 확실히 말할 수 있다고까지 했다(20절).

예루살렘 방문을 마친 바울은 육로를 통해 시리아를 거쳐 길리기아(Cilicia) 지방으로 갔다(21절). 이 지역 모두 로마 제국에 속한 지방으로, 길리기아는 시리아의 관할아래 있었다. 시리아의 중심지는 안디옥이었고, 길리기아의 중심지는 다소였다. 바울은 바나바와 함께 안디옥에서 사역하기 전까지 다소에서 생활했다.

그때까지만 해도 유대에 있는 교회들은 바울의 얼굴을 몰랐다. 별로 알려지지 않았기 때문이다. 그들은 전에 자기들을 괴롭히던 사람이 지금은 박해하던 그 믿음을 전한다는 소문을 듣고 나, 곧 바울 때문에 하나님께 영광을 돌렸다(22-24절). 박해자의 마음까지 돌리시는 주님, 박해자를 전도자로 삼으시는 주님이심을 믿고 감사했을 것이다.

갈라디아서 2장

인정받은 바울의 사도직, 베드로의 외식을 책망함, 믿음으로 얻는 구원

1. 인정받은 바울의 사도직(1-10절)

1-10절에서도 바울은 자신의 사도됨을 계속하여 변호하고 있다.

그로부터 14년이 지난 다음 나는 바나바와 함께 디도를 데리고 다시 예루살렘으로 올라갔다(1절). 지난번에는 혼자서 예루살렘을 방문했지만 이번에는 바나바와 디도가 동행했다. 바나바(Barnabas)는 키프로스 섬에서 태어난 유대인으로 예루살렘에서 살다가 재산을 팔아 그곳의 교인들에게 나눠주었다(행 4:36, 37). 기독교를 탄압하던 바울이 회심하자 바나바는 의심하는 교인들에게 그의 신앙을 증언하는 역할을 맡았다(행 9:26-29). 디도(Titus)는 헬라인으로 기독교로 개종하여 바울의 훌륭한 동역자가 된 인물이다.

바울은 회심한 이후 네 차례 예루살렘을 방문하게 되었는데, 사도행전 15:1, 2을 미루어 보아 이번 방문은 그 세 번째 방문으로 보인다. 바울은 바나바, 디도와 함께 예루살렘 공의회(Council of Jerusalem)에 참석했다. 유대로부터 온 형제들과 할례 문제로 논란이 일자 그 문제를 해결하기 위해 예루살렘으로 간 것이다.

내가 예루살렘에 올라간 것은 계시(*apokalypsin*, revelation)를 따른 것이었다. 이것은 바울이 하나님의 계시를 받고 올라갔음을 말해주고 있다. 나는 이방 사람들에게 전하는 복음을 그들에게 설명했다. 하지만 유력한 자들(*tois dokousin*, those esteemed), 곧 야고보, 베드로, 요한처럼 영향력 있는 자들에게는 사적으로 따로 설명했다. 그것은, 내가 달리고 있는 일이나 지금까지 달린 일이 헛되지 않게 하려고 한 것이다(2절). 이것은 유대 율법주의자들의 교사로 인해 그의 이방전도 사역이 방해받을 가능성을 사전에 방지하기 위한 것이다.

나와 함께 있는 디도는 헬라 사람(a Greek)이지만, 할례를 강요받지 않았다(3절). 바울은 디모데에게는 할례를 베풀었다(행 16:3). 하지만 디도에게는 할례를 베풀지 않았다. 바울에게 있어서 할례나 무할례나 그리스도 안에서는 아무 차이가 없다고 보았기 때문이다.

그런데 몰래 들어온 거짓 형제들(*pseudadelphous*, false brothers) 때문에 할례를 강요받는 일이 일어났다. 그들은 그리스도 예수 안에서 누리는 우리의 자유(*eleutherian*, freedom)를 엿보고 우리를 다시 율법의 종으로 삼으려(enslave) 한 자들이다(4절). 그들은 율법의 굴레에서 벗어나 자유롭게 믿음을 고백하며 신앙생활 하는 교인들을 다시 율법의 종으로 만들고자 했다. 하지만 우리는 잠시도 그들에게 굴복하지 않았다. 그것은 복음의 진리(*aletheia*, truth)가 언제나 여러분과 함께 있게 하려고 한 것이다(5절). 더 이상 율법주의에 매이지 않고 복음의 진리 안에서 살도록 하기 위함이다.

유력하다는 이들, 곧 예루살렘 교회 지도자들은 나에게 아무것도 새로운 것을 제시해 주지 못했다. 바울은 그의 사도직과 관련해서 그들이 그에게 더 가르쳐 준 것이 없음을 밝히고 있다. 나아가 유명하다는 그들이 한 때 어떤 사람이었던 간에 나와는 상관이 없다고 말한다. 그들의 과거가 자기에게는 결코 문제될 것이 없다는 것이다. 그 이유는 바로 하나님은 결코 사람의 겉모양을 보시지 않기 때문이다(6절).

도리어 그들은, 베드로가 할례 받은(*peritomes*, circumcision) 사람에게 복음을 전하는 일을 맡은(entrusted) 것과 같이, 내가 할례 받지 않은(*akrobystias*, uncircumcision) 이방인에게 복음을 전하는 일을 맡은 것을 알게 되었다(7절).

베드로에게 능력을 주어 그를 유대인의 사도로 삼으신 하나님이 나에게 능력을 주어 나를 이방인의 사도로 삼으신 것이다(8절). 하나님께서 할례 받은 사람에게 복음을 전하게 하시려고 베드로에게 사도직(*apostolen*, apostleship)을 주신 것처럼 나에게는 할례 받지 않은 사람에게 복음을 전하게 하시려고 사도직을 주셨다는 것이다.

기둥(*styloi*, pillars) 같은 지도자로 알려진 야고보와 베드로와 요한도 하나님이 나에게 주신 은혜를 인정하고 나와 바나바에게 교제(*koinonias*, fellowship)의 악수를 청해 왔다. 이 악수는 단순한 교제의 악수를 넘어선다. 그들이 전파하는 복음의 동일성을 재확인하고 사역을 각자 수행함에 있어서 그 역할과 책임 분담에 합의했음을 의미한다. 그래서 우리는 이방인들에게 가서 기쁜 소식을 전하고 그들은 유대인들에게 가서 기쁜 소식을 전하기로 했다(9절).

이로써 예루살렘의 사도들과 바울은 복음전파의 원칙 수립에 합의하는 데 드디어 성공했다. 베드로를 비롯한 예루살렘의 사도들은 유대인의 전도를 맡되 유대인들의 관례를 존중하는 차원에서 할례와 율법을 준수하도록 했고, 바울과 바나바는 이방인들에게 복음을 전하되 할례와 율법 문제는 거론하지 않기로 했다. 베드로는 할례자의 사도로 세움을 받았고, 바울은 이방인의 사도로 세움을 받았음을 서로 인정하였다는 말이다. 바울이 여기서 이 같이 진술을 하는 것은 바울의 사도직을 부인하여 갈라디아 교회들로 하여금 참 복음에서 떠나게 하려는 유대주의자들의 훼방을 미리 방지하기 위한 것이다.

그들이 우리에게 가난한 사람들(*ton ptochon*, the poor)을 돌보라고 부탁했는데 그 일은 내가 전부터 열심히 해오던 일이었다(10절). 예루살렘의 사도들이 자기들에게 부탁한 것이 한 가지 있었다. 그것은 유대지방의 가난한 자들의 딱한 형편을 생각하고 도움을 주도록 노력해달라는 것이었다. 가난한 사람들을 돕는 일은 자기도 본래부터 마음을 다해 해오던 일이었음을 밝혔다.

2. 바울이 베드로의 외식을 책망하다(11-14절)

베드로가 수리아의 안디옥(Antioch)에 왔다. 당시 안디옥은 로마와 알렉산드리아에 이어 로마 제국에서 세 번째로 큰 도시였다. 바울과 바나바는 안디옥 교회로부터 파송을 받아 선교여행을 시작했을 만큼 중요한 곳이다.

그런데 베드로가 안디옥에 왔을 때 그가 잘못한 일이 있었다. 바울은 그를 마주보고 책망했다. 사건의 자초지종은 이렇다.

베드로가 이방 신자들과 함께 음식을 먹고 있었는데, 야고보가 보낸 유대인 몇 사람이 들어왔다. 베드로는 할례 받은 유대인 신자들을 두려워하여 나가 버린 것이다(12절). 베드로는 바울과 앞서 예루살렘 공의회를 통해 선교분야의 분할에 합의를 보았고, 이방교인들에 대한 무할례 복음에 찬동했다. 이것은 구원을 위해서는 할례나 율법이 필요하지 않다는 것에 합의한 것이다. 그럼에도 불구하고 베드로는 이방인과 함께 식사를 하다가 할례 받은 유대인들이 들어오자 슬그머니 자리를 뜬 것이다. 이것은 그 때까지만 해도 유대인들이 이방인과 한 식탁에서 식사하는 것을 용납하지 않았음을 보여준다. 베드로는 그들로부터 받을 비난, 곧 "할례 받은 당신이 왜 무할례자와 함께 식사를 했는가?" 그 말이 두려웠던 것이다.

그러자 함께 했던 다른 유대인들도 안 먹은 체하며 밖으로 나갔고, 심지어 바나바까지도 그들의 위선(*hypokrisei*, hypocrisy)에 유혹을 받았다. 베드로의 위선적인 태도로 인해 함께 한 유대인들과 바나바까지도 실족하게 된 것이다.

베드로와 유대인들이 보인 이러한 행동은 바울이 보기에 결코 용납할 수 없는 것이었다.

그들이 믿음으로만 의롭게 된다는 복음의 진리를 따라 행동하지 않는 것을 눈여겨본 바울은 모든 사람들 앞에서 베드로를 책망했다.

"네가 유대인으로서 이방인을 따르고 유대인답게 살지 아니하면서 어찌하여 억지로 이방인을 유대인답게 살게 하려느냐."(14절) 유대인인 당신이 이방 사람처럼 살면서 어떻게 이방인에게는 유대인처럼 살라고 할 수 있는가. 베드로의 표리부동한, 위선적인 행동을 지적한 것이다.

바울의 이 같은 지적은 단지 베드로의 실수를 지적하는 데 목적이 있지 않다. 오히려 바울이 얼마나 복음을 철저히 그리고 단호하게 고수하려 했는가를 보여준다.

3. 복음의 요약: 믿음으로 얻는 구원(15-21절)

우리는 날 때부터 유대인이지 이방인 출신의 죄인이 아니다(15절). 우리 날 때부터 유대인으로 태어났지 이방인 출신의 죄인이 아니다. 우리 유대인들은 이방인을 구별하면서 이방인을 죄인이라고 멸시한다. 그렇다고 유대인들은 죄인이 아닌가? 유대인들 역시 율법의 저주에서 벗어날 수 없다.

그러나 우리는 율법을 지켜서 의롭게 되는 것이 아니라 예수 그리스도를 믿음으로(*dia pisteos*, through faith) 의롭게 된다는 것을 알기 때문에 우리도 그렇게 되려고 예수 그리스도를 믿고 있다. 그 누구도 율법을 지켜서 의롭게 될 사람은 없다(16절).

바울은 율법 자체를 경시하지는 않는다. 하지만 율법이 우리를 구원의 길로 인도하거나 의롭게 할 수 있는 것은 아니라고 말함으로써 율법의 행위를 주장하는 유대주의 신자들의 잘못된 가르침을 반박하고 있다. 우리가 의롭게 되는 것은 예수 그리스도의 중보사역과 그것을 믿는 믿음에 근거하여 하나님이 죄인을 의롭다고 선언하시는 것이다.

우리가 그리스도 안에서 의롭다고 하심을 받으려고 하다가, 우리가 죄인으로 드러난다면, 그리스도는 우리로 하여금 죄를 짓게 하시는 분이라는 말인가? 그럴 수 없다(17절)

그리스도 안에서 믿음으로 의롭게 되려면 율법을 버려야 한다. 율법을 버리면 결국 유대인이 보기에 이방인과 똑같은 죄인이 된다. 그렇다면 그리스도는 신자를 죄인으로 만드는 분이신가? 이런 일은 결코 있을 수 없다.

내가 헐어 버린 것을 다시 세우면, 나는 나 스스로를 범법자로 만드는 것이다(18절).

내가 이미 헐어 버렸던 율법의 체계를 다시 세운다면 나는 율법을 범하는 사람이 되고 만다. 율법의 행위를 의지하다가 그리스도에 대한 믿음을 의지하고, 다시 율법의 행위로 돌아간다면 그것은 표리부동한 것이자 범법자의 행위일 수밖에 없다. 바울은 베드로의 일관성 없는 행동을 회상하면서 이 구절을 썼을 것이다. 또한 갈라디아 교회의 교인들이 유대주의자들의 영향을 받아 일관성 없게 행동하는 것을 간접적으로 책망하는 것이기도 하다.

나는 율법에 관한 한 율법 그 자체에 의해서 죽었다. 이것은 하나님을 위해 살기 위해서이다(19절).

나는 율법과의 관계에서는 율법으로 말미암아 죽어버렸다. 율법을 엄격히 지킴으로 구원을 얻을 수 있다는 신앙사상을 철저히 버렸다는 말이다. 그것은 내가 하나님과의 관계 안에서 살기 위한 것이다.

"내가 그리스도와 함께 십자가에 못 박혔나니 그런즉 이제는 내가 사는 것이 아니요 오직 내 안에 그리스도께서 사시는 것이라 이제 내가 육체 가운데 사는 것은 나를 사랑하사 나를 위하여 자기 자신을 버리신 하나님의 아들을 믿는 믿음 안에서(*en pistei*, by faith) 사는 것이라."(20절)

나는 그리스도와 함께 십자가에 못 박혔다. 이제 살고 있는 것은 내가 아니다. 그리스도께서 내 안에서 살고 계신다. 내가 지금 육신 안에서 살고 있는 삶은, 나를 사랑하셔서 나를 위하여 자기 몸을 내어주신 하나님의 아들을 믿는 믿음 안에서 살아가는 것이다.

우리는 율법을 통한 구원, 행위에 따른 구원이 아니라 그리스도를 통한 구원, 믿음으로 인해 구원을 받은 귀한 존재다. 예수님은 자신의 몸을 버리시기까지 우리를 사랑하셨다. 우리가 그 사랑을 받을 만한 행동을 해서가 아니다. 우리는 허물과 죄 가운데 있었다. 로마서 5:8의 말씀처럼 우리가 죄인 되었을 때 우리를 위해 십자가 위에서 죽으셨다. 그러니 예수 그리스도를 바라보며 구원의 감격을 가지고 살아야 한다.

"내가 하나님의 은혜(*charin*, grace)를 폐하지 아니하노니 만일 의롭게 되는 것이 율법으로 말미암으면 그리스도께서 헛되이 죽으셨느니라."(21절)

만일 율법의 준수를 통해 의롭게 되는 것이 참된 진리라면 그리스도의 죽음은 헛된 것이 되고 만다. 그러나 그리스도의 죽음은 헛된 것이 아니므로 율법 행위에 의존하는 것은 진리라 할 수 없다. 나에게는 하나님의 은혜가 참으로 귀중하다.

갈라디아서 3장

어리석음에 대한 책망, 율법의 저주, 복음의 축복, 율법을 주신 목적, 율법보다 우월한 믿음

1. 어리석음에 대한 책망(1-9절)

1) 성령으로 시작했다가 육체로 마치겠느냐: 경험으로부터의 논증(1-5절)

바울은 3:1-5:12을 통해 유대주의자들의 미혹에 대항하여 오직 믿음을 통해 의로워짐(칭의)을 주장하고 있다. 1-5절은 갈라디아 교인들이 복음을 영접했던 초기의 순수한 경험에 비추어 그들이 지금 얼마만큼 영적으로 오염되어 있는가를 지적하며 강하게 책망하고 있다. 나아가 갈라디아 교인들의 초기 경험을 돌이켜보며 율법의 행위가 아니라 믿음으로 의롭게 됨을 논증하고 있다.

갈라디아 사람들이어, 왜 그리도 어리석은가? 예수 그리스도께서 십자가에 못 박히신 모습이 여러분의 눈앞에 생생한데 누가 여러분을 유혹하였는가?(1절)

예수님께서 십자가에서 죽으셨고, 그 죽음이 결코 헛된 것이 아니다. 그러므로 구원을 위해 율법의 행위에 의존하는 것은 진리가 아니다. 갈라디아 교인들은 사도들이 전한 그리스도의 고난과 죽음에 관한 내용을 생생하게 들어 그 사건이 마치 그들 눈앞에 보이는 듯 했다. 이렇듯 예수의 죽음을 분명히 알면서도 어쩌자고 어리석게도 잘못된 가르침, 곧 유대주의자들의 거짓된 교훈에 미혹되느냐는(*ebaskanen*, bewitched) 것이다.

내가 여러분에게서 한 가지 알아볼 것이 있다. 여러분이 성령을 받은 것이 율법의 행위(*ergon nomou*, works of the Law), 곧 율법을 지켜서인가, 그렇

지 않으면 믿음(*pisteos*, faith), 곧 복음의 말씀을 듣고 믿었기 때문인가? (2절)

바울은 갈라디아 교인들이 회심을 하고 성령을 받은 사실을 상기시키면서 그것이 율법을 잘 지켜서 받은 것인지, 아니면 사도들이 전한 복음을 듣고 믿었기 때문인지 확실히 하고자 했다. 율법을 지킴으로 인해 성령을 받은 것이 결코 아님을 다시금 확인하고자 한 것이다. 사도들은, 성도들이 말씀을 믿고 성령을 선물로 받은 것을 하나님의 은총이자 구원의 뚜렷한 보증으로 여겼다.

여러분은 그렇게도 어리석은가? 성령(*Pneumati*, the Spirit)으로 시작하였다가, 이제(*nyn*, now) 와서 육체(*sarki*, the flesh)로 끝마치려고 하는가.(3절)

성령으로 시작했다가 이제 와서 육체로 끝마치려는 것은 어리석은 일이라는 것이다. "육체로 끝마치려고 하는 것"은 예수를 믿는 믿음이 아니라 율법의 행위, 곧 자신의 노력으로 완전해지려고 하는 것을 말한다. 인간은 어느 누구도 자신의 행위로 의로워질 수 없다. 율법을 잘 지킨다고 해결되는 문제가 아니다.

여러분은 복음을 위해 많은 고난을 받았다. 그런데 이제 와서 율법주의 때문에 그것을 버린단 말인가? 그것이 다 허사가 되었다(*eike*, in vain)는 말인가? 참말로 허사였는가?(4절)

바울은 그들이 처음 복음을 받아들였을 때 많은 고난, 곧 핍박이 있었음을 상기시키고 있다. 복음을 위해 그토록 핍박을 받았음에도 불구하고, 이제 와서 그 믿음을 저버리고 율법주의를 따른다는 것이 믿기지 않는다. 그렇다면 그동안 겪었던 그 많은 고난과 핍박은 허사가 아니겠는가. 복음이 그처럼 헛된 것인가. 결코 그렇지 않다는 말이다.

하나님이 여러분에게 성령을 주시고 기적을 베풀어 주신 것은 여러분이 율법을 지켰기 때문인가? 복음을 듣고 믿었기 때문인가?(5절)

바울은 다시 한 번 묻는다. 하나님께서 여러분에게 성령을 주시고 여러분 가운데서 기적을 행하시는 것은 여러분이 율법을 행하기 때문인가, 아니면 여러분이 복음을 듣고 믿어서 그렇게 하신 것인가. 여러분의 경험을 통해 한 번 솔직하게 말해보라는 것이다.

2) 아브라함이 하나님을 믿으매 그것을 그에게 의로 정하셨다: 성경으로부터의 논증(6-9절)

이 단락은 아브라함의 칭의 사건으로부터 논증한 것이다. 믿음으로 의롭게 된다는 사실의 예로 이 사건을 든 것은 아브라함이 유대인들의 조상이기 때문이다. 바울은 갈라디아 교인들의 경험을 성경에 나타난 아브라함의 경험과 비교시켜 믿음으로 의롭게 되는 진리가 성경적임을 논증하고 있다.

"아브라함이 하나님을 믿으매 그것을 그에게 의로 정하셨다 함과 같으니라." (6절)

창세기 15:6에는 "아브라함이 하나님을 믿었으므로(*episteusen*, believed) 하나님은 이 믿음 때문에 그를 의롭게(*dikaiosynen*, righteousness) 여기셨다." 라는 말씀이 있다. 로마서 4:3, 야고보서 2:23에도 이 말씀이 인용되고 있다. 하나님을 믿는 아브라함의 믿음을 의로운 일로 여겨 주셨다는 것이다. 바울은 유대인들의 조상인 아브라함이 믿음으로 의롭게 되었다는 사실을 성경의 말씀을 통해 증명함으로써 율법으로 의롭게 된다는 유대의 거짓 교사들의 가르침이 잘못되었음을 보여주고자 했다.

"그런즉 믿음으로 말미암은 자들은 아브라함의 자손인 줄 알지어다." (7절)

그러므로 믿음을 가진 사람들만이 진정 아브라함의 후손(*huioi*, sons)이 된다는 것을 알라는 말씀이다. 아브라함은 육적으로나 영적으로 유대인의 조상이다. 여기서는 유대인이건 이방인이건 모든 믿는 자들은 아브라함의 자손이라 부르고 있다.

"또 하나님이 이방을 믿음으로 말미암아 의로 정하실 것을 성경이 미리 알고 먼저 아브라함에게 복음을 전하되 모든 이방인이 너로 말미암아 복을 받으리라 하였느니라."(8절)

그리고 성경은 하나님이 믿음으로(*ek pisteos*, by faith) 이방인들(*ta ethne*, the Gentiles)을 의롭게 하실 것을 미리 내다보고 일찍이 아브라함에게 "땅의 모든 족속이 너를 인하여 복을 얻을 것이니라."(창 12:3) 라는 기쁜 소식을 전했다. "성경이 미리 알고"는 성경이 인격화된 표현으로, 이것은 이 말씀이 하나님으로부터 비롯되었음을 보여준다. 이것은 하나님을 믿음으로 의롭게 된 아브라함처럼 이방인들이 예수를 믿음으로 의롭게 될 것을 보여주는 성경의 말씀, 곧 약속의 말씀이다.

"그러므로 믿음으로 말미암은 자는 믿음이 있는 아브라함과 함께 복을 받느니라."(9절)

그러므로 믿음으로 사는 사람은 믿음을 가진 아브라함과 함께 복을 받는다(*eulogountai*, be blessed). 아브라함처럼 믿음으로 의롭다함을 받은 자는 아브라함의 자손이 되어 그와 함께 복을 받게 된다. 바울은 로마서 4장을 통해 "믿음이 있는 아브라함"에 대해 자세히 설명하고 있다.

2. 율법의 저주(10-13절)

바울은 이 단락에서 신명기 27:26, 하박국 2:4, 레위기 18:5, 신명기 21:23을 차례로 인용하였다. 이 인용을 통해 율법에 의해 의롭다 함을 인정받기는 불가능하다는 것을 강조하고 있다. 인간은 율법을 온전히 지키지 못함으로 인해 율법은 저주를 가져오지만 복음은 구원의 축복을 가져온다는 것이다.

"무릇 율법 행위에 속한 자들은 저주 아래에 있나니 기록된바 누구든지 율법 책에 기록된 대로 모든 일을 항상 행하지 아니하는 자는 저주 아래에 있는 자라 하였음이라." (10절)

율법 행위에 근거하여 살려고 하는 사람, 곧 율법을 지켜서 구원받으려는 율법주의자들은 하나님의 은혜를 거절하고 자기 행위로 의롭다함을 얻으려 하는 자들이다. 그런 자들은 모두 저주(*kataran*, curse) 아래 있다. 왜냐하면 어느 누구도 율법을 온전히 지킨 자가 없었기 때문이다. 이 때문에 바울은 "이 율법의 말씀을 실행하지 아니하는 자는 저주를 받을 것이라 할 것이요" 라는 신명기 27:26의 말씀을 인용했다. 인간은 자신의 노력으로 의롭게 될 수 없다.

"또 하나님 앞에서 아무도 율법으로 말미암아 의롭게 되지 못할 것이 분명하니 이는 의인은 믿음으로 살리라 하였음이라." (11절)

하나님 앞에서는 아무도 율법으로는(*en nomo*, by the law) 의롭게 되지 못한다는 것이 분명하다. 성경에도 "의인(*ho dikaios*, the righteous)은 믿음으로 살리라" (합 2:4) 하였기 때문이다. 우리는 율법이 아니라 믿음으로 의롭게 된다.

"율법은 믿음에서 난 것이 아니니 율법을 행하는 자는 그 가운데서 살리라 하였느니라." (12절)

율법은 믿음에 근거한 것이 아니다. 오히려 성경은 "율법을 지키는 사람은 율법으로 살 것이다." (레 18:5) 라고 말한다. 그러나 율법을 행함으로 구원을 얻는 것은 아니다.

율법주의에 선 유대인들은 구원의 필수요건으로 아브라함의 혈통, 율법의 준수, 그리고 언약 백성의 표로서 할례를 요구했다. 아브라함의 자손과 율법 및 할례의 준수를 구원의 진리로 한 데 묶은 것은 모순이다. 아브라함이 이 때문에 의롭게 된 것이 아니기 때문이다. 그가 의롭다 함을 받은 것은 율법과 할례가 있기 전 믿음으로 이루어졌다(롬 4:11).

인간은 율법을 통하여 구원을 얻을 수 없다. 인간이 율법의 요구를 다 지킬 수 없을 뿐 아니라 하나님께서 예비하신 구원의 길이 율법을 행하는 데 있는 것이 아니라 믿음에 있기 때문이다.

"그리스도께서 우리를 위하여 저주를 받은바 되사 율법의 저주에서 우리를 속량하셨으니 기록된바 나무에 달린 자마다 저주 아래에 있는 자라 하였음이라." (13절)

그리스도께서는 우리를 위해 십자가에 달려 저주를 받으심으로 우리를 율법의 저주에서 속량해 주셨다. 속량해주심(*exegorasen*, redeemed)은 "몸값을 주고 구해주셨다"는 뜻을 가지고 있다. 이 말은 노예 제도에서 사용되던 것으로, 그리스도께서 우리를 율법의 저주아래서 해방시켜 주시려고 자기 몸을 주고 우리를 샀다는 뜻이다. 몸값을 지불하고 노예를 구원해 주듯 그리스도가 자신의 피로 우리의 죄 값을 지불하고 우리를 죄에서 구해 주셨다. 율법이 우리에게 선포한 정죄의 판결과 그 영원한 죽음의 형벌로부터 벗어나도록 주님께서 우리를 대신하여 저주의 형벌을 받으신 것이다.

성경에도 "나무(*xylou*, tree)에 달린 사람마다 저주를 받은 자이다." (신 21:23) 라고 기록되어 있다. 예수님은 십자가에 달려 저주 받은 자가 되셨다. 그로 인해 우리가 율법의 저주에서 구원 받게 된 것이다. 바울은 그리스도의 구속사역은 우리를 구원하신 사건임을 분명히 했다.

3. 복음의 축복(14-18절)

"이는 그리스도 예수 안에서 아브라함의 복이 이방인에게 미치게 하고 또

우리로 하여금 믿음으로 말미암아 성령의 약속을 받게 하려 함이라." (14절)

이것은 그리스도 예수님 안에서 이방인들도 아브라함의 복을 받고 우리도 믿음으로 약속된 성령을 받도록 하기 위한 것이다. 여기서 "아브라함의 복(*eulogia*, blessing)"은 믿음으로 말미암아 의롭게 되는 복을 말한다. 성령의 약속은 "약속된 성령"(눅 24:49, 행 1:4, 2:33, 26:6, 히 9:15)을 말한다. 바울은 2절에서 갈라디아 교인들이 성령 받은 것을 듣고 이것은 믿음으로 말미암은 것이라 하였다.

그는 아브라함의 복이 이방인에게 미친 것이라 했다. 땅의 모든 족속이 그로 인하여 복을 얻을 것이라 했기 때문이다. 이방에 대한 이 약속이 그리스도를 통해 성취되었다. 그리스도의 구속 사역은 아브라함과 그 안에 있는 모든 족속에게 약속된 축복이다.

또한 이방인에게 성령이 내린 것은 구속사에 있어서 놀라운 사건임에 틀림없다. 아브라함의 약속이 실현되는 증거이기 때문이다. 이 선물은 행함으로 받지 않고 믿음으로 받는 은혜의 선물이다.

"형제들아 내가 사람의 예대로 말하노니 사람의 언약이라도 정한 후에는 아무도 폐하거나 더하거나 하지 못하느니라." (15절)

바울은 갈라디아 교인들을 향해 사람의 관례를 들어 말하겠다고 한다. 그것은 바로 사람들끼리도 한 번 맺은 계약(*diatheken*, a covenant)은 아무도 취소하거나 변경하지 못한다는 것이다. 사람의 언약도 한번 약속한 것은 폐지하지 못하는데, 아브라함에게 주신 하나님의 언약을 어찌 폐할 수 있겠는가.

"사람의 언약" (human covenant, a man's covenant)은 헬라에서 "유언"이라는 뜻을 가지고 있다. 이 경우 어떤 사람이 적법하게 유언을 작성해 놓으면, 아무도 그것을 무효로 하거나, 거기에다가 어떤 것을 덧붙일 수 없다는 뜻으로 해석한다. 하나님께서 우리에게 한 약속은 꼭 지켜진다는 것이다.

“이 약속들은 아브라함과 그 자손에게 말씀하신 것인데 여럿을 가리켜 그 자손들이라 하지 아니하시고 오직 한 사람을 가리켜 네 자손이라 하셨으니 곧 그리스도라.”(16절)

하나님은 아브라함과 그의 후손들에게 여러 차례 약속하셨다. 그런데 여러 사람을 가리켜 “후손들에게”(*tois spermasin*, to seeds)라 하시지 않고 오직 한 사람을 가리켜 “네 후손에게”(*to spermati*, to your seed)라고 하셨다. 이것은 바로 그리스도를 두고 하신 말씀이다. 바울은 ‘그 자손’ 을 단수로 해석하면서 예수 그리스도 한 분을 가리킨다고 하였다. 하나님께서 언약을 주신 “자손”은 오직 예수 그리스도를 가리킨다는 것이다. 바울은 하나님의 약속이 예수 그리스도에 의해 완성되리라는 말씀이 이미 구약에 있음을 밝히고 있다.

이것은 바울이 믿음의 조상 아브라함을 단지 믿음의 측면에서만 보지 않고 구속사적인 측면에서 보고 있음을 가르쳐 주고 있다. 아브라함이 자손을 약속받았을 때 그의 혈통이 계승되는 축복 정도로 끝나지 않고 세상을 구원하는 섭리로 보았다는 것이다. 예수님도 “너희 조상 아브라함은 나의 때 볼 것을 즐거워하다가 보고 기뻐하였느니라.”(요 8:56) 하셨다.

“내가 이것을 말하노니 하나님께서 미리 정하신 언약을 사백삼십 년 후에 생긴 율법이 폐기하지 못하고 그 약속을 헛되게 하지 못하리라.”(17절)

여기서 바울이 말하고자 하는 것은, 그로부터 430년 후에 생긴 율법이 전에 하나님이 세운 언약을 취소시킬 수도(invalidate) 없고 그 약속을 무효로 할 수도(nullify) 없다는 것이다. 430년이나 뒤에 생긴 율법이 하나님께서 이미 세우신 그 언약, 곧 아브라함과 세우신 하나님의 구원의 길을 어떻게 무효로 하거나 폐할 수 있겠는가. 그럴 수 없다는 것이다. 하나님은 언약의 주도자로서 언약의 주도권을 갖고 인간과 언약을 체결하시고, 그것을 이루신다. 모세를 통해 주어진 율법이 아브라함에게 주어졌던 구원의 복음을 폐하지 못한다.

"만일 그 유업이 율법에서 난 것이면 약속에서 난 것이 아니리라 그러나 하나님이 약속으로 말미암아 아브라함에게 주신 것이라."(18절)

만일 우리가 받을 그 유업(*kleronomia*, inheritance), 곧 하늘나라의 축복, 구원의 축복이 율법에서 난 것이라면 그것은 더 이상 약속(*epangelias*, a promise), 곧 언약을 통해서 얻은 것이 아니게 된다. 그러나 하나님은 언약을 통해서 아브라함에게 은혜로 그런 축복을 주셨다. 우리가 얻은 구원의 축복은 율법을 통해 얻은 것이 아니라 하나님의 언약을 통해 은혜로 받은 것이다.

4. 율법을 주신 목적(19-22절)

"그런즉 율법은 무엇이냐 범법하므로 더하여진 것이라 천사들을 통하여 한 중보자의 손으로 베푸신 것인데 약속하신 자손이 오시기까지 있을 것이라." (19절)

"그러면 율법을 주신 목적은 무엇인가? 죄를 깨닫게 하기 위하여 더하여 주신 것이다. 그 율법은 이미 약속하신 그 씨(자손)가 오셔야만 할 때까지 유효하며 그 율법은 천사들을 경유하고(이 시종하는 가운데) 또한 중보자(모세)를 통해 주신 것이다."

19절은 율법의 목적과 전수경로, 그리고 그 유효기간 문제를 다루고 있다.

19절 이전에 바울은 하나님이 주시는 유업은 그가 주신 은혜의 약속에 따른 것이지 율법이 아니라고 했다. 그는 누구든지 믿음으로 말미암는 자는 아브라함의 자손임을 주장했다. 이것은 갈라디아 교회에 유대주의자들이 그릇된 교훈, 곧 율법주의를 퍼뜨리기 때문에 주는 경고이다. 구원문제에 있어서 그리스도를 믿는 것 이외에 다른 것을 더하는 것은 하나님의 계약 체제를 위반하는 것이다. 여기서 당연히 일어나는 의심은 바로 "그러면 율법을 주신 목적이 무엇이냐", 곧 율법의 기능은 무엇이냐 하는 점이다. 바울은 선수를 쳐 질문을 먼저 내걸고 거기에 회답하는 형식으로 율법의 정체를 밝혔다. 율법의 목적은 죄 때문이고 그 주신 경로는 모세를 통해서, 그리고 그 유효기간은 그리스도가 오시기까지이다.

바울은 15-29절에서 아브라함에게 주신 은혜계약이 후대에 임한 율법으로 인하여 변동될 수 없음을 강조하고 있다. 언약이란 그 자체의 성격으로 보아 폐지될 수 없으며(15, 18절), 후대에 들어온 율법은 은혜계약과 교체하려는 것이 아니고 다만 "법 범함을 인하여 더한 것"이다. 범법함을 인하여 더한 것이라는 뜻은 유업을 얻는 데 있어서 약속으로 충분하였으나 죄의 자각을 분명히 해주기 위해서 율법을 첨가해서 주셨다는 것이다. 즉 인생들로 하여금 죄를 범한 것이 많음을 알게 하기 위해서 율법을 주셨다(롬 4:15; 5:20).

율법의 목적은 새로운 구원방법이 아니고 인간으로 하여금 죄를 깨닫게 하는 데 있다. 따라서 율법이 왔다고 해서 종래의 은혜계약이 변동될 수 있는 것이 아니다. 디모데전서 1:9의 말씀과 같이 법은 옳은 사람을 위하여 세운 것이 아니요 오직 불법한 자와 복종치 아니하는 사람 등을 위해 세우신 것이다. 범법이란 줄을 넘는 것, 곧 계명을 어기는 것이다. 헬라어에는 다음과 같이 죄를 표시하는 용어들이 많다.

- 하마르티하(*hamartia*): 표적에서 벗어나는 것
- 파라프토마(*paraptoma*): 설 곳에서 떨어지는 것(허물)
- 파르코에(*parkoe*): 음성을 듣지 않는 것(불순종)
- 파라노미아(*paranomia*): 율법을 어기는 것(범법),
- 아그노에마(*agnoema*): 알아야 할 것을 모르는 무지
- 아노미아(*anomia*): 무법한 것
- 엣테마(*ettema*): 정량을 감하는 실수
- 프렘메레이아(*plemmeleia*): 조화하지 않는 것

본문은 주로 3가지 측면으로 이해되어왔다. 첫째는 범법의 발견 또는 각성이다. 법이란 범죄 함을 알게 하기 위한 것이라는 것이다. 둘째는 범법의 방지이다. 이것은 고대로부터 유력한 학설이었고, 10계명을 보아서도 율법의 목적은 그랬을 것으로 보인다. 셋째는 위의 두 주장을 결합한 것이다. 이 세 가지 견해가운데 바울의 의도는 첫 번째이었을 것으로 간주된다. 왜냐하면 이러한 해석이 바울의 사상, 특히 로마서 3:20, 5:13, 7:7,8과 부합하기 때문이다. 그의 주장에 따르면 인간은 자기의 죄 많음을 알게 하는 율법의 작용을 통해서 비로소 자기는 하나님의 심판을 초래할, 곧 자기로서는 할 수 없이 멸망할 줄 알고 자신을 오직 그리스도에게 맡기게 된다.

율법이 "천사들로 말미암아 중보자의 손을 빌어" 베푸신 것이라 함은 율법이 어떻게 부여되었는가하는 율법 경로의 형편을 설명해주는 장면이다. 하나님께서 율법을 직접 주신 것이 아니고 천사들을 경유하고 모세를 중보자로 하여, 즉 천사들이 시종하는 가운데 모세를 통해 주신 것이다. 천사들이 하나님을 시위하고 율법을 부여하는 데 참여했다는 말씀은 신명기 33:2, 사도행전 7:53, 히브리서 2:2에서도 찾아볼 수 있다. '손을 빌어' (*en cheiri*, in the hand)는 인간적 중재자의 손, 곧 모세를 통해 법을 선포하게 된 것을 보여준다. 중보자(*mesitou*, a mediator)는 과연 누구인가 하는 문제를 놓고 그리스도라는 견해와 모세라는 견해가 맞서왔다.

본문은 출애굽기 20:19-20, 신명기 5:5을 가리킨다고 볼 때 모세임이 분명하다. 그러나 모세는 오실 그리스도의 그림자인 의미에서 중보자이기 때문에 그리스도의 중보성에 비할 수는 없다. 이 본문은 율법이 천사들과 한 인간의 중재라는 이중적인 중재 작용(double intervention)을 거쳤다는 것을 보여준다. 따라서 율법은 그리스도로 말미암아 직접 주신 복음과 대조된다. 즉 율법은 하나님이 직접 주신 것이 아니고 간접적으로 주셨기 때문에 그가 직접 이 세상에 오셔서 임마누엘로서 주시는 믿음의 구원제도 그것과는 다르다. 믿음의 구원제도는 곧 약속 체제에 속한 것이다.

"약속하신 자손이 오시기까지"는 율법의 유효기간을 가리킨다. 오시는 약속의 씨, 곧 자손은 그리스도이다. "그 자손"(*to sperma*, the seed)은 특수한 자손, 곧 예수 그리스도이다. 율법은 그리스도가 오시기까지 일시적 역할을 하다가 그리스도가 오심으로 우리는 그를 믿음으로 구원을 받고 성령을 받으며 영원한 유업을 차지하게 된다. 이로써 율법의 사명은 다한 것이다. 율법이 약속하신 자손이 오시기까지 있었다는 것은 율법의 예언이 예수 그리스도에게서 모두 성취되었다는 것, 율법의 방식으로 하나님을 섬기는 일은 그리스도께서 이 세상에 오시기 전에만 있었다는 것, 그리고 율법의 정죄하는 일은 우리가 그리스도를 믿기 전에만 있었다는 것을 가리킨다.

이 본문은 율법의 목적과 전수경로와 유효기간을 압축적으로 나타내고 있다. 율법은 불명료한 죄를 명료한 범법으로 바꾸어놓는 외적인 양심(an external conscience) 역할을 한다. 이렇듯 바꾸어놓는 작업은 궁극적으로 선을 위한 것이다. 죄인으로 하여금 회개하게 만들고 복음을 받아들이게 한다. 즉 법이란 범죄 함을 알게 하기 위한 자각 제 역할을 담당하고 있다. 율법의 전수는 천사의 중보와 모세의 중보를 통해 이루어졌다고 본다. 우리는 유대인들이 천사가 율법의 중보라고 믿는다는 사실을 스데반의 발언에서 찾아볼 수 있는데 바울도 스데반처럼 철저히 정통적이다. 천사에 대한 유대인의 강조점들이 그대로 반영된 것으로 보인다. 율법이 천사들을 통해 계시되었다면 예수 그리스도께서는 어떠셨을까 짐작할 수 있다.

"그 중보자는 한 편만 위한 자가 아니나 하나님은 한 분이시니라."(20절)

"그러나 그 (율법의) 중보자는 한 편만의 중보자는 아니다. (그러나 약속의) 하나님은 오직 하나이시다."

20절은 율법과 약속을 다루고 있다. 이 구절은 극히 난해한 구절 가운데 하나이고, 해석도 다양하다. 해석은 기본적으로 19절의 중보자가 모세냐 그리스도냐에 따라서 달라진다.

중보자를 그리스도로 본 칼뱅은 한 편과 다른 한 편을 유대인과 이방인으로 간주하고 그리스도가 전에는 하나님과 유대인 간의 중보자였으나 이제는 이방인의 중보자이시며 하나님은 전에나 지금에나 같은 한 분이시라고 주장한다.

그러나 여러 학자들은 19절의 중보자를 모세로 간주하고 이 절을 해석한 라이트푸트의 주장에 동조하고 있다. 그의 주장에 따르면 율법이 중보자를 통하여 우리에게 왔으며 그것은 인간과 하나님 쌍방의 책임을 같이 고려하여 조약적으로 성립한다는 것을 의미한다. 조약적으로 맺은 것은 한 편에서 책임을 이행하지 아니할 때 무효이다. 이 율법은 모세라는 중보자를 필요로 한다.

"하나님이 하나이시라"는 것은 율법과 대조를 이루는 약속에 관한 것이다. 하나님이 스스로 주체가 되어 사람에게 복주기를 한 것은 조약이 아니라 약속이다. 이 약속은 하나님 한 분의 자유의지에 따라 결정되므로 율법은 상대적이나 약속은 절대적이다. 그것은 하나님께서 일방적으로 정하신 것이어서 변하지도 않고 폐하지도 않는 은혜의 제도이다. 이것이 하나님은 하나이시라는 말씀의 의미이다. 하나님께서 그 축복을 성립시키시므로 그것은 언제든지 그대로 되고야 만다. 이 약속에 대해서 인간이 할 수 있는 것은 아무것도 없다. 인간은 다만 하나님이 허락하신 약속을 받을 뿐이다. "오직 하나님(*Theos*, God)은 하나(*heis*, one)이시라"는 말씀은 로마서 3:30에 '하나님 한 분'(*heis ho Theos*, One God)으로 나타난다. 그 구절에 따르면 "믿음으로 의롭다 하실 하나님은 한 분"이시다. 한 분 하나님께서만 우리를 의롭다 하실 분이다. 본문으로 돌아가서 오직 하나님만이 약속의 하나님으로 유일한 분이다. 즉 시내 산의 하나님이 유일한 약속의 하나님이시다.

종합적으로 볼 때 칼뱅의 해석도 의미가 없는 것은 아니지만 라이트푸트의 해석이 더 타당한 것으로 보인다. 따라서 본문의 전반 절은 율법에 관한 것으로, 후반 절은 약속에 관한 것으로 해석하는 것이 바람직하다.

"그러면 율법이 하나님의 약속들(*epangelion*, promises)과 반대되는 것이냐 결코 그럴 수 없느니라 만일 능히 살게 하는 율법을 주셨더라면 의가 반드시 율법으로 말미암았으리라." (21절)

"그러면 그 율법이 하나님의 약속들을 거슬리는가(하나님의 약속들과 반대되는가)? 결코 그럴 수 없다! 만약 살게 하는(생명을 줄 수 있는) 율법을 주셨다면 의는 진실로 그 율법에 의해 이루어졌을 것이기 때문이다."

21절은 율법과 하나님의 약속과의 관계를 다루고 있다.

바울은 지금까지 율법주의를 공격하고 이를 하나님의 약속과 대립되는 입장에 서 있었다. 그러면 과연 율법은 하나님과 약속과 대립되고 상충되는 것이냐는 의문이 일어날 수 있다. 그는 이 의문을 스스로 물어보고 "결코 그럴 수 없다!"며 강한 부정을 하였다. 이 부정은 앞으로 이야기할 율법의 역할을 설명함에 있어서 전환점을 이룬다. 그는 앞서 말한 바와 같이 율법은 하나님의 약속을 방해하는 것이 아니며 오히려 부속적인 역할을 수행한다고 주장함으로써 율법의 사명을 구체화시켰다. 그것들은 서로 다른 기능을 가지고 있는 것이지 갈등관계에 있지 않다는 것이 바울의 확신이다. 율법이나 약속이나 모두 하나님께서 주신 것으로 주실 때 목적에 따라 그 성격이 다른 것일 뿐 어느 하나가 결코 다른 하나를 거릴 수 없는 것이다.

바울은 그 이유를 "만약"(*ei*, if)이라는 조건절로 시작하고 있다. 율법이 하나님의 약속체제와 상충되지 않는 이유는 하나님이 결코 율법을 통해서 생명을 주는 제도를 택하지 않으셨기 때문이다. 율법은 다만 죄를 깨닫고 하고 그 자체의 무능함을 확인케 한 다음 약속의 때를 기다리게 하는 역할을 한다. 율법이 생명을 주는, 곧 살게 하는 길이 되었다면 그것은 약속체제와 서로 충돌하고 서로 모순된다. 즉 율법이 믿음과 같이 그것으로 사람이 살도록 주어진 것이라면 율법으로 의롭게 되기 때문에 약속하신 그리스도를 기다릴 필요가 없게 된다. 그러나 하나님은 율법을 살게 하는 길, 즉 구원의 길로는 주시지 않았다.

우리가 구원함을 받는 것은 우리의 행위, 곧 율법으로 된 것이 아니라 은혜의 약속으로 된 것이다. 따라서 율법은 살게 하는 길, 곧 하나님의 약속 체제에 부속하여 협조하는 것일 뿐이다. 율법의 목적은 구원을 위한 여러 단어들 가운데 하나인 종말론적 의미의 생명을 주는 것이 아니라 하나님이 누구시며 무엇을 요구하시는가에 대한 지식을 인간에게 명백하게 가져다주고 깊은 죄의식을 심어주는 것이다. 만약 율법이 이와는 달리 생명을 줄 수 있는 것이었다면 율법과 약속 사이에는 명백한 대립이 있게 된다.

영원한 생명은 율법에 순종한다고 해서 얻어질 수 있는 것이 아니다. 인간이 도덕적으로 된다고 해서 생명을 얻는 것이 아니다. 그 생명은 영원한 메시아적 삶(the everlasting Messianic life)과 연관된 것이어야 한다. 바울이 '생명' (*zoe*)을 파루시아에서 나타난 영원한 생명(골 3:3이하)과 연결시킨 것은 바로 이러한 의미를 깊게 한다. 이것은 영원한 생명이 약속과 깊은 연관을 가지고 있음을 의미한다. 벤겔은 본문의 끝에 나타나는 의(*dikaiosyne*, righteousness)를 다음과 같이 표현하고 있다. "의는 삶의 근본이다"(*Justitia est vitae fundamentum*). 우리를 의롭다 하시는 분은 하나님이시지 결코 율법일 수 없다.

"그러나 성경이 모든 것을 죄 아래에 가두었으니 이는 예수 그리스도를 믿음으로 말미암는 약속을 믿는 자들에게 주려 함이라."(22절)

"그러나 성경은 모든 것(사람)을 죄 아래 가두었다. 그것은 예수 그리스도를 믿음으로 약속이 믿는 자들에게 주어질 수 있게 하기 위한 것이다."

22절은 믿음과 약속의 성취 문제를 다루고 있다.

이 절은 초두부터 '그러나' (*alla*, but)로 시작하여 앞 절의 가설과 실제가 차이 있음을 지적하였다. 율법으로는 누구나 예외 없이 죄인이다. 율법으로 의롭다 함을 받을 사람은 없다. 죄의 우리에 감금되어 있을 뿐이다. 죄는 우리의 자유를 빼앗는다. 율법을 무기로 인간을 다스린다. 그 법을 어긴 자에게 죽음을 선언함으로써 죽음으로 사람을 억누른다. 그러나 이것은 죄인들이 그리스도를 믿음으로 의의 옷을 입게 되는 약속의 은혜를 받기 위함이다.

이 뜻이 담긴 말씀이 '성경(*he graphe*, the Scripture)을 통해 더욱 구체화된다. 일반적으로 성경은 여러 권으로 되어 있기 때문에 복수로 사용된다. 그러나 본문에서는 단수이다. 이것은 율법에서의 특별한 구절, 특히 "이 율법의 모든 말씀을 실행치 아니하는 자는 저주를 받을 것이라"(신 27:26)는 구절을 염두에 둔 것으로 보인다. 라이트푸트는 신명기 27:26뿐 아니라 "주의 목전에는 의로운 인생이 하나도 없나이다."(시 143:2)를 가리키는 것으로 보았다. 이 같은 사실은 로마서 3:10-18에서도 자세히 언급되고 있다. 그러나 성경의 어떤 구절들만을 가리키는 것이라기보다 성경 전체를 염두에 두고 한 말이라는 주장도 있다.

"모든 것"(*ta panta*, things all)은 사람에게 적용되는 것으로 좁게는 아브라함의 모든 혈통들, 곧 유대국민으로서의 전체를 가리키고, 넓게는 전 인류를 가리킨다. 죄 아래(*hypo hamartian*, under sin) 아래 '가둠' (*synekleisen*, imprisoned)이 된 대상이 인간이라고 볼 때 유대민족 뿐 아니라 전 인류로 봄이 합당하다. 이 성경 말씀에 따르면 사람은 예외 없이 죄의 우리에 감금되어 있다. 율법이 이렇게 모든 사람을 정죄아래 또는 죄의 종으로 둔 것은 목적이 있기 때문이다. 그 목적은 바로 죄인인 인간이 자기 힘으로는 구원 받을 수 없음을 깨닫게 하고 결국 예수 그리스도에게 돌아가게 하려는 데 있다.

이러한 목적은 후반 절에서 구체적으로 들어나 있다. 율법은 단지 신앙으로 그리스도를 믿는 모든 사람에게 주어질 종국적인 약속의 성취를 위해 길을 포장하는 역할을 한다. 즉 율법은 사람들로 하여금 죄를 인식케 함으로써 예수 그리스도를 믿음으로 약속이 믿는 자들에게 주어질 수 있게 하기 위한 것이다. 율법 아래서 절망의 상태에 사람을 가두어두신 것은 예수 그리스도로 말미암아 죄에서 해방되고 그리스도를 믿음으로 아브라함에게 주신 약속을 얻게 하려는 데 목적이 있었다.

그러므로 우리 모두를 죄인들이라 한 목적은 우리가 구원받을 자격이 있도록 하기 위해서이다. 예수 그리스도께서 이 세상에 오신 것은 죄인들을 구원하기 위해서(마 9:12, 13)이다. 그리스도께서 의인들이 아닌 죄인들을 위해 이 땅에 오셨다는 사실은 약속의 성취와 깊게 연관된다. 이런 시각에서 볼 때 우리가 의롭다 함을 받는 것은 모두 은혜인 것을 알 수 있다. 율법은 이 약속의 성취를 위해 우리가 하나님 앞에서 모두 죄인인 것을 깨닫게 하고 오직 그리스도를 향한 믿음을 갖고 그의 나라와 의를 소망하게 만들어주는 역할을 담당한다. 따라서 율법은 약속과 그 기능이 다를 뿐이지 결코 경시되어서는 안 되는 중요한 역할을 수행하고 있다. 그러나 의의 종국적인 성취, 곧 약속의 성취는 그리스도를 믿음으로 이루어진다.

5. 율법보다 우월한 믿음(23-29절)

23, 24절은 율법 아래 있었을 때의 인간의 모습을 보여주고 있다.

"믿음이 오기 전에 우리는 율법 아래에 매인 바 되고 계시될 믿음의 때까지 갇혔느니라."(23절)

"그러나 그 믿음이 오기 전에 우리는 율법아래 보호를 받고 있었고 믿음이 계시될 때까지 갇혀있었다.”

23절은 믿음이 올 때까지의 율법의 역할을 다루고 있다.

이 본문은 믿음의 때가 오기까지 율법은 우리를 보호하고 감시하는 역할을 했음을 보여준다. 그러므로 본문 가운데 “믿음이 오기 전”은 문장 전체의 윤곽을 한정하고 있다. 믿음이 오기 전은 구약시대를 가리킨다. 구약시대에 믿음이 없었던 것은 아니나(갈 3:6-9, 14; 롬 4:11, 12) 믿음의 내용이 그리스도께서 오신 신약시대처럼 명백하지는 못했다. 다시 말하면 구약시대는 그림자적인 것이었다. 믿음의 때 이전에는 율법이라는 엄한 감시인이 필요했다. 그 엄함은 우리를 믿음의 때가 올 때까지 보호했다가 믿음으로 인계하기 위함이었다. 믿음의 때가 오면 율법은 그 속박을 풀고 믿음으로 인계되어야 한다.

우리는 “믿음”(*ten pistin*, the faith) 앞에 정관사가 붙어있음에 주목할 필요가 있다. 그것은 단순한 믿음이 아니라 그리스도 안에 있는 좋은 소식을 듣고 받아들인 자들에게만 있는 그리스도인의 바로 ‘그’ 믿음이다. 구약시대에도 일반적인 의미에서 또는 준비적인 의미에서 히브리서 11장에 나타난 것처럼 믿음이 있었다. 그러나 그리스도를 믿는 믿음은 신약에 와서 더욱 뚜렷해졌고 그 믿음이 특수한 것임을 보여주었다. 그리스도에게 귀일되지 않는 믿음은 결코 무의미한 것임을 알 수 있다.

“매인바 되고”(*ephrouroumetha*, held in custody)는 ‘감금하다’ 또는 ‘보호하다’는 뜻이 있다. NEB에서는 감금보다 보호 안에 있었던 것으로 풀이하였다. 감금보다는 오히려 보호 개념을 취하는 것이 바람직하다. “갇혔느니라”(*sunkleiomenoi*, having been locked up)는 어떤 감금 상태를 말하는 것이 분명하다. “매인 바 됨”을 감금으로 보려는 쪽은 이것이 옥에 가두고 자물쇠를 잠그고 밖에 감시인이 지키고 있는 상태를 나타내기 때문이기도 하다. 그러나 이러한 의미 이면에는 보호라는 뜻도 있음을 인식할 필요가 있다. 믿음의 때까지 계속 갇혀있는 것이다. 신약시대는 믿음의 시대이다.

"믿음의 때까지 갇혔느니라."는 문자적으로 볼 때 믿음의 시대가 올 때까지 갇혀있는 일시적이고 잠정적인 상태를 나타낸다. 이 갇힘은 "계시될 믿음을 얻기 위해서"라는 적극적인 면도 있다. 그러므로 율법에 의한 갇힘을 묘사함에 있어서 율법을 잔혹한 간수로만 생각하는 것은 짧은 생각이다.

바울은 믿음을 논하면서 계시의 필요성을 강조하였다. "계시될" (*apokalyphthenai*, to be revealed)은 하나님의 선물이다. 하나님의 우선적인 사역, 곧 계시 없이는 우리가 믿어야 할 것이 무엇인지 모른다. 이것은 바울신학의 근본적인 표현방법으로서 바울의 눈에서 볼 때 믿음 자체도 공로가 될 수 없는 이유(엡 2:8)를 밝혀준다. 결국 율법은 우리를 구원 받을 때까지 보호해 두었다가 그 믿음이 계시될 때 풀어놓음으로써 우리를 구원에 이르게 한다.

"이같이 율법이 우리를 그리스도께로 인도하는 초등교사가 되어 우리로 하여금 믿음으로 말미암아 의롭다 함을 얻게 하려 함이라."(24절)

"그러므로 율법은 우리가 믿음으로 의로워질 수 있도록 그리스도에게로 인도하는 우리의 초등교사였다."

24절은 초등교사로서의 율법을 다루고 있다.

바울은 본문을 통해 율법을 보호자격인 초등교사(*paidagogos*, trainer)에 비유함으로써 율법을 험악한 간수로 생각하는 방식을 고쳐주고 있다. '파이다고고스' 는 '아이의' 라는 뜻을 가진 '파이스' (*pais*)와 '인도자'라는 뜻을 가진 '아고소스' (*gogos*)를 합한 것으로 고린도전서 4:15에는 스승으로 나타나 있다. 파이다고고스는 어린이들을 위한 보호자(guardian), 교사(*tutor*, schoolmaster)로도 번역된다. 개역한글 성경에서는 "몽학선생"이라 하였다.

고대 사회에서 파이다고고스는 6-10세 사이의 주인집 아이를 돌보는 교육자, 가정교사로서 초등학문을 가르치고, 의복 · 식사 · 행동을 돌보아주고 학교에 가게 되면 데리고 다니는 노예 또는 하인이었다. 하인 중에 학덕이 겸비한 자가 있어 상속을 받을 주인의 아들에게 세상의 지식을 가르치고 지도하였다. 그는 그 가정의 아들을 먹여주고 옷을 입혀주고 걸음마 연습을 시켜주며 그 아이가 학교에 갈 나이가 되면 아이의 손을 잡고 학교에 데리고 갔다. 그래서 아동 인도자라 불리게 된 것이다. 이 교사는 엄격한 명령과 제약을 아이에게 가함으로써 스승으로서의 직무와 후견자로서의 직무를 아울러 수행하였다. 이 직무는 어린이가 성숙할 때까지 계속되는 임시적인 성격을 띠고 있다. 이 교사는 주인의 아이를 잘 돌보고 인도해줄 책임이 있다. 그러나 그 책임은 어린 시절에만 해당된다. 그 아이가 자라 성숙하면 인도자 역할을 할 필요가 없다. 그 아이가 상속을 받으면 전혀 간섭할 수 없고 철저히 복종해야 했다.

이 절에서 초등교사는 율법을 상징한다. 율법은 초등교사와 같은 역할을 하는 것이다. 인간이 아직 유치할 때 일시적으로 교육하고 돌보아 도덕적으로 위기에 빠지지 않도록 했다가 장성하면 그리스도에게 인계하는 직무를 가지고 있다. 우리의 손을 잡아 그리스도의 십자가로 인도하며 "이제 너에게는 그리스도가 필요하다."고 말해준다. 율법은 우리를 그리스도에게로 향하게 한다. 율법은 이만큼 역할이 한정되어 있다. 그러므로 그리스도 안에 사는 우리는 이제 율법이 아니라 그리스도 아래에 있는 것이다.

본문의 '그리스도에게로'(*eis Christon*, unto Christ)는 '그리스도께서 오시기까지'로, 주님이 오실 때까지 초등교사로서의 역할을 하다가 우리를 그리스도에게로 인도한다는 말씀이다.

25-29절은 23, 24절과는 달리 그리스도 안에 있는 인간의 모습이 대조적으로 묘사되고 있다. 우리는 율법에 죄수처럼 갇혀 있었지만 이제 그리스도 안에서 하나님의 자녀로 모두 하나가 되었다.

"믿음이 온 후로는 우리가 초등교사 아래에 있지 아니하도다."(25절)

"그러나 그 믿음이 온 후로는 우리는 더 이상 초등교사아래 있지 않다." 믿음의 시대가 왔으므로 이제는 우리가 율법 아래 있지 않다는 것이다.

25절은 율법이 가지고 있는 초등교사의 역할이 종식됨을 말하고 있다. 율법이 한정된 위치를 가지고 있다는 것이다.

일단 초등교사의 보호를 받던 아이가 성장하면 더 이상 그의 통제나 보호가 필요 없게 된다. 마찬가지로 그리스도께서 이 세상에 오셔서 우리를 죄에서 구원하고, 우리는 그를 믿음으로 의롭다 함을 받았으므로 지금까지 초등교사 역할을 했던 율법에 매일 필요가 없다.

본문에 있는 "믿음"(*tes pisteos*, the faith)에 관사가 있는 데 이것은 앞서 지적한 바와 같이 예수 그리스도에 대한 그 믿음을 가리킨다. 그러므로 하나님의 자녀가 되었다는 것은 그리스도의 구속사건을 통해서 죄로부터 자유 함을 얻었다는 것을 의미한다.

25절로부터 29절까지의 구절들은 그 믿음이 온 후로 우리는 초등교사아래 있지 않고, 그리스도를 옷 입듯 그와 연합하여 살고 있으며, 모든 계급의 사람들이 차별 없이 하나가 되고, 약속대로 유업을 이를 자가 되었음을 보여준다.

율법은 인간으로 하여금 죄를 의식케 하여 구원과 자유를 사모하게 하고, 구원에 이르게 하는 그리스도를 사모하게 하여 전적으로 그에게 돌아가게 한다.

갈라디아서 3:19에 따르면 바울은 먼저 율법의 목적이 무엇인가를 스스로 묻고 이에 대한 답을 제시해주고 있다. 그러므로 이 논제의 전체적인 제목은 율법의 목적과 그 기능, 곧 역할로 함이 적합하다. 그 율법의 목적은 인간으로 하여금 죄를 깨닫게 하는 데 있다. 그러나 그 자체가 구원의 방편이 될 수는 없다. 그 율법은 우리를 구원해 주실 약속의 씨, 곧 예수 그리스도가 오실 때까지만 유효한 것이다. 그가 오기 전까지 율법은 우리로 하여금 죄를 깨닫게 해주고 그리스도에게 돌아가도록 만들어 준다.

그 율법은 하나님께서 홀로 이루시는 은혜의 약속과는 다르다. 율법은 우리를 주께 인도할 뿐이지 우리를 결코 구원할 수 없다. 구원은 오직 예수 그리스도를 통한 약속의 성취에서 이루어진다. 우리가 율법을 지킴으로써 구원을 얻게 된다면 그것은 하나님의 약속과 상충된다. 율법이 우리를 의롭게 하거나 살릴 수는 없다. 오직 예수 그리스도를 믿음으로 믿는 자들에게 구원의 약속이 주어지는 것이다.

우리를 종국적으로, 그리고 영원히 구원하실 그리스도가 오기 전까지 우리는 다만 율법의 보호아래 있을 뿐이다. 이 때 율법의 기능은 우리가 믿음을 통해 의로워질 수 있도록 그리스도에게로 인도하는 초등교사의 역할을 수행할 뿐이다. 결국 그리스도께서 오셔서 우리의 죄를 속죄하심으로 약속이 성취된다. 그리스도의 속죄 사역 앞에서 율법의 정죄는 효력을 잃게 된다. 우리가 의지하는 것은 결코 초등교사가 아니라 그리스도이다. 율법아래서 우리는 누구나 죄인일 뿐이다. 그러나 그리스도는 우리를 그 죄에서 해방시키고 우리를 살리시는 분이다.

"너희가 다 믿음으로 말미암아 그리스도 예수 안에서 하나님의 아들이 되었으니."(26절)

"이제 여러분은 모두 그 믿음으로 말미암아 그리스도 예수님 안에서 하나님의 아들이 되었다."

바울은 그리스도를 믿음으로 인해 죄에서 용서함을 받은 우리는 죄의 굴레에서 벗어나 자유로워진 존재일 뿐 아니라 그리스도 예수 안에서 하나님의 아들(*huioi Theou*, sons of God)이 되었다고 했다. 이것은 성도의 정체성이 무엇인가를 가르쳐주는 대목이다. 하나님의 아들이 되었다는 것은 더 이상 죄의 노예가 아니라 하나님의 자녀가 되었음을 말한다. 성도들은 주님으로 인해 의롭다 함을 받고 하나님의 양자가 됨으로 상속자로서의 권리와 특권을 갖게 되었다. 우리가 하나님의 자녀가 된 것은 예수 그리스도를 믿음으로 된 것이지 우리의 공로로 된 것이 아니다.

"누구든지 그리스도와 합하기 위하여 세례를 받은 자는 그리스도로 옷 입었느니라." (27절)

"누구든지 그리스도와 연합하는(*eis Christon*, into Christ) 세례를 받은 사람은 그리스도로 옷을 입은(put on) 것이다."

바울은 갈라디아 교인들을 향해 왜 하나님의 아들이 되었는가를 설명해주고 있다. 여러분 모두 세례를 받아 그리스도와 하나가 되고, 그리스도를 옷으로 입은 사람들이기 때문이라는 것이다. 세례를 받는다는 것은 세례를 받는 자가 성령의 능력에 의해 그리스도와 함께 죽고 그와 함께 새로운 생명 안에서 살게 된다는 것을 의미한다(롬 6:4,7). 한 성령에 의해 한 몸이 되고, 그리스도 예수에 동참하는 것이다. 성도는 그리스도와 연합한 자라는 정체성을 가진 자들이다. 그리스도와 연합한 자는 세상적인 것에 연연하여 그것의 노예로 살아서도 안 된다. 삶의 형식이 달라야 한다.

"너희는 유대인이나 헬라인이나 종이나 자유인이나 남자나 여자나 다 그리스도 예수 안에서 하나이니라." (28절)

"성도 여러분은 다 그리스도 예수 안에서 하나(*heis*, one)가 되었다. 그러므로 유대인이나 그리스 사람이나 종이나 자유인이나 남자나 여자나 차별이 없다."

차별은 당시 로마세계의 풍속을 반영한다. 당시 사람들은 인종 및 종교적으로 유대인과 헬라인으로 구분되고, 사회 계급 측면에서는 자유인과 노예로 구분되며, 성적 측면에서는 남자와 여자로 구별되어 차별을 받았다. 그러나 누구든지 그리스도와 연합하면 그리스도 안에서 모두 한 형제가 되기 때문에 민족, 종교, 사회, 성적 차별이 철폐된다. 하나님 앞에서는 누구나 평등하고 영적으로 하나가 된다. 따라서 그러한 차이들이 사귐에 장애가 될 수 없다. 그리스도인들은 모든 차이를 초월할 수 있기 때문이다. 그리스도 안에서는 이처럼 근본적으로 차별이 없다.

누구든지 성령의 세례로 그리스도와 연합한 자는 그리스도 안에서 한 지체가 되었다. 따라서 민족이 다르다고 해서, 사회적 신분에 차이가 있다고 해서, 성별이 다르다고 해서 차별을 두어서는 안 된다. 그리스도 안에서의 연합은 모든 차별을 초월한다.

우리는 하나님의 거룩한 자녀이자 하나님 앞에서 모두 평등한 존재다. 복음은 우리를 하나 되게 한다. 인종이 다르고, 신분이 다르고, 언어가 다르고, 성별이 달라도 우리가 주 안에 있는 한 모두 형제자매이다. 그것들로 인해 교회 안에서 차별을 두어서는 안 된다.

"너희가 그리스도의 것이면 곧 아브라함의 자손이요 약속대로 유업을 이을 자니라." (29절)

"성도 여러분이 만일 그리스도에게 속한 사람이라면 여러분은 아브라함의 후손(*sperma*, seed)이며 하나님이 약속하신 것을 받을 상속자들(*kleronomoi*, heirs)이다."

우리는 그리스도께 속한 자이다. 그리스도에 속한 자는 아브라함이 가졌던 믿음을 계승한 자이고, 하나님이 믿는 자들에게 약속하신 모든 것을 상속받을 자들이다.

로마 시대 당시 노예에게는 유업의 약속이 없다. 그러나 하나님의 자녀들에게는 하나님으로부터 유업이 약속되어있다. 신자들은 의롭다함을 받고 하나님의 아들, 곧 양자가 됨으로 상속자로서의 권리와 특권을 갖게 된다. 시간이 갈수록 그 유업의 약속은 더 확실해진다. 약속의 자녀들은 현세의 가치 지평을 넘어서야 한다. 하나님의 자녀로서 당당한 삶의 형식을 가지고 살아야 한다.

갈라디아서 4장

유업을 받을 자, 초등학문으로 돌아가지 말 것, 개인적 간증을 통한 논증, 언약을 통한 논증

1. 유업을 받을 자(1-7절)

"내가 또 말하노니 유업을 이을 자가 모든 것의 주인이나 어렸을 동안에는 종과 다름이 없어서."(1절)

내가 또 말한다. 유업을 이을 자(*kleronomos*, heir), 곧 상속자는 모든 것의 주인(*kyrios*, owner)이지만 어릴 때는 종(*doulos*, slave)이나 다름없다. 상속자라 할지라도 어렸을 때는 주인행세를 할 수 없다. 아버지가 아직 상속을 한 것이 아니기 때문이다. 상속을 받을 그 때까지는 모든 것에 주의하면서 유업을 이을 자로서 훈련을 받아야 한다. 이런 의미에서 종과 다름이 없다는 것이다.

"그 아버지가 정한 때까지 후견인과 청지기 아래에 있나니."(2절)

아버지가 정한 때까지는 후견인(*epitropous*, guardians, 어린 자녀를 돌보아 주었던 보호자)나 청지기(*oikonomous*, trustees, 재산관리인) 아래 있다. 아버지가 상속 잔치를 베풀어 자신이 그 대권을 물려받을 그 때까지는 후견인과 청지기 아래서 엄격한 통제를 받는다. 교육도 받고 지도를 받는다. 자기 마음대로 하다가는 아버지의 눈 밖에 나 그의 지위가 흔들릴 수 있다.

"이와 같이 우리도 어렸을 때에 이 세상의 초등학문 아래에 있어서 종노릇하였더니."(3절)

"이와 같이 우리도 어릴 때는 이 세상의 초등학문 아래에서 종노릇을 하였다."

바울은 이런 사실을 이유로 들어 그리스도에 대한 믿음이 오기 전까지는 유대인이나 이방인 모두 이 세상 초등학문 아래서 종노릇하였다고 했다.

그렇다면 "이 세상의 초등학문"(*stoicheia*, the basic principles, elemental spirits)은 무엇일까? 크게 두 가지 측면에서 볼 수 있다.

하나는 이방인을 대상으로 본 경우다. 이 때 이 세상의 초등학문은 "세상의 유치한 교훈"(새번역)으로 해석된다. 바울은 이방인이 본질상 하나님이 아닌 자들, 곧 이방신들에게 종노릇 하였다고(8절) 했다. 우상을 섬겼다는 말이다. 이런 면에서 이 세상의 초등학문은 돈, 섹스, 정치, 문화 등을 기본가치로 삼으며 그것에 종노릇했음을 보여준다.

다른 하나는 유대인을 대상으로 본 경우이다. 현대인의성경은 "유치한 유대교의 율법"이라 했다. 바울은 유대인이 율법아래 있었음을 지적하고 있다(5절). 이를 미루어 보아 이 세상의 초등학문은 유대인의 경우 율법임을 알 수 있다.

그러므로 초등학문은 어느 쪽에서 보느냐에 따라 다름을 알 수 있다. 하지만 일반적으로 율법을 초등학문으로 간주한다. 그리스도가 오기 전까지 우리는 율법, 곧 초등학문 아래 종노릇했다. 율법은 죄를 깨닫게 한다는 점에서 좋은 것이나 우리를 죄책감 속에 살게 하고, 기쁨을 상실케 해, 영적 자유 함이 없었다.

"때가 차매 하나님이 그 아들을 보내사 여자에게서 나게 하시고 율법 아래에 나게 하신 것은."(4절)

그러나 때가 되자 하나님은 자기 아들을 보내 여자에게서 태어나게 하시고 또한 율법의 지배를 받게 하셨다.

여기서 "때"(*tou chronou*, the time)는 속박이 끝나는 때, 곧 자유의 시기가 도래하는 때를 말한다. 이 때는 그리스도가 우리를 죄에서 구원하시기 위해 이 땅에 오실 때를 가리킨다. 이 때는 하나님이 정하신 때이며 율법 시대에서 은혜의 시대가 왔음을 의미한다. 그 때 하나님께서 자기 아들 예수 그리스도를 보내셔서 여자(*gynaikos*, a woman)에게서 나게 하셨다. 육신의 몸을 입으신 것이다. 또한 하나님은 그를 율법 아래에 놓이게 하셨다.

"율법(*nomon*, the Law) 아래에 나게 하신 것"은 그는 유대인으로 태어나 8일 만에 할례를 받으셨고, 유월절도 지키셨다는 사실을 뛰어넘는다. 이 땅에 오신 그리스도는 우리를 속량하시기 위해 율법이 요구하는 책무를 지켜야 할 뿐 아니라 우리가 지불해야 할 죄의 값, 곧 율법의 형벌을 대신지시기 위해 그것이 요구하는 것에 매일 수밖에 없었음을 말해준다. 5절이 이것을 더 명확히 드러내고 있다.

"율법 아래에 있는 자들을 속량하시고 우리로 아들의 명분을 얻게 하려 하심이라."(5절)

그것은 율법 아래 있는 사람들을 속량하시고(redeem), 우리로 하여금 하나님 자녀로서의 자격(*huiothesian*, divine adoption as sons)을 얻게 하시려는 것이었다. "아들의 명분을 얻게"는 문자적으로 "아들의 위치에 두었다"는 것으로, 양자가 되게 하셨다는 것이다. 예수 그리스도는 친아들(곧 하나님)이시지만 우리는 그를 믿음으로 말미암아 하나님의 양자가 된다. 양자는 하나님의 자녀로서의 모든 특권을 누린다. 하나님은 유대인이건 이방인이건 그리스도를 믿는 자를 아들과 후사로 여기시고 그의 가족으로 삼으신다. 죄 가운데 있던 우리가 구원을 받고 하나님의 자녀가 된 것은 다 하나님의 넓으신 사랑 때문이다.

"너희가 아들이므로 하나님이 그 아들의 영을 우리 마음 가운데 보내사 아빠 아버지라 부르게 하셨느니라."(6절)

이제 여러분은 그분의 자녀이다. 그렇기 때문에 하나님은 그 아들의 영(*to Pneuma*, the Spirit), 곧 성령을 우리 마음 가운데 보내 주셔서 우리가 하나님을 "아빠, 아버지(*Abba ho Pater*, Abba Father)," 곧 "아바, 아버지"라 부를 수 있게 하셨다.

아들의 영은 그리스도의 영을 가리킨다. 성령은 그리스도의 영(롬 8:9), 하나님의 영(롬 8:14)이라 불리기도 한다.

"아바 아버지"에서 아바는 아람어로 아버지를 뜻한다. 믿는 자들이 하나님을 아바 아버지라 부르는 것은 그들이 하나님의 자녀로서 친밀한 관계에 있음을 보여준다. 은혜의 때에 하나님의 자녀들은 하나님을 아빠 아버지라 부르며 기뻐한다. 더 이상 율법의 올무에 매이지 않고 은혜의 기쁨 속에 산다. 우리를 그의 은혜아래 들어가 살게 하셨기 때문이다. 우리에겐 절망이 아니라 기쁨이 있다.

"그러므로 네가 이 후로는 종이 아니요 아들이니 아들이면 하나님으로 말미암아 유업을 받을 자니라."(7절)

그러므로 이제 여러분 각자는 종이 아니라 하나님의 아들(*huios*, a son), 곧 그의 자녀이다. 여러분이 그분의 아들이기 때문에 이제 여러분은 하나님으로 말미암아 유업을 받을 자, 곧 하나님께서 상속자로 삼으신 것이다.

2. 초등학문으로 돌아가지 말라: 복음적 삶을 고수하라(8-11절)

바울은 8-11절을 통해 율법으로 되돌아가는 갈라디아 교인들의 어리석음을 날카롭게 책망하고 있다.

"그러나 너희가 그 때에는 하나님을 알지 못하여 본질상 하나님이 아닌 자들에게 종노릇 하였더니."(8절)

전에 여러분이 하나님을 알지 못했을 때는 본디 하나님이 아닌 것들, 곧 실제로 있지도 않은 신들에게 종노릇을 했다. 갈라디아 교인들이 이교도들이었을 때는 하나님이 아닌 이방신을 섬겼다는 말이다. 그것들은 우상들로 참 신이 아니다. 그런데도 그것을 섬기는 종이 되었다.

"이제는 너희가 하나님을 알 뿐 아니라 더욱이 하나님이 아신 바 되었거늘 어찌하여 다시 약하고 천박한 초등학문으로 돌아가서 다시 그들에게 종노릇 하려 하느냐."(9절)

그러나 이제는 여러분이 하나님을 알뿐 아니라 하나님도 여러분을 아시게 되었다. 그런데 왜 여러분은 약하고 무가치하며 유치한 교훈, 곧 율법으로 되돌아가서 다시금 그것들에게 종노릇하려고 하는가?

다시 율법으로 돌아가지 말고, 은혜아래 거하라는 말씀이다. 갈라디아 교인들로 하여금 더 이상 거짓 선생, 곧 유대주의자들의 영향을 받아 율법, 곧 외형적 율법주의를 따르지 말라는 것이다. 그것이 구원의 길이 아니기 때문이다.

바울은 이 세상의 초등학문으로 돌아가지 말 것을 강조하였다. 이 때의 초등학문이란 십자가의 도를 헛되이 하는 사상과 그 가르침을 말한다. 율법아래 있는 자들의 가르침이 바로 이것의 대표적인 보기에 속한다. 이들은 율법만 잘 지키면 구원을 얻는다고 생각하고 율법 지키기에 몰두하며 십자가의 도를 무시한다. 그러나 예수님의 복심과 십자가의 도는 율법을 지키는 우리의 행위로 구원을 받는 것(초등학문)이 아니라 십자가의 보혈의 공로로, 즉 우리를 향하신 하나님의 사랑으로 구원을 받는다는 것(고등학문)을 확고히 하고 있다. 그러므로 초등학문이란 영적 수준이 가장 낮은 것이며 고등학문은 영적으로 높은 수준의 것임을 알 수 있다. 바울은 이러한 의미에서 너희가 그 때에는 하나님을 알지 못하여 본질상 하나님이 아닌 자들에게 종노릇하였지만 이제는 너희가 하나님을 알뿐 더러 하나님의 아신 바 되었으므로 다시는 그러한 초등학문으로 돌아가 저들의 종이 되지 말라고 강조하고 있다. 이 말씀은 신앙에 있어서 초등학문에 머물 것이 아니라 고등학문인 십자가의 도를 확실히 붙잡으라는 말이다.

"너희가 날과 달과 절기와 해를 삼가 지키니." (10절)

그런데 여러분이 그들의 말을 들어 날과 달과 절기와 해를 지키고 있다. 날(*hemeras*, days)은 안식일, 속죄일과 같은 날을 뜻한다. 달(*menas*, months)은 월삭을 뜻한다. 절기(*kairous*, seasons)는 칠칠절, 초막절, 유월절을 가리킨다. 해(*eniautous*, years)는 안식년, 희년과 같은 것을 뜻한다. 이것은 초등학문, 곧 율법이 요구하는 것들이다. 갈라디아 교인들이 그들로 인해 날, 달, 절기, 해를 지키는 것, 곧 율법을 지키는 행위가 구원의 길인 것처럼 유혹을 받고 있다.

"내가 너희를 위하여 수고한 것이 헛될까 두려워하노라." (11절)

이것을 보니 내가 여러분을 위해 수고한 것(*kekopiaka*, I have toiled)이 헛되지(*eike*, in vain) 않을까 걱정된다. 그들이 배교의 위험을 안고 있기 때문이다.

3. 개인적 간증을 통한 논증(12-20절)

바울은 12-20절을 통해 갈라디아 교인들을 향해 개인적으로 간곡하게 호소하고 있다. 12-15절에서는 과거 바울에 대한 갈라디아 교인들의 태도가 나타나 있다.

"형제들아 내가 너희와 같이 되었은즉 너희도 나와 같이 되기를 구하노라 너희가 내게 해롭게 하지 아니하였느니라." (12절)

갈라디아 교회 형제자매 여러분, 내가 여러분과 같이 되었으니, 여러분도 나와 같이 되기를(*ginesthe*, become) 바란다. 여러분이 내게 해를 입힌 일은 없다.

"내가 너희와 같이 되었은즉." 갈라디아 교인들이 바울이 전한 복음을 듣고 과거 죄의 속박과 우상숭배의 인연을 끊고 바울처럼 그리스도 복음 안에서 자유롭게 되었음을 말한다. 바울은 그들의 이런 경험을 자신의 경험과 동일시하면서 마치 그들의 경험이 바울의 것보다 먼저 있었던 것처럼 말하고 있다. 바울은 한 때 철저한 율법신봉자로서 율법에서 구원의 길을 찾았다. 그러나 다마스쿠스 도상에서 주님을 만나면서 달라졌다.

"너희도 나와 같이 되기를 구하노라." 바울은 자신의 과거와 현재의 상황을 대조시켜놓고 자신의 모범을 따르도록 하고 있다. 과거 바울은 현재의 갈라디아 교인들 이상으로 율법을 행함으로 구원받기를 원했다. 지금 갈라디아 교인들을 보면 과거 자기가 걸었던 전철을 밟는 것처럼 보인다. 이런 그들을 향해 바울은 너희도 나와 같이 되기를 바란다고 하였다. 바울이 회심하여 더 이상 과거처럼 율법을 통해 구원을 받고자 하는 사람이 아니듯 갈라디아 교인들도 자기처럼 되기를 바란다는 것이다.

"내가 처음에 육체의 약함으로 말미암아 너희에게 복음을 전한 것을 너희가 아는 바라."(13절)

여러분도 다 아는 일이지만 내가 처음으로 여러분에게 복음, 곧 기쁜 소식을 전하게 된 것은 내 육체의 연약함 때문이었다. 갈라디아 교인들에게 복음을 전하게 된 것은 자신이 육적으로 약하게 된 것이 계기가 되었다는 말이다.

바울은 처음 갈라디아 지방을 방문하여 복음을 전하며 신자들과 영적 공감대를 형성하던 시절을 상기하면서 그들을 권면하고 있다. 바울은 그가 이 지방에 왔을 때 자신은 육적으로 약해있었다고 했다.

"육체의 약함(*astheneian*, weakness)"에 대해서는 크게 세 가지 해석이 있다. 첫째는, 그가 앓아왔던 병이다. 그는 고질적으로 심한 안질을 앓고 있었다. 둘째는, 심리적 불안정성이다. 극도로 쇠약해져 심신에 문제가 생겼을 가능성이다. 끝으로, 동료 유대인들의 끊임없는 박해이다.

이 약함으로 인해 계획했던 기간보다 더 체류하게 되었고, 그것이 그들에게 전도를 하게 되었다는 것이다. 이 해석 가운데 첫 번째를 우선한다. 15절의 "눈이라도"는 이것을 보여준다. 바울은 이렇듯 심신으로 약한 상태에서 갈라디아 지방에 내려갔고, 그런 가운데서 그들에게 복음을 전하게 되었음을 보여준다.

"너희를 시험하는 것이 내 육체에 있으되 이것을 너희가 업신여기지도 아니하며 버리지도 아니하고 오직 나를 하나님의 천사와 같이 또는 그리스도 예수와 같이 영접하였도다."(14절)

내 몸에는 여러분에게 시험(*peirasmon*, test)이 될 만한 것이 있는데도 여러분은 나를 멸시하지도 않고 외면하지도 않았다. 오히려 나를 하나님의 천사와 같이 그리스도 예수와 같이 영접해 주었다. 바울은 그가 갈라디아 지역에서 복음을 전했을 때 그들이 그에게 보여준 사랑을 회상하고 있다.

"너희를 시험하는 것이 내 육체에 있으되." 갈라디아 교인들은 바울의 육체적 조건, 곧 병 또는 연약함이 그들에게 시험거리가 될 수도 있었다.

"이것을 너희가 업신여기지도 아니하며 버리지도 아니하고." 하지만 갈라디아 교인들은 바울이 가지고 있는 육체적 조건에 걸려 넘어지지 않았다. 바울을 멸시하거나 버리지 않았다. 오히려 바울이 전한 복음을 귀히 여기고 그를 하나님의 천사를 대하듯, 예수 그리스도를 대하듯 존대했다. 바울을 극진히 여겼다.

"너희의 복이 지금 어디 있느냐 내가 너희에게 증언하노니 너희가 할 수만 있었더라면 너희의 눈이라도 빼어 나에게 주었으리라."(15절)

그런데 여러분의 복(*makarismos*, blessedness), 곧 그 감격과 기쁨이 지금은 다 어디로 갔는가? 나는 여러분에게 증언한다. 그 때 여러분은 할 수만 있었다면 여러분의 눈이라도 빼어서 내게 주었을 것이다.

"너희의 눈이라도." 안질이 좋지 않은 바울에게 눈이라도 빼어 바울의 약한 부분을 돕고 싶어 했다는 말이다.

"그런즉 내가 너희에게 참된 말을 하므로 원수가 되었느냐."(16절)

그런데 이제 와서 내가 여러분에게 참된 말(*aletheuon*, speaking truth), 곧 진실을 말하기 때문에 여러분의 원수(*echthros*, enemy)가 되었는가?

"그들이 너희에게 대하여 열심 내는 것은 좋은 뜻이 아니요 오직 너희를 이간시켜 너희로 그들에게 대하여 열심을 내게 하려 함이라."(17절)

그들, 곧 거짓 선생들이 여러분에게 열심을 내어(*zelusin*, be zealous)설득하고 있는 것은 좋은 뜻에서 그런 것이 아니라 여러분이 우리를 버리고 자기들을 따르도록 하기 위한 것이다.

여기서 그들은 위에서 바울이 말한 유대주의자들이다. 그들은 갈라디아 교인들을 충동질하고 바울이 전한 복음을 변질시키고자 한 바울의 대적자들이다. 그들이 갈라디아 교인들을 향해 열심을 내 설득하고 있는 것은 바울의 가르침을 벗어나 자기들의 가르침에 따르도록 하기 위한 기만전술이라는 것이다. 그들은 예수의 복음을 떠나 행위 율법을 지지하고 있다. 그들은 갈라디아 교인들을 자기들처럼 율법을 열심히 따르는 유대주의자로 만들고자 한다는 점에서 문제가 있다. 바울이 보기에 그것은 거짓 복음이다. 바울은 그들을 가리켜 "적은 누룩"(갈 5:9), "요동케 하는 자"(갈 5:10), "육체의 모양을 내려는 자"(갈 6:12)라 하였다.

"좋은 일에 대하여 열심으로 사모함을 받음은 내가 너희를 대하였을 때뿐 아니라 언제든지 좋으니라."(18절)

그러나 좋은 일(*kalo*, right thing)에 대해 열심을 품는 것은 너희와 함께 있을 때뿐 아니라 언제나 좋은 일(*kalon*, good)이다.

그들이 나쁜 뜻에서가 아니라 좋은 뜻에서 여러분에게 열심을 내고, 또 여러분이 좋은 일에 열심을 낸다면 그것은 내가 여러분과 함께 있을 때뿐만 아니라 언제든지 좋은 일이다. 그러나 지금 그들은 좋은 뜻에서 그런 것이 아니니 그들을 경계하라는 말씀이다.

"나의 자녀들아 너희 속에 그리스도의 형상을 이루기까지 다시 너희를 위하여 해산하는 수고를 하노니." (19절)

나의 사랑하는 자녀 여러분, 나는 여러분 속에 그리스도의 형상, 곧 그리스도의 모습이 형성될 때까지 다시 여러분을 위해 해산하는 고통을 겪는다.

"그리스도의 형상을 이루기(*morphothe*, shall have been formed)까지." 이것은 바울 사역의 목표였다. 바울은 갈라디아 교회에 복음을 심어준 영적 아버지로, 바울 자신이 보여준 모범과 같이 그들 속에 그리스도의 영이 내재하여 그들이 온전한 그리스도인이 되고 그들의 삶에서 그리스도의 향기가 나기를 바랐다. "해산하는 수고(*odino*, I travail)를 하노라." 이것은 갈라디아 교인들이 율법주의에 빠지지 않고 그리스도 향기가 날 때까지 모든 수고를 아끼지 않겠다는 말이다.

"내가 이제라도 너희와 함께 있어 내 언성을 높이려 함은 너희에 대하여 의혹이 있음이라." (20절)

이제라도 내가 여러분을 만나서 어조를 바꾸어서(*allaxai ten phonen*, change the tone) 부드럽게 이야기를 나눌 수 있다면 얼마나 좋겠는가. 나는 지금 여러분의 일이 걱정스러워 안절부절 못하고 있다. 여러분에 대해 의심스러운 점이 있기 때문이다.

바울은 갈라디아 교인들이 유대주의자들로 인해 율법주의에 빠지는 일이 없기를 간곡히 바라고 있다. 하지만 그렇지 못한 것 같아 이만저만 걱정이 아니다. 그러나 이제라도 직접 만나 부드럽게 권면하고 싶은 심정임을 밝히고 있다.

4. 언약을 통한 논증: 자녀와 종의 비유(21-31절)

바울은 21-31절을 통해 율법과 복음 사이를 세 단계를 통해 논증하였다.

첫 번째는 역사적인 논증이다. 22, 23절이 그것을 보여주고 있다. 아브라함에게는 하갈을 통해 나은 이스마엘과 사라를 통해 나은 이삭이 있다. 이스마엘은 육체를 좇아 종으로 태어난 반면 이삭은 약속을 좇아 자유인으로 태어났다.

"내게 말하라 율법 아래에 있고자 하는 자들아 율법을 듣지 못하였느냐." (21절)

율법으로 살기를 원하는 여러분이어, 한 가지 물어보겠다. 여러분은 율법이 말하는 것을 들어보지 못했는가? "율법 아래에 있고자 하는 자들"은 모세의 율법이 구원을 위해서는 필수라는 거짓 교사들의 말에 현혹되어 또 다시 율법의 노예가 되고자 하는 갈라디아 교회 교인들을 가리킨다.

"기록된바 아브라함에게 두 아들이 있으니 하나는 여종에게서, 하나는 자유 있는 여자에게서 났다 하였으며." (22절)

율법서에는 이런 기록이 있다. 아브라함에게 두 아들이 있었는데 하나는 여종(*tes paidiskes*, slave woman)에게서 났고, 다른 하나는 자유를 누리는 여자(*tes eleutheras*, the free), 곧 종이 아닌 본처에게서 났다. 이스마엘은 계집종 하갈에게서 태어났고, 이삭은 본처인 사라에게서 태어났다는 말이다.

"여종에게서는 육체를 따라 났고 자유 있는 여자에게서는 약속으로 말미암

았느니라." (23절)

여종에게서 난 아들은 육체(*sarka*, flesh)를 따라났다. "육체를 따라 났고"는 사라가 하나님이 네 자손을 주리라 약속하신 것을 기다리지 못한 채 자신의 몸종인 하갈을 아브라함에게 주어 이스마엘을 낳게 했다는 것을 말해준다. 이스마엘은 하나님의 약속 없이 인간의 욕정을 따라 태어났다. 이에 반해 자유를 누리는 여자, 곧 사라에게서 난 아들은 약속(*tes epangelias*, the promise), 곧 하나님의 약속을 따라 태어났다(창 17:16-19). 이삭과 이스마엘은 이런 점에서 다르다.

두 번째 논증은 24-27절을 통한 비유적 논증이다. 이 두 아들은 두 종교의 표상으로 나타난다. 즉 율법의 행위를 통해 구원을 얻으려는 종교(유대교)와 이와 달리 복음을 통해 구원을 얻는 종교(기독교)가 비유적으로 설명되고 있다.

"이것은 비유니(*allegoroumena*, allegorized) 이 여자들은 두 언약(*dyo diathekai*, two covenants)이라 하나는 시내 산으로부터 종을 낳은 자니 곧 하갈(Hagar)이라." (24절)

바울은 여기서 비유를 든다. 여기서 비유(allegory)는 풍유를 뜻한다. 사라, 하갈의 기록이 비역사적이었다는 의미에서 풍유가 아니라 바울이 그 사건을 신학적 진리로 예증하기 위해 사용한다는 점에서 풍유이다. 바울은 하갈과 사라의 사건을 들어 풍유로서 진리를 해명하고자 한다. 즉 율법의 본질과 효력을 분명히 설명하기 위해 사라와 하갈의 비유를 든 것이다. 바울은 이 비유를 통해 유대 율법이 지워주는 종의 속박과 복음이 가져다주는 자유를 철저히 비교하고 그 우열을 제시하고 있다.

바울은 유대주의자들의 영향을 받은 갈라디아 교인들에게 하갈과 사라, 이스마엘과 이삭을 들어 먼저 계집종의 자녀와 자유를 누리는 여자의 자녀를 보여준다. 이것은 율법에 종노릇하는 자와 믿음으로 자유를 누리는 자를 대비시키고자 한 것이며, 이 대비를 통해 갈라디아 교인들에게 밝히 교훈을 주고자 한다.

바울은 두 여자를 두 언약을 가리킨다고 했다. 한 언약은 시내 산에서 받은 것으로 종살이할 아기를 낳은 하갈을 의미한다. 바울은 두 언약이라는 신학적 용어를 사용하여 비유를 풀어나간다.

"시내 산으로부터 종을 낳은 자니." 율법은 시내 산에서 선포되었다. 이것은 이스라엘을 향한 하나님의 은혜로운 섭리에 따른 것이다. 그러나 그들은 하나님의 은혜를 생각하기보다 그것을 지켜 행함으로써 구원을 성취하고자 했다. 율법을 그들을 더욱 속박시키고 그 짐을 무겁게 했다. 바울은 율법의 이러한 성격을 하갈 사건과 연관 시켰다. 하갈이 사라의 육신적인 생각을 따라 상속자를 낳으려 하다가 결국 상속자가 아닌 종을 낳고 말았다는 것이다. 지금 갈라디아 교인들이 율법을 강조하는 유대주의자들의 생각을 따라 행동하게 되면 결국 하나님의 상속자가 아니라 육체에 종노릇하는 자가 될 수밖에 없음을 지적하고 있다.

"이 하갈은 아라비아에 있는 시내 산으로서 지금 있는 예루살렘과 같은 곳이니 그가 그 자녀들과 더불어 종노릇 하고."(25절)

하갈은 아라비아에 있는 시내 산을 가리키며 지금의 예루살렘에 해당한다(*systoichei*, correspond). 그것은 예루살렘이 아직도 그 자녀들과 함께 율법의 종노릇을 하고 있기 때문이다. "지금 있는 예루살렘"(*nyn Ierousalem*, the present Jerusalem)은 유대교의 중심지로서 율법의 종노릇하는 자들을 대표한다. 이것 역시 율법을 상징한다. 그러니 갈라디아 교인들이어, 유대주의자들의 꼬임에 빠져 율법에 종노릇하는 자가 되지 말라는 것이다.

"오직 위에 있는 예루살렘은 자유자니 곧 우리 어머니라."(26절)

그러나 위에 있는 예루살렘(*ano Ierousalem*, the above Jerusalem), 곧 하

늘의 예루살렘은 자유인이었던 사라를 의미하고, 그 예루살렘은 우리 모두의 어머니(*meter hemon*, mother of us)이기도 하다.

위에 있는 예루살렘에 대해서는 하나님이 거하시는 거룩한 처소를 뜻하며 교회를 표상하는 것으로 보기도 하고, 율법과 대조를 이루는 하나님의 은혜로 보기도 한다. 비록 하나님의 거소가 부분적으로는 지상에 있지만 원래는 하늘에 속한 것이다. 그러므로 지상의 교회는 하늘로부터 신령한 복을 받고 있다. 그 모두 하나님의 은혜이다.

"기록된바 잉태하지 못한 자여 즐거워하라 산고를 모르는 자여 소리 질러 외치라 이는 홀로 사는 자의 자녀가 남편 있는 자의 자녀보다 많음이라 하였으니."(27절)

성경에도 이렇게 기록되어 있다. "아기를 낳지 못하는 여자(*steira*, barren woman)여, 즐거워하여라. 해산의 고통을 모르는 여자여, 소리 높여 외쳐라. 홀로 사는 여자(*eremou*, desolate woman)의 자녀가 남편 있는 여자의 자녀보다 더 많을 것이다."

이것은 이사야 51:1을 인용한 것이다. 포로로 잡혀간 예루살렘에 대한 이사야의 희망적인 약속이 복음을 통해 믿는 자들을 모으는 것에서 성취된 것으로 바울은 해석하고 있다. 그리하여 예루살렘의 자녀가 많게 되었다는 것이다. "산고를 모르는 자"는 해산의 고통을 겪어 본 일이 없는 여인을 가리킨다.

세 번째 논증은 28-31절을 통한 개인적 적용논증이다. 그리스도인은 이스마엘과 같은 종이 아니라 이삭과 같은 자유인이라는 것이다.

"형제들아 너희는 이삭과 같이 약속의 자녀라."(28절)

갈라디아 교회 형제 여러분은 이스마엘이 아니라 이삭과 같은 약속의 자녀(*tekna epanelias*, children of promise)라는 말씀이다.

"그러나 그 때에 육체(*sarka*, flesh)를 따라 난 자가 성령(*Pneuma*, Spirit)

을 따라 난 자를 박해한 것 같이 이제도 그러하도다."(29절)

그러나 그 때에(*tote*, at that time) 육적으로 난 이스마엘이 성령을 따라 난 이삭을 박해한 것과 같이, 지금도(*nyn*, now) 그러하다.

육체를 따라 난 자는 이스마엘이다. 계집종의 자녀이고, 육체의 일에 관심이 많고, 자기 자신만 신뢰하는 자다. 이에 반해 성령을 따라 난 자는 이삭이다. 그는 약속의 자녀이자 자유인의 자녀로, 성령의 열매에 관심이 많다. 이스마엘이 이삭을 핍박했다면 이제는 사라의 육적 혈통을 고집하는 유대주의자들이 예수 그리스도를 따르는 신앙의 자녀들을 핍박한다. 지금도 육체를 따라 난 자들이 성령을 따라 난 자들을 박해하고 있다.

"그러나 성경이 무엇을 말하느냐 여종과 그 아들을 내쫓으라 여종의 아들이 자유 있는 여자의 아들과 더불어 유업을 얻지 못하리라 하였느니라."(30절)

그런데 성경은 무엇이라고 말하는가. "여종과 그 아들을 내쫓아라(*ekbale*, cast out). 여종의 아들은 절대로, 자유인의 아들, 곧 종이 아닌 본처의 아들과 함께 유업을 받지 못할 것이다(*me kleronomesei*, will not inherit)." 바울은 창세기 21:10에 기록된 사라의 말을 인용하여 사라가 하갈을 내쫓은 것같이 유대주의자들을 갈라디아 교회로부터 쫓아내라 말하고 있다. 복음을 위해 선 자들은 분연히 일어서 온전한 신앙을 견지해야 한다는 말이다.

내 안에 있는 이스마엘이 있는가. 자기의 만족, 육신의 방종으로 굳어진 습관과 가치들이 자리하고 있는가. 스펄전은 우리가 버려야 할 것 세 가지가 있다 하였다. 바로 이전의 선입견, 자기의 의, 세상향락이다. 육으로 난 것은 육이요 영으로 난 것은 영이다(요 3:6). 육의 것을 내쫓으라 하실 때 그것을 정리하고 끊을 수 있는 능력을 갖도록 기도하자. 최상(이삭, 약속, 기업)의 삶을 위해 차선(이스마엘, 기업 없음)의 것을 정리하라. 아브라함이 이삭을 바치라는 명령을 받았을 때 이스마엘을 정리하지 않았다면 이스마엘이 있지 않느냐며 위안을 삼고 최고의 믿음의 경지에 오르지 못했을 것이다.

"그런즉 형제들아 우리는 여종의 자녀가 아니요 자유 있는 여자의 자녀니라."(31절)

그러므로 형제 여러분, 우리는 여종의 자녀가 아니라, 자유를 가진 여자의 자녀이다.

갈라디아서 5장

그리스도께서 주신 자유, 서로 사랑하며 성령을 따라 살기, 육체의 열매와 성령의 열매

1. 그리스도께서 주신 자유(1-12절)

"그리스도께서 우리를 자유롭게 하려고 자유를 주셨으니 그러므로 굳건하게 서서 다시는 종의 멍에를 메지 말라."(1절)

그리스도께서 우리를 해방시켜 주셔서 자유의 몸이 되게 하셨다. 그러므로 굳게 서서 다시는 종살이의 멍에를 메지 말라.

원문에서는 "자유"(*eleutheria*, freedom)가 앞에 나와 있다. 자유를 강조하기 위한 것이다. 여기서 자유는 율법의 종노릇하는 것으로부터의 자유이다. "다시는 종의 멍에를 메지 말라." 율법의 종노릇에서부터 자유하라는 말씀이다.

죄의 종은 사단의 노예이지만 예수의 종은 자유인이다. "그러므로 아들이 너희를 자유케 하면 너희가 참으로 자유하리라"(요 8:36). 주님은 우리를 죄에서 자유하게 하신 유일무이한 분이시다. 이 자유는 단지 죄로부터 독립하는 것이 아니라 완전이 주인을 바꾸는 것이다. 단순 독립이라면 죄가 언젠가 우리를 주관할 수 있다. 즉, 사단이 주인이 되는 것이다. 그러나 십자가 사건으로 우리의 주인은 사단이 아니라 예수님으로 바뀌어졌다. 더 이상 죄가 우리를 주관하지 못한다. 주님이 우리를 죄로부터 해방시키시려고 자유를 주셨으므로 믿음에 굳게 서서 다시는 종의 멍에를 메서는 안 된다.

2-12절에서 바울은 그 자유를 보다 상세히 설명하고 있다. 바울은 2-4절을

통해 자유를 억압하는 할례를 반대하고 있다.

"보라 나 바울은 너희에게 말하노니 너희가 만일 할례를 받으면 그리스도께서 너희에게 아무 유익이 없으리라."(2절)

나 바울은 여러분에게 말한다. 자신의 말을 귀 기울여 잘 들으라는 말이다. 만일 여러분이 할례를 받는다면 그리스도께서는 여러분에게 아무 소용이 없다.

믿음으로 의롭다 함을 얻지 않고 그것을 할례를 받거나 율법을 행함으로 얻으려 하는 자들에게 그리스도는 아무런 유익이 없다는 말이다. 할례는 원래 하나님이 아브라함과 언약을 세우시고 언약아래 있는 남자들에게 실행하게 하신 약속의 인침이었다. 그런데 율법주의자들은 이 할례를 율법을 따르는 자들의 중요한 의무조항으로 삼았다.

"내가 할례를 받는 각 사람에게 다시 증언하노니 그는 율법 전체를 행할 의무를 가진 자(*opheiletes*, debtor)라."(3절)

내가 할례를 받는 모든 사람에게 다시 증언한다. 그런 사람은 율법 전체를 이행해야 할 의무를 지닌다. 바울은 할례에 대해 언급한다. 만일 어떤 사람이 할례를 받게 되면 그는 율법 전체를 행할 의무를 가지게 된다는 것이다.

바울은 할례와 율법은 불가분의 관계를 가지고 있음을 밝히고 있다. 따라서 할례를 받은 자는 반드시 율법의 모든 의무를 준행해야 한다. 자유가 아니라 구속을 받는다.

"율법 안에서 의롭다 함을 얻으려 하는 너희는 그리스도에게서 끊어지고 은혜에서 떨어진 자로다."(4절)

여러분이 율법을 지켜서 의롭다는 인정을 받으려고 한다면 여러분은 이미 그리스도와의 관계를 끊고 하나님의 은혜에서 떨어진 사람이다. 율법과 할례는 구원의 길을 제시하지 못한다.

그럼에도 불구하고 만일 할례를 받으면 그리스도가 그에게는 아무런 유익이 없고 그리스도에게서 끊어지고 은혜에서 떨어진 자가 된다. 결국 그들은 1절의 말씀과 같이 종의 멍에를 다시 메게 된다. 의롭다 함을 얻는 것이 율법의 행위, 곧 사람의 힘으로 되는 일이 아니기 때문이다. 갈라디아 교인들이 할례를 받고 율법의 짐을 지게 된다면 바울이 전한 십자가의 도가 소용이 없게 된다.

"우리가 성령으로 믿음을 따라 의의 소망을 기다리노니." (5절)

그러나 우리는 성령님을 통해 믿음으로 의롭게 되기를 바라는 희망(*elpida*, hope)을 가지고 산다. 할례를 받아 의롭게 되는 것이 아니라 예수를 믿는 믿음으로 의롭게 되기 때문이다. "성령으로" (*Pneumati*, through the Spirit)는, 우리가 예수를 구주로 고백하는 일이나 믿음으로 의롭게 되는 일은 성령의 도우심이 없으면 불가능하기 때문이다. 그리스도인은 그런 소망을 가지고 사는 자들이다.

"그리스도 예수 안에서는 할례나 무할례나 효력이 없으되 사랑으로써 역사하는 믿음뿐이니라." (6절)

그리스도 예수님 안에서는 할례를 받고 안 받는 것이 문제가 아니다. 할례를 받았다고 구원을 받는 것이 아니며, 할례를 받지 않았다고 저주를 받는 것이 아니라는 말이다.

가장 중요한 것은, 사랑으로 역사하는(*energoumene*, working) 믿음, 곧 사랑으로 작동되는 믿음이다. 믿음이 사랑을 통하여 일하기 때문이다. 믿음은 단순한 지적 동의나 교리적 체계 수립에 머무는 것이 아니다. 이것들은 신앙의 형식일 뿐이다. 믿음은 사랑의 행위로 나타나는 하나님의 은혜를 전적으로 신뢰하고 살아가는 것을 의미한다(살전 1:3). 하나님과 이웃을 향한 사랑과 구체적 행동이 신앙의 내용으로 채워질 때 신앙은 더욱 온전하게 된다.

7-12절에서 바울은 거짓 교사와 참된 교사를 비교하고 있다. 바울은 거짓

교사를 적은 누룩, 요동케 하는 자, 어지럽게 하는 자들이라 했다. 이에 반해 자신을 담대하게 참된 교사라 한다. 그만큼 질적으로 다르다는 것이다.

"너희가 달음질을 잘 하더니 누가 너희를 막아 진리를 순종하지 못하게 하더냐." (7절)

여러분은 지금까지 잘 달려왔다. 그런데 누가 여러분을 가로막아 진리(*aletheia*, truth)를 따르지 못하게 하였는가.

갈라디아 교인들이 전에는 신앙생활을 건전하게 잘해왔다. 그런데 누가 여러분을 가로막아 진리를 순종하지 못하게 했는가. 여기서 달음질은 신앙생활을 가리킨다. 바울은 그리스도의 삶을 자주 달음질로 묘사하였다(갈 2:2, 빌 2:16).

"그 권면은 너희를 부르신 이에게서 난 것이 아니니라." (8절)

그런 권면(*he peismone*, this persuasion), 곧 설득이나 꾐은 여러분을 부르신 하나님에게서 온 것이 아니다. 그것은 거짓 교사들의 짓이라는 말이다.

"적은 누룩이 온 덩이에 퍼지느니라." (9절)

적은 누룩(*mikra zyme*, a little leaven)이 반죽 전체를 부풀게 한다. 바울은 거짓 교사를 적은 누룩으로 보았다. 누룩이 아무리 적다해도 그것이 반죽에 들어오면 전체가 영향을 받는다. 거짓 교사의 꾐으로 인해 갈라디아 교회 전체가 나쁘게 영향을 받게 된다는 말이다.

누룩은 성경에서 자주 악한 의미로 사용되었다(마 16:6). 그러나 좋은 의미로도 사용되기도 했다(마 13:33).

"나는 너희가 아무 다른 마음을 품지 아니할 줄을 주 안에서 확신하노라 그러나 너희를 요동하게 하는 자는 누구든지 심판을 받으리라." (10절)

나는 여러분이 다른 생각을 품지 않으리라는 것을 주 안에서 확신한다. 그러나 여러분을 혼란케 하는 사람은 누구든지 심판을 받을 것이다. "너희를 요동하게 하는 자"(*ho tarasson hymas*, the one troubling you)는 9절의 "적은 누룩"과 같이 갈라디아 교인들을 혼란에 빠뜨린 유대인 출신의 유대주의자, 곧 거짓 선생을 가리킨다. 그들은 바울이 전한 복음이 미흡하기 때문에 거기에 할례와 율법을 첨가시켜야 한다고 주장했다.

"형제들아 내가 지금까지 할례를 전한다면 어찌하여 지금까지 박해를 받으리요 그리하였으면 십자가의 걸림돌이 제거되었으리니."(11절)

형제 여러분, 내가 아직도 할례를 전하고 있다면 왜 핍박을 받겠는가? 내가 아직도 할례를 전하고 있다면 내가 전하는 십자가가 걸림돌(*skandalon*, offense)이 되지는 않을 것이다.

바울은 자신이 지금까지 할례를 전하였으면 유대주의자들로부터 핍박을 받지 않았을 것이라고 말한다. 하지만 자신이 핍박을 받는 것은 오직 믿음으로 말미암는 의의 복음을 전하기 때문이라는 것이다. 바울은 이 말씀을 통해 자신은 결코 할례를 전하는 할례주의자가 아님을 강조하고 있다.

"너희를 어지럽게 하는 자들은 스스로 베어 버리기를 원하노라."(12절)

할례를 주장하면서 혼란만 일으키는 선동자들은 할례의 대상이 되는 그 지체를 아주 잘라 버리기를 바란다.

"스스로 베어버리기(*apokopsontai*, emasculate themselves)를 원하노라"는 말씀은 풍자적인 표현으로, 종교적 거세행위를 가리키는 말이다. 유대주의자들이 주장하는 할례를 이방종교의 거세행위와 같은 것으로 간주하고, 할례를 주장하는 율법주의자들은 차라리 그들의 생식기 자체를 잘라버리는 것이 좋겠다는 것이다. 다시 말해 갈라디아 교회에서 할례와 율법의 행위를 가르치는 거짓 선생들, 곧 유대주의자들이 제 갈 길로 가서 스스로 거세되기를 바란다는 뜻이다. 이 말은 당시 이방세계에서 성행하던 거세행위를 갈라디아 교인들도 잘 아는 것으로 판단하고, 이 말을 사용한 것으로 보인다.

2. 그 자유로 서로 사랑하고 성령을 따라 행하라(13-18절)

13-25절에서 바울은 크게 성령과 육체를 비교하여 말하고 있다.

13-15절에서 바울은 그리스도의 복음이 우리를 율법의 압제에서 자유하게 하였음을 강조하였다. 그렇다고 율법에서 자유하게 한다는 것이 윤리적, 도덕적 방종을 의미하는 것은 결코 아니다. 그럼에도 불구하고 사람들은 자유를 악용하여 자신의 육체적 욕망을 채우는데 사용하려 한다. 따라서 바울은, 자유가 이웃을 위한 봉사로 연결되어야 한다는 것을 역설하고 있다.

바울은 그리스도인의 자유의 본질을 세 가지로 묘사하고 있다. 첫째, 육체의 욕심을 위한 것이 아니다(13절). 둘째, 사랑으로 종노릇하는 것이다(13b, 15절). 셋째, 율법정신의 성취요 구현이다(14절).

"형제들아 너희가 자유를 위하여 부르심을 입었으나 그러나 그 자유로 육체의 기회를 삼지 말고 오직 사랑으로 서로 종노릇 하라." (13절)

형제 여러분, 하나님께서는 자유를 주시려고 여러분을 부르셨다. 성도 여러분을 부르셔서 자유를 누리게 하셨다는 말이다. 이 자유는 율법으로부터의 자유를 말한다. 율법이 죄인에게 선언하는 저주로부터의 자유이다.

그러나 여러분은 그 자유를 육체(*sarki*, flesh)의 욕망을 만족시키는 구실로 삼지 말고 사랑(*agape*, love)으로 서로 종노릇하라. "서로 종노릇하라"는 "서로 섬기라" (*douleuete allelois*, serve one another)는 말이다. 자신의 욕망을 채우기 위해 그 자유를 남용하지 말라는 것이다. 그리스도인의 자유는 육체의 탐닉을 위한 자유가 아님을 밝히고 있다. 이 때 육체는 하나님과 원수 된 인간의 부패성과 죄악상을 뜻한다.

바울은, 그리스도인의 자유는 오직 사랑으로 종노릇하는 자유임을 강조하였다. 자유가 전혀 속박이 없는 것이 아니란 말이다. 자유가 진정한 의미의 자유가 되기 위해서는 "자유로 육체의 기회를 삼지 말고 오직 사랑으로 서로 종노릇하라"는 명령을 실행할 때 가능하다는 것이다. 이것은 자유에 대한 우리의 통상적인 이해를 넘어선다.

"온 율법은 네 이웃 사랑하기를 네 자신 같이 하라 하신 한 말씀에서 이루어졌나니."(14절)

모든 율법(*pas nomos*, the entire Law)은 "네 이웃을 네 몸과 같이 사랑하라."는 한 마디 말씀 속에 다 들어있다. 모든 율법은 이 하나의 말씀으로 요약할 수 있다는 말이다. 그것이 율법의 정신이라는 것이다. 진정한 자유는 방종이 아니라 사랑으로 세워진다.

"만일 서로 물고 먹으면 피차 멸망할까 조심하라."(15절)

서로 헐뜯고 해친다면 둘 다 멸망하고 말 것이다. 그러니 그렇게 되지 않도록 조심하라. 이것은 그리스도인의 자유는 자신만의 만족을 추구하는 자유가 아니라 이웃과 깊이 연관되어 있음을 보여준다.

16-26절에서 바울은 성령과 육을 대비시켜 그리스도인의 삶의 지침을 설정하였다. 그는 먼저 두 가지 삶의 원리가 있음을 말한다. 하나는 성령의 원리이고, 다른 하나는 육체의 원리이다. 이 두 원리는 그리스도인의 삶에서 서로 대립된다. 따라서 그는 성령을 따라 살도록 강조하고 있다.

"내가 이르노니 너희는 성령을 따라 행하라(*peripateite*, walk) 그리하면 육체의 욕심(*epithymian*, desire)을 이루지 아니하리라."(16절)

내가 또 말한다. 성도 여러분은 성령께서 인도해 주시는 대로 살아가라. 성령님의 인도하심을 따라 살라는 것이다. 그러면 육체의 욕망을 채우려 하지 않을 것이다.

율법으로부터의 자유가 방종으로 흐르지 않고 참되게 지켜지려면 우리가 육체의 욕망을 따르지 않고 성령께서 인도하시는 대로 살아가야 한다. 바울은 로마서에서도 우리가 믿음으로 의롭게 되어 율법으로부터 자유롭게 된 후에는 성령의 인도를 받아야 할 것을 강조하였다(롬 6-8장).

"육체의 소욕은 성령을 거스르고 성령은 육체를 거스르나니 이 둘이 서로 대적함으로 너희가 원하는 것을 하지 못하게 하려 함이니라."(17절)

육체의 욕망들(*epithymei*, desires)은 성령을 거스르고, 성령이 바라시는 것은 육체를 거스른다. 육체의 욕망과 성령님이 바라시는 것은 정반대이다. 이 둘은 서로 대적하여 여러분이 하고 싶은 일을 못하게 한다.

육체의 소욕을 극복하지 못하면 육체의 열매를 맺을 수밖에 없다. 하지만 성령의 인도함을 받아 살고자 하면 육체의 열매가 아니라 성령의 열매를 맺게 된다. 그리스도의 사람은 이것저것을 할 수 없다.

그리스도인에게는 중립지대가 없다. 육체와 양립될 수 없기 때문이다. 따라서 한 가지만을 택해 살아야 한다. 육체의 소욕을 버리고 성령의 열매를 맺어야 한다.

"너희가 만일 성령의 인도하시는 바가 되면 율법 아래에 있지 아니하리라."(18절)

여러분이 성령님의 인도를 받아 살게(agesthe, be led by) 되면 율법 아래 있는 것이 아니다. 다시 말해 율법의 지배를 받지 않는다.

3. 육체의 열매와 성령의 열매(19-26절)

바울은 이 본문을 통해 육체와 성령이 뚜렷한 차이가 있음을 보여주고 있다. 육체의 일은 죽음의 영역에서 역사한다. 그러나 성령의 열매는 생명의 영역에서 역사한다. 그리스도인이 육체의 소욕을 따르게 되면 육체의 열매를 맺게 되며, 성령의 소욕을 따라 살게 되면 성령의 열매를 맺게 된다.

육체의 일과 성령의 열매		
일/열매	육체의 일 음행, 더러운 것, 호색 우상숭배, 술수 원수 맺는 것, 분쟁 시기, 분 냄 당 짓는 것, 분열함 이단, 투기 술 취함, 방탕	성령의 열매 사랑, 희락 화평, 오래 참음 자비, 양선 충성, 온유, 절제
지배 하나님 법 하나님나라 유업	육체적 욕심이 지배 금지됨 받지 못함	성령이 지배 장려됨 받음

"육체의 일은 분명하니 곧 음행과 더러운 것과 호색과."(19절)

육체의 일(*erga*, works), 곧 행실은 환히 드러난 것들이다. 곧 음행(*porneia*, sexual immorality)과 더러움(*akatharsia*, impurity)과 호색(*aselgeia*, sensuality, licentiousness)이다.

바울은 육체의 일로 대표적인 것 15가지를 들었다. 그 가운데 19절의 세 가지는 성의 범주에 속한 것들이다. 이 가운데 "더러운 것"은 자주 윤리적인 의미로 사용되지만 여기서는 성적인 의미로 사용되었다.

"우상 숭배와 주술과 원수 맺는 것과 분쟁과 시기와 분 냄과 당 짓는 것과 분열함과 이단과."(20절)

"우상 숭배(*eidololatria*, idolatry)와 마술(술수, *pharmakeia*, sorcery)과 원수 맺는 것(*echthrai*, enmities)과 다툼(싸움, *eris*, strife)과 시기(*zelos*, jealousy)와 화내는 것(분노, *thymoi*, outburst of anger)과 당파심(이기심,

eritheiai, contentions, selfishness)과 분열(분리함, *dichostasiai*, dissensions)과 이단(파당, 당파심, *haireseis*, factions, party spirit)과."

9개 중 두 가지, 곧 우상 숭배와 주술은 종교적 범주에 속한다. 주술은 악령과 밀교 하는 것을 말한다. 나머지 일곱 가지는 사회적 범주에 속한 것이다. 당 짓는 것을 "이기심"(공동번역)으로, 이단을 "파당"(새번역), "당파심"(공동번역)으로 번역하기도 했다.

"투기와 술 취함과 방탕함과 또 그와 같은 것들이라 전에 너희에게 경계한 것 같이 경계하노니 이런 일을 하는 자들은 하나님의 나라를 유업으로 받지 못할 것이요."(21절)

투기(질투, *phthonoi*, envyings, envy)와 술 취함(술주정, *methai*, drunkenness)과 방탕함(흥청대며 먹고 마시는 놀음, *komoi*, carousing)과, 그리고 그와 같은 것들이다. 내가 전에도 여러분에게 경고했지만 다시 경고한다. 이런 생활을 일삼는 사람들은 결코 하나님의 나라(*basileian Theou*, God's kingdom)를 상속받지 못할 것이다.

21절에서는 육체의 일 가운데 3가지를 들었다. 질투는 사회적 범주에 속하고 술 취함과 방탕함은 음주의 범주에 속한 것이다. 바울은 "또 그와 같은 것들"(things like these)이라 함으로써 그 밖에도 이와 유사한 것들이 있음을 말했다.

육체의 삶은 재미있고 신나고 시간 가는 줄 모르게 만든다. 이로 인해 인간의 자유와 권위가 회복되는 느낌을 받는다. 그러나 바울은 그 결국이 비참하다 말한다. "이런 일을 하는 자들은 하나님의 나라를 유업으로 받지 못할 것이요." 위에 열거한 육체의 일을 상습적으로 범하는 사람들은 비록 그리스도인이라 할지라도 하나님 나라를 상속받지 못한다는 말이다. 이것은 바울의 윤리관이 내세관과 직결되어 있음을 보여준다. 따라서 그리스도인은 비록 이 땅에 산다 할지라도 육체의 일이 아니라 성령의 열매를 맺으며 살아야 한다는 것을 보여준다.

"오직 성령의 열매는 사랑과 희락과 화평과 오래 참음과 자비와 양선과 충성과." (22절)

"그러나 성령의 열매, 곧 성령님이 지배하는 생활에는 사랑과 희락(기쁨)과 화평(평안)과 오래 참음(인내)와 자비(친절)과 양선(선함)과 충성(신실함)과."

22, 23에서 바울은 성령의 열매를 나열하고 있다. 22절에서는 성령의 아홉 가지 열매 중 일곱 가지를 언급하고 있다.

사랑(*agape*, love)은 자기 유익을 구하기보다는 남의 유익을 구하는 것을 말한다. 희락(*chara*, joy)은 하나님의 뜻을 열심히 찾고 성령과 늘 연합하여 사는 사람이 누리는 기쁨과 행복을 말한다. 화평(*eirene*, peace)은 하나님과의 올바른 관계로 인해 마음과 영혼이 평안한 것을 가리킨다. 하나님 백성이 그 나라 백성으로서 누릴 수 있는 평안이다. 오래 참음(*makrothymia*, patience)은 이웃을 용서하는 마음으로 인내하는 것을 말한다. 자비(*chrestotes*, kindness)는 자신보다 남을 돌보는 친절하고 너그러운 마음, 하나님이 주신 마음이다. 양선(*agathosyne*, goodness)은 사랑과 의를 겸한 선한 마음 상태이다. 충성(*pistis*, faithfulness)은 하나님과 사람의 관계에서 배반하지 않고 의를 지키는 신실함을 말한다.

성령의 열매는 육체의 일과 대조되는 말이다. 사람이 만들어내는 것이 아니라 성령에 의해서 우리의 삶 가운데 나타나는 것이다. 성령의 열매는 내가 맺은 것이 아니다. 내 안에 들어와 역사하는 성령이 맺었다. 따라서 나는 자랑할 것이 아무것도 없다.

주님은 성령의 열매를 맺게 하기 위해 우리 주변에 우리가 원하지 않는 것들을 주어 그것을 통해 열매를 맺게 하신다. 사랑의 열매를 맺게 하기 위해 주님은 우리 주변에 사랑할 수 없는 사람을 두어 그를 통해 사랑을 배우게 하신다. 오래 참지 못하는 나를 위해 참을 수 있는 사람을 만들기 위해 화나게 하는 상황을 두어 그것을 통해 오래 참도록 하신다. 이런 일이 일어날 때 오히려 감사하라. 주님이 우리로 하여금 열매를 많이 맺게 하기 때문이다.

"성령의 열매들"이라 하지 않고 열매(*karpos*, the fruit)라고 한 것에 주목하라. 단수를 사용한 것은 아홉 가지 열매가 각기 독립되어 있지 않고 서로 연관되어 있음을 보여준다. 우리가 성령 안에 산다면 주님은 우리로 하여금 성령의 열매 하나뿐 아니라 그와 관련된 여러 선한 열매를 아름답게 맺게 하신다.

"온유와 절제니 이 같은 것을 금지할 법이 없느니라."(23절)

온유와 절제이다. 이런 것을 막을 율법은 없다.

23절에서는 성령의 아홉 가지 열매 중 마지막 두 가지를 언급되고 있다. 온유(*prautes*, gentleness)는 자신을 낮추어 하나님의 뜻에 전적으로 복종하고 다른 사람을 너그럽게 받아들이는 것을 말한다. 절제(*enkrateia*, self-control)는 성령의 힘으로 자기를 통제하고 극복할 수 있는 능력을 말한다.

하나님의 사람은 자기의 힘이 아니라 성령을 힘입어 온유할 뿐 아니라 자기조절 능력도 갖추게 된다. 인간의 의지로는 술 담배를 끊을 수 없다. 그러나 성령이 역사하면 끊을 수 있다. 그렇게 입맛에 당기던 그것도 어느 순간 쓰게 만든다. 무절제한 삶을 사면 후에 큰 대가를 지불하게 된다. 무절제한 개인은 병을 얻게 된다. 나라가 무절제하면 불황을 맞게 된다. 지구의 환경오염도 무절제에서 비롯된 것이다. 우리의 무절제로 오존층을 파괴했고, 우리의 무절제가 공기마저 오염시켜 생명을 죽게 만들고 있다.

성령의 아홉 가지 열매는 인간적으로 볼 때 참 부자유하고 재미가 없다. 이런 일을 할수록 손해를 보는 것 같은 느낌을 받을 것이다. 그러나 성령의 열매를 맺으면 하나님 나라를 유업으로 받는다. 그 이상의 좋은 결과는 없다. 그리스도인이 추구해야 할 삶이 성령의 삶인 것은 두 말할 나위도 없다.

바울은 육체의 일에 대해 경계하고 그러한 삶을 살지 않도록 당부하고 또 당부한다. 그러나 성령의 삶에 대해서는 금지할 법이 없다. 언제나 권장해야 할 것에 속한다.

24-26절에서 바울은 성령의 열매를 맺는 비결 두 가지를 가르치고 있다. 첫째, 육체를 십자가에 못 박아야 한다. 둘째, 성령을 좇아 살아야 한다.

“그리스도 예수의 사람들은 육체와 함께 그 정욕과 탐심을 십자가에 못 박았느니라.” (24절)

예수 그리스도의 사람들은 육체와 함께 그 정욕(*pathemasin*, passions)과 욕심(*epithymiais*, desires)을 십자가에 못 박았다. 주님께 속한 사람은 정욕과 욕망과 함께 자기의 육체를 십자가에 못 박은 사람이라는 말이다.

“그리스도 예수의 사람들”은 예수 안에 있는 자, 성령을 따라 행하는 자, 그리고 성령의 인도함을 받는 자를 가리킨다.

“그 정욕과 탐심을 십자가에 못 박았느니라.”는 말은 육체의 일, 곧 육의 삶과 단절하고 성령과 함께 산다는 말이다. 이렇게 살아야 할 이유는 간단하다. 우리는 이 땅에서도 하나님 나라의 백성으로 살고, 하나님의 형상을 이루어야 할 책임을 가지고 있기 때문이다.

그리스도인들은 기본적으로 육체의 악한 본성이 그리스도와 함께 십자가에 죽임을 당한 사람들이다. 그러므로 성령이 그들의 삶에 주인이 되시려면 날마다 육체를 십자가에 못 박아야한다. 우리가 육체의 몸을 입고 있기 때문이다. 우리의 삶 가운데는 육체의 소욕과 성령의 소욕이 서로 대립하여 싸운다. 우리는 성령을 힘 입어 육체의 악한 본성을 부인하고 거절해야 한다.

"만일 우리가 성령으로 살면 또한 성령으로 행할지니."(25절)

만일 우리가 성령님을 따라 산다면(*zomen Pneumati*, live by the Spirit) 그분의 가르침을 실천해야 할 것이다(*stoichomen Pneumati*, walk by the Spirit). 우리가 성령으로 삶을 얻었기 때문에 성령이 인도해 주심을 따라 살아가야 한다는 말이다.

"만일 우리가 성령으로 살면." 성령은 우리에게 새로운 생명을 주시고 죄의 성품으로부터 자유하게 하신다. 우리가 성령을 통해 새 생명을 얻었다면 늘 성령의 인도함을 받아야 한다. 이것이 바로 성령으로 살고, 성령으로 걷는 삶이다.

"또한 성령으로 행할지니." 성령님과 함께 사는 자에게 요구되는 것은 말이 아니라 행동이다. 행동은 믿음을 밖으로 드러내는 것으로, 그 행동을 통해 성령의 열매를 맺는다는 점에서 중요하다. 말만 하는 것으로 성령의 열매를 맺을 순 없다.

성령의 열매를 맺기 위해서는 날마다의 삶에서 육의 소욕을 죽이는 일이 중요하다. 그러나 그 일은 결코 쉽지 않다. 세계 주요 도시는 우리를 육체의 욕망으로 유혹한다. 통계적으로 미국의 기독교인 25%가 7계, 곧 간음하지 말라는 계명을 범했다고 한다. 죄를 범하면 하나님의 능력을 드러낼 수 없다. 쾌락주의에 물들면 부패한다.

우리 스스로 육체를 제어할 수 있다고 생각한다면 그것은 잘못된 생각이다. 우리는 넘어지고 또 넘어진다. 기독교는 변화와 능력의 종교이다. 우리 자신의 삶에 방향 전환이 필요하다. 우리 속에서 육체의 소욕을 패퇴시키려면 성령님의 강력한 도우심이 필요하다. 그 도우심이 없는 한 우리는 성령을 받았으면서도 본성이 바뀌지 않는 삶을 살게 된다. 쳇바퀴의 삶이다. 성령의 소욕이 육체의 소욕을 지배하고 패퇴시키고자 한다면 하나님께 물으라. 그러면 성령이 생각을 주신다. 그 때마다 성령의 이끄심이 있다. 육신으로 살면 죽고, 성령으로 살면 산다.

성령으로 살고자 한다면 진리이신 주님을 붙잡으라. 이를 위해 먼저 진리로 동기 부여하고, 진리의 모델을 찾으라. 그 모델은 주님이시다. 육에 속한 자는 하나님으로부터 거리를 둔다. 그러나 성령에 속한 자는 하나님께 가까이 나간다. 그리고 삶의 순간마다 진리를 붙잡는다.

주님은 말씀하신다. "살리는 것은 영이니 육은 무익하니라 내가 너희에게 이른 말은 영이요 생명이라."(요 6:63). 이를 현대인의성경으로 읽으면 다음과 같다. "생명을 주는 것은 하나님의 영이며 인간의 육체는 아무 쓸모가 없다. 내가 너희에게 한 말은 영적인 생명에 관한 것이다." 영은 우리의 영이라기보다 "성령"이다. 성령은 우리로 하여금 하나님 형상을 회복하게 만든다. 그 형상을 잃어버리면 흉악한 사단 모습 같아진다. 성령과 동행하라.

성령은 교회와 성도를 달라지게 한다. 활기 있고 생명력 있게 만든다. 봉사와 전도도 그 활기에서 나온다. 성령은 우리를 바르고 건강하게 만든다. 개인과 사회를 회심케 한다. 사회를 바르고 질서 있게 만든다. 민족의 정신도 개조시킨다. 개인이든 교회든 사회든 생기 있고 달라지려면 성령의 지배를 받아야 한다. 성령 충만하면 더 열심히 사랑하게 된다. 겉이 아니라 속으로, 진정으로 사랑하게 된다.

"헛된 영광(vain glory, self-conceit)을 구하여 서로 노엽게 하거나 서로 투기하지 말지니라."(26절)

따라서 헛된 영광을 구해서도 안 되고(*me kenodoxoi*, should not become boastful, not become conceited), 서로 격동(*prokaloumenoi*, provoking)해서도 안 되고, 서로 투기(*phthonountes*, envying)해서도 안 된다. "서로"(*allelous*, one another, each other)가 두 번이나 강조되고 있다. 그래야 그리

스도의 공동체가 건강하게 설 수 있다.

그리스도인은 성령으로 살기 때문에 성령으로 행해야 한다. 잘난 체하지 말고 서로 노엽게 하거나 질투하거나 미워하지 않도록 하자.

갈라디아서 6장

성도의 교제, 십자가를 자랑하라, 맺음말

1. 성도의 교제(1-10절)

"형제들아 사람이 만일 무슨 범죄한 일이 드러나거든 신령한 너희는 온유한 심령으로 그러한 자를 바로잡고 너 자신을 살펴보아 너도 시험을 받을까 두려워하라." (1절)

"형제 여러분, 어떤 사람이 어떤 죄를 범했다면 성령의 인도하심을 따라 사는 여러분은 온유한 마음으로 그런 사람을 바로 잡아 주고, 여러분도 스스로를 살펴서 그런 시험을 받지 않도록 조심하라."

"신령한 너희" (*hoi pneumatikoi*, the spiritual ones)는 성령을 좇아 행하는 사람, 성령의 법을 따르는 사람, 성령의 열매를 맺는 사람을 가리킨다. 이러한 성도는 성숙한 성도이다.

"온유한 심령" (*pneumati prautetos*, spirit of gentleness)은 성령에 인도되어지는 인간의 영을 의미한다. 이 영을 가진 자는 분노나 미워함으로 책망하는 것이 아니라 그리스도의 온유한 마음을 가지고 문제를 이해하고 바로 고친다.

"바로 잡고." (*katartizete*, restore) 바로 잡는다는 것은 올바르게 회복시킨다. 그리스도의 길로 바로 들어서게 한다는 의미를 가지고 있다. 죄를 범한 사람을 신령한 성도들이 바로 잡아줄 책임이 있다. 성숙한 성도는 연령에 관계없이 영적 지도자가 되어야 한다. 이를 위해 성도가 먼저 모범이 되어야 한다.

"네 자신을 돌아보아." (*spoken seauton*, considering yourself) 그리스도인은 교회 안에서 죄를 범한 형제를 볼 때 그 죄를 통해 자신을 먼저 돌아보는 태도를 가져야 한다. 그것이 거울이 되어 자신도 그런 시험(유혹)을 받지 않도록 주의해야 한다.

"너희가 짐을 서로 지라 그리하여 그리스도의 법을 성취하라." (2절)

"여러분은 서로 짐을 지라. 그리하여 그리스도의 법, 곧 사랑의 법을 이루라."

"너희가 짐을 서로 지라." 1절과 연관시켜 볼 때 이 짐은 형제의 영적인 연약함을 극복할 수 있도록 다른 성도들이 도움을 베풀어야 할 책무가 부여되고 있다.

이 짐(*bare*, burdens)은 형제 혼자서 감당할 수 없는 짐, 다른 사람의 도움을 받아야 할 짐을 말한다. 영적으로 인간을 압제하거나, 죄를 짓도록 위협하는 모든 것이 포함된다. 바울은 이것을 짐으로 비유하여 성도들 간의 영적 교제와 도움, 기도를 통해 이 짐을 함께 질 것을 권유하고 있다. 성도의 영적 생활에서 서로를 위해 기도하며 도움으로 모든 죄의 세력에서 벗어날 수 있도록 해야 한다는 것이다. 이렇게 무거운 짐을 지고 있는 이웃을 본 성도가 그를 돕고 섬기는 자세로 그 짐을 함께 진다면 공동체는 달라진다.

"그리스도의 법(*nomon*, law)"은 제도화된 성문법을 말하는 것이 아니라 예수님이 주신 새 계명, 곧 "네 이웃을 내 몸과 같이 생각하라"는 계명이다(요 13:34, 갈 5:14). 예수님은 이 법을 공포하셨을 뿐 아니라 몸소 실천하셨다. 우리도 이웃의 무거운 짐을 나눠짐으로써 그리스도의 법을 성취한다.

그리스도의 법은 세상의 법과는 차원이 다르다. 세상의 법은 자기의 힘과 권력을 자기만을 위해 사용하지만 그리스도의 법은 남을 돕는데 사용한다. 세상의 법은 공동체를 약화시키고 파괴하지만 그리스도의 법은 공동체를 강하고, 건강하게 만든다. 성도는 세상수준을 뛰어넘어야 한다. 성도들이 자발적으

세상의 법과 그리스도의 법		
	세상의 법	그리스도의 법
이기성	이기주의	이타주의
권력사용	자기를 위해 사용	남을 위해 사용
공동체관계	공동체 파괴	공동체 형성

로 서로 이웃의 짐을 질 경우 그리스도의 법이 그만큼 빨리 성취될 것이다.

"만일 누가 아무 것도 되지 못하고 된 줄로 생각하면 스스로 속임이라."(3절)

어떤 사람이 만일 아무것도 아니면서 대단한 사람이나 된 것처럼 생각한다면 그것은 자기를 속이는 것이다.

"각각 자기의 일을 살피라 그리하면 자랑할 것이 자기에게는 있어도 남에게는 있지 아니하리니."(4절)

"각자 자기의 일, 곧 자기 행위를 살펴보라. 그러면 자기에게는 자랑거리가 있다 하더라도, 남에게까지 자랑할 것은 없을 것이다."

"각각 자기의 일을 살피라." 자기가 한 일(work)이나 행동(actions)이 어떠했는지 살펴보아야 한다(test)는 것을 말한다.

"자랑할 것이 자기에게는 있어도." 자랑할 것이 자기에게만(in himself) 있고 남에게까시 자랑할 것이 있지 않다는 말씀이다. 그런데 NIV나 현대인의성경은 각자 자신의 행동을 살펴보면 자신을 다른 사람과 비교하지 않고도 자랑할 것이 자기에게 있을 수 있다고 번역했다. 그러나 따지고 보면 그 자랑할 것은 하나님의 은혜로 된 것이다. 자신에게서 온 것이 아니다. 자기의 공로가 아니다. 그러므로 하나님께 감사하게 될 것밖에 없다. 다시 말해 자랑할 것이 없다.

사람이 자랑하고 싶을 때가 왜 없을까? 하지만 자랑할 때 다른 사람과 비교해서 자랑하지 말라. 자랑이 있으면 그것은 너 자신에 관해서만 자랑하라. 다른 사람의 결점과 비교해서 자랑하지 말라. 자랑하고 싶을 때 각자 자기가 얼마나 오만한가를 먼저 살피라. 그러면 자랑할 것이 없게 될 것이다.

"각각 자기의 짐을 질 것이라." (5절)

"사람은 각각 자기 몫의 짐을 져야 한다."

"각각 자기의 짐을 질 것이라." 여기서 "자기의 짐(his own load)"은 2절의 짐과 성격이 다르다. 이 짐(*phortion*, load)은 다른 사람의 죄와 상관없이, 각 개인이 그들 각자의 행위에 대해 스스로 하나님 앞에서 책임을 져야 하는 것을 말한다. 이 짐은 남에게 부담시킬 수 없는 짐이자 자기 혼자 감당해야 할 짐이다.

"가르침을 받는 자는 말씀을 가르치는 자와 모든 좋은 것을 함께 하라." (6절)

"하나님의 말씀을 배우는 사람은 가르치는 사람과 온갖 좋은 것(*pasin agathois*, all good things)을 나누어 가지라."

당시 스승과 제자의 관계는 예수님의 경우에서 볼 수 있는 것처럼 공동생활을 통한 교육이 주축을 이루고 있었다. 따라서 종교나 윤리에서 좋은 가르침뿐 아니라 물질까지도 함께 나누어 쓸 수밖에 없었다. 이런 관계처럼 성도들의 신앙생활도 좋은 것을 함께 나누어 쓰는 관계에까지 나아가야 한다는 것을 가르쳐준다. 성령을 위해 심는 자, 성령 안에서 행하는 자는 말씀을 가르침을 받는 자와 가르치는 자와 함께 모든 좋은 것을 나누어야 한다.

"스스로 속이지 말라 하나님은 업신여김을 받지 아니하시나니 사람이 무엇으로 심든지 그대로 거두리라." (7절)

"자신을 속이지 말라. 하나님은 조롱을 받으실 분이 아니시다. 사람은 무엇을 심든지 심은 대로 거둘 것이다."

"스스로 속이지 말라" (*me planasthe*, not be misled)는 것은 "잘못 생각하

지 말라"는 뜻이다. "하나님은 업신여김을 받지 아니하시나니." 업신여김을 받는다(*mykterizetai*, be mocked)는 것은 코를 돌려대며 비웃는다는 의미를 가지고 있다. 하나님은 그렇게 조롱받으실 분이 아니시다.

"사람이 무엇으로 심든지 그대로 거두리라." 바울은 심는 대로 거두는 추수의 원리를 제시하면서 선을 행할 것을 가르쳐 준다. 추수법칙은 심어야 거둔다. 종류대로 거둔다. 콩 심은 데 콩 나고, 팥 심은 데 팥 난다. 양대로 거둔다. 적게 심으면 적게 거둔다. 그리고 때가 이르면 거둔다. 추수법칙은 자연계뿐 아니라 도덕적 세계, 영적 세계에서도 그대로 적용된다. 이 말씀은 사람을 심는 자로 소개한다. 문제는 씨앗이다. 어떤 씨앗을 심느냐 하는 것이다. 그로 인해 결과가 달라지기 때문이다. 육체적인 것을 심고 성령에 속하는 것을 기대하는 것은 스스로 속이는 자이며 하나님을 업신여기는 자이다.

"자기의 육체를 위하여 심는 자는 육체로부터 썩어질 것을 거두고 성령을 위하여 심는 자는 성령으로부터 영생을 거두리라."(8절)

"자기 육체를 위해(자기 육체에다) 심는 사람은 그 육체에서 썩어질 것을 거두고, 성령님을 위해(성령에다) 심는 사람은 성령님에게서 영원한 생명을 거둘 것이다."

육체를 위해 심는다는 것은 옛 사람으로 하여금 제멋대로 행하도록 허용하는 것을 말한다. 자기의 육체를 위하여 심는 자는 육체로부터 부패, 타락, 퇴보 등 썩어질 것(*phthoran*, decay)을 거둔다. 영원히 멸망할 것들이다(살후 1:9). 이 멸망은 육체와 영혼 모두에 관련된다. 성령을 위해 심는다는 것은 성령으로 하여금 그 뜻대로 행하도록 자신을 맡기는 것을 뜻한다. 성령을 위해 심는 자는 성령의 열매를 거둔다. 성령의 씨를 심고 그 열매를 거둠으로써 우리는 성령 안에서 풍성한 자유를 얻는다.

그리스도인은 자기 육체가 아니라 성령에다 씨를 심는 자이다. 성령이 우리를 장악하도록 하는 것이다. 내가 기뻐하는 방식이 아니라 주님이 기뻐하시는 방식으로, 나의 편리가 아니라 주님을 위해서, 그리고 이기적인 것이 아니라 나를 뛰어넘는 것이다. 그것은 나를 버리는 것이다. 성령을 위하여 심는 자는 성령으로부터 영생을 거둔다. 성령으로 사는 자, 성령으로 행하는 자, 성령의 인도하심을 받는 자, 성령으로 충만한 자는 질적으로 다른 삶, 하나님의 삶, 천국의 삶, 하나님의 자녀로서의 삶을 산다. 클린턴 미국대통령은 8절에 손을 얹고 선서했다.

"성령으로부터 영생을 거두리라." 성령으로부터 거두는 영생(*zoen aionion*, eternal life)은 육적인 것으로부터 얻는 썩어질 것과 대비된다. 영생은 하나님의 나라에서 누리게 될 복된 생명이다. 영생은 그리스도를 믿고 하나님과의 새롭고 영속적인 관계에 들어가는 것이고, 새로운 생명을 덧입는 것이다. 하나님과 예수 그리스도를 아는 것이고, 예수를 믿음으로써 얻는 거듭남과 함께 시작되는 경험이자 세상 마지막 날 완성되는 것이다.

"우리가 선을 행하되 낙심하지 말지니 포기하지 아니하면 때가 이르매 거두리라."(9절)

"선한 일을 하다가 낙심하지 말라. 포기하지 않는다면 반드시 거둘 때(*kairos*, time)가 올 것이다."

성령을 위해 심는다는 것은 선을 행하는 것이다. 사람은 일을 하다가 낙심할 때가 있다. 하지만 성도는 선한 일, 곧 하나님을 일을 하는 자다. 그 일을 함에 있어서는 낙심하거나 포기할 일이 결코 아니다. 힘들더라도 지쳐 넘어지지 아니하면 때가 이를 때에 거두게 될 것이다. 그 때는 바로 하나님이 정하신 때이다.

성령을 위해 심는 자는 인내의 씨를 뿌려야 한다. 온전한 추수는 내세에 거둔다. 그 때까지 낙심하지 않고 선, 곧 하나님이 기뻐하시는 일을 해야 한다.

선을 행할 때 낙심하기 쉽다. 끝까지 선행하는 사람은 많지 않다. 이렇게 된 데는 크게 내적인 원인과 외적인 원인이 있다. 내적 원인으로는 피곤하거나, 일에 대한 보람과 가치를 의심하거나, 보상이 없다고 생각되거나, 쓴 경험을 가지고 있기 때문이다. 외적으로는 오해, 몰인정, 방해, 핍박 등 여러 가지가 있다. 예수님과 바울도 방해와 핍박을 받았다는 것을 기억하라. 날마다 새로운 헌신을 해야 한다. 리빙스턴은 자신의 일기에서 이렇게 썼다. "내 왕, 나의 주여. 내가 다시금 주께 드리나이다." 신앙가운데 원대한 시야, 곧 하나님의 안목을 가져야 한다. 이 안목을 갖게 되면 낙심하지 않게 된다.

씨가 열매를 거두기까지는 많은 시간과 노력이 요구된다. 눈물로 씨를 뿌릴 때도 있고, 성장 과정에서 눈물을 뿌릴 때도 있다. 우리는 좋은 열매를 얻기 위해 거룩한 눈물을 흘리게 된다. 이 눈물은 씨가 떨어져 죽는 것과 같다. 십자가의 삶이다. 주님은 우리로 하여금 한 알이라도 썩어지는 밀알이 되기를 원하신다. 눈물의 씨앗이요 인내의 씨앗이다. 주님은 우리를 위해 눈물로 씨앗을 뿌리신다. 그 눈물을 보았다면 우리도 어려움 때문에 흘리는 눈물을 기쁨으로 감당할 수 있어야 한다.

인내에는 땀과 눈물이 요구된다. 열매를 위한 고도의 집중력이 요구된다. 인생은 집중력에서 100배의 차이가 난다고 한다. 집중력의 영어 표현은 "concentration"이다. "con"은 "함께"라는 말이고, "centration"은 집중화다. 집중화의 단어에는 "center"가 있다. 성령의 씨를 뿌리고 성령의 열매를 얻기 위해 무엇에 집중해야 할까. 우리의 중심에 무엇이 있어야 할까. 그것은 예수님이다. 주님을 위해 우리의 땀과 눈물을 집중시켜야 한다. 집중 된 빛은 강철을 뚫는다. 마찬가지로 우리가 주님을 향해 집중하면 우리 내면에 자리하고 있는 육신의 것들이 한꺼번에 태워진다.

성령을 위해 심는 자는 결과에 대한 확신이 있다. 추수에 대한 확신을 갖고 씨를 뿌린다. "포기하지 아니하면 때가 이르매 거두리라." 열매에 대한 확신이다. 안 중근 의사는 여순 감옥에서 1919년 3월 26일 처형되었다. 그런 가운데서도 그는 "정의 필승, 대한독립만세"를 외쳤고 이를 글로 남겼다. 그 당시에는 해방될 어떤 희망도 보이지 않았다. 그러나 그는 달랐다. 26년 후 해방되었다. 우리가 필승하리라고 확신하는 것은 우리가 주안에서 행하는 일은 영원한 선(eternal goodness)이기 때문이다.

"눈물을 흘리며 씨를 뿌리는 자는 기쁨으로 거두리로다 울며 씨를 뿌리러 나가는 자는 반드시 기쁨으로 그 곡식 단을 가지고 돌아오리로다."(시 126:5, 6). 그리스도인은 누구인가? 주님이 이 땅에 파종한 씨앗들이다. 매를 맞으며 십자가에서 피를 흘리며 뿌린 씨앗들이다. 주님은 우리를 위해 기꺼이 파종자가 되셨다. 이제 우리가 주님을 위해 씨앗을 심을 차례다. 우리가 심을 씨앗은 육의 씨가 아니라 성령의 씨다. 우리는 그리스도의 사람들이다. 주님이 그렇게 심으셨다면 그분의 자녀인 우리도 주님의 방법에 따라 심을 수 있다.

"여호와께서 우리를 위하여 큰일을 행하셨으니 우리는 기쁘도다."(시 126:3). 우리가 성령의 열매를 맺으면 맺을수록 우리를 향한 주님의 기쁨이 크다. "너희가 짐을 서로 지라 그리하여 그리스도의 법을 성취하라."(갈 6:2). 성령의 사람은 주님의 법을 성취하는 사람이다.

"거두리로다." 심은 대로 거둔다. 이 땅에서 상을 받지 못한다 해도 주님 나라에서 받는다. 이 땅에서 상 받기를 절제하면 할수록 저 나라에서 더 큰 상을 얻게 될 것이다.

"그러므로 우리는 기회 있는 대로 모든 이에게 착한 일을 하되 더욱 믿음의 가정들에게 할지니라."(10절)

"그러므로 기회 있을 때마다 모든 사람에게 선한 일을 하라. 특별히 믿음의 식구들에게는 더욱 그렇게 하라." 이 착한 일(*agathon*, good)을 하는 것은 성령을 위해 심는 행위이다. 믿음의 식구들에게 선을 행하는 것은 한 지체로서 마땅히 해야 할 일이다.

2. 십자가를 자랑하라: 세상으로부터의 분리(11-15절)

"내 손으로 너희에게 이렇게 큰 글자로 쓴 것을 보라."(11절)

"보라. 내가 여러분에게 직접 이렇게 글자를 크게 쓴다."

바울은 시력이 나빠 대필자를 통해 서신들을 받아쓰도록 했는데, 이 서신의 마지막 부분은 자신이 직접 큰 글자로 썼음을 말한다. 이것은 이 서신이 자신의 글임(진실성)을 보증하고, 서신의 핵심을 다시 강조하기 위해 바울이 직접 쓴 것이다.

"무릇 육체의 모양을 내려 하는 자들이 억지로 너희에게 할례를 받게 함은 그들이 그리스도의 십자가로 말미암아 박해를 면하려 함뿐이라."(12절)

"육체의 겉모양을 꾸미기 좋아하는 사람은 여러분에게 할례(*peritome*, circumcision)를 받으라고 강요한다. 그들이 그렇게 하는 단 한 가지 이유는 그리스도의 십자가 때문에 받는 핍박을 피하기 위한 것이다."

바울은 12, 13절을 통해 갈라디아 성도들을 율법으로 돌아가게 하려는 거짓 교사들에게 마지막 경고를 한다.

육체의 모양을 내려하는 자들은 예수를 믿는다 하면서도 할례를 받아야 한다고 주장하는 유대주의자들, 거짓 교사들이다. 그들은 할례가 육적 아브라함의 자손이 되는 표이며 하나님의 백성이 되는 관문이라고 주장한다. 그러나 그들이 할례를 주장하는 것은 사실 십자가로 인해 핍박을 받지 않으려는 데 있다.

"할례를 받은 그들이라도 스스로 율법은 지키지 아니하고 너희에게 할례를

받게 하려 하는 것은 그들이 너희의 육체로 자랑하려 함이라."(13절)

"할례를 받은 사람들이 자기들도 율법을 지키지 않으면서 여러분에게 할례를 받게 하려는 것은 여러분의 육체를 이용하여 자랑하려는 것이다."

유대주의자들이 할례를 받은 갈라디아 교인들로 하여금 아브라함의 자손이요 하나님의 백성임을 선포하고, 할례 받은 것을 자랑스럽게 생각하도록 하려는 것이다. 이것은 이미 받은 구원의 은혜를 경시하는 것으로, 심히 잘못된 것이다.

"그러나 내게는 우리 주 예수 그리스도의 십자가 외에 결코 자랑할 것이 없으니 그리스도로 말미암아 세상이 나를 대하여 십자가에 못 박히고 내가 또한 세상을 대하여 그러하니라."(14절)

"그러나 나에게는 우리 주 예수 그리스도의 십자가(*stauro*, cross) 밖에는 결코 자랑할 것이 없다. 그리스도의 십자가로 말미암아, 내 쪽에서 보면 세상이 죽었고, 세상 쪽에서 보면 내가 죽었다."

이 말씀은, 바울이 주 예수 그리스도의 십자가를 매우 중시하고 그가 자랑할 것은 바로 그 십자가 뿐임을 보여준다. 십자가를 자랑할 때 거짓 교사들의 가르침에 넘어가지 않는다.

이 구절가운데 후반부분은 이해하기 어려운 부분이다. 리빙 바이블(Living Bible)은, "바로 그리스도의 십자가 때문에 매혹을 주는 세상의 모든 것에 대한 나의 관심이 오래전에 십자가에 못 박힘을 당했고 나에 대한 세상의 관심도 또한 오래전에 죽었다." 했다. 한 마디로 주님이 지신 십자가 때문에 내가 더 이상 세상에 대한 매력을 느끼지 못하고 세상의 것을 버렸으며 세상 또한 나를 버림으로써 나는 온전히 하나님의 사람이 되었다는 것이다.

여기에서 세상(*kosmos*, world)은 사람이 그리스도 밖에서 영광을 구하고 신뢰를 두는 모든 것을 가리킨다. 바울은 예수 그리스도와 그의 십자가 사랑을 안 뒤 더 이상 세상을 취하지 않는 새로운 존재가 되었다. 그는 선언한다. "나는 원래 세상에 속한 존재였다. 그러나 예수님의 십자가로 인해 세상과의 관계에서 중대한 변화가 생겼다. 나는 이제 세상에 대해 죽었노라. 종말적 경험을 했노라. 영적으로 다시 태어났노라." 세상에 대한 자신의 관심과 애정이 죽게 된 것은 바로 예수님이 지신 십자가 때문이었다는 말이다. 예수의 십자가는 우리로 하여금 옛 세상에 종지부를 찍고, 십자가만 자랑하게 만들만큼 강력한 힘이 있다.

바울은 주님이 지신 십자가 때문에 완전히 바뀐 사람임을 고백하고 있다. 그는 십자가 밑에 자신의 모든 것을 묻어 버렸다. 그 속에는 그가 지금까지 중하게 여겼던 세상의 명예 뿐 아니라 심지어 그가 유대인으로서 받고 자랑해온 할례와 애써 지켜온 율법까지도 무익한 것으로 돌렸다. 그는 자신이 십자가의 도를 받은 후로부터 얼마나 철저히 자신을 세상으로부터 분리시켰으며 이로 인해 자랑할 것은 더 이상 세상적인 것이 아니라 오직 주님의 피 묻은 십자가뿐임을 강조하고 있다.

바울은 믿는 성도를 핍박하는데 앞장 선 인물이었다. 돌로 스데반을 쳐 죽이는데 앞장섰고 한동안 여러 곳을 다니며 교인들을 색출하는데 혈안이 되었던 사람이었다. 그는 한 마디로 믿는 사람을 찾아내 십자가를 지우도록 한 사람이었다. 이런 그가 주님을 만난 이후 핍박의 상징인 십자가에 자기의 과거를 못 박고 새로운 사람으로 태어나게 된 것이다.

주님은 그를 만날 때 자신을 가리켜 "네가 핍박하는 예수라."고 말씀하셨다. 바울이 예수님을 직접 핍박한 일은 없었지만 예수님은 그리스도인에 대한 핍박을 자신에 대한 핍박으로 간주하셨고, 이 말씀에 그는 다마스쿠스 길에서 고꾸라졌다. 그 순간 그는 자신이 그토록 핍박한 일과 주님이 지신 십자가가 얼마나 상반된 일인가를 깨닫게 되었다. 자신이 그토록 핍박하는 일에 앞선

것은 자신의 명예에 관계되는 일이었다. 그는 그 일로 인해 유대 지도자들로부터 인정을 받고자 했다. 사람들로부터 인정을 받아 자기의 지위를 더욱 확고하게 만들고 싶었다. 그러나 주님이 지신 십자가는 인간의 욕심을 이루기 위한 것이 아니라 연약한 인간의 죄를 속하기 위함이요 그것은 하나님이 우리를 얼마나 사랑하고 계시는가를 단적으로 보여주는 엄청난 하나님의 일이었다. 십자가는 하나님의 사랑 바로 그것이며 그 사랑은 세상의 그 어떤 것과 바꿀 수 없고 비교될 수 없는 위대한 것이다. 바울은 자기의 일이 얼마나 잘못되었는가를 알게 되었고 결국 십자가를 지신 주님을 사랑하고 그 십자가를 사랑하게 된 것이다. 그는 그저 말만의 사랑이 아니라 이 십자가의 도를 위해 자신의 모든 육체적인 도모와 명예를 분토처럼 여기고 이를 위해 배고픔과 위험은 물론 돌로 침을 당하고 투옥되어도 오직 이 길을 자랑하고 기뻐하는 삶을 살게 된 것이다. 이제 그는 자신만을 위한 사람이 아니라 하나님의 사람이 되었다. 그는 주님의 말씀대로 자기를 부인하고 주님이 지신 십자가를 자기도 기꺼이 지는 삶을 살게 된 것이다.

"할례나 무할례가 아무 것도 아니로되 오직 새로 지으심을 받는 것만이 중요하니라."(15절)

"할례를 받거나 안 받는 것이 중요한 것이 아니라 오직 새롭게 창조되는 것(*kaine ktisis*, a new creation)이 중요하다."

그리스도 안에서 할례는 더 이상 아무런 의미도 갖지 못한다. 복음 안에서는 할례나 무할례(*akrobystia*, uncircumcision)나 소용이 없다. 오직 성령으로 거듭나 새 사람이 되는 것으로만 구원에 참여할 수 있다(고후 5:17). 거듭난 그리스도인은 성령으로 인해 내적으로 새로운 변화를 받아 다시는 자신을 위해 살지 않고, 주를 위해 산다. 할례보다 하나님의 새 창조에 의해 우리가 새로운 피조물로 거듭나느냐 하는 것이 중요하다.

3. 맺음말(16-18절)

“무릇 이 규례를 행하는 자에게와 하나님의 이스라엘에게 평강과 긍휼이 있을지어다.”(16절)

“이 원리(표준)를 따라 사는(walk by this rule) 사람들과 하나님의 백성 이스라엘에게 하나님께서 평안과 자비를 내려 주시기를 기도합니다.”

“하나님의 이스라엘”(Israel of God)은 유대인을 가리키는 것이 아니라 모든 신자들을 가리킨다. 유대인이든지 이방인이든지 그리스도를 믿는 자들만이 아브라함의 참 자손이며(갈 3:29) 참 이스라엘이다(롬 9:6).

“이 후로는 누구든지 나를 괴롭게 하지 말라 내가 내 몸에 예수의 흔적을 지니고 있노라.”(17절)

“이제부터는 아무도 나를 괴롭히지 말라. 나는 내 몸에 예수의 흔적, 곧 상처 자국을 지고 다닌다.”

본문에서 흔적(*stigmata*, marks)은 복수다. 하나의 흔적이 아니라 예수와 관련된 여러 흔적을 가지고 있다는 말이다. 스티그마는 일종의 낙인으로 우리는 이에 대해 매우 부정적인 인식을 가지고 있다. 그러나 바울은 오히려 이 단어를 사용함으로써 자신이 그리스도인으로서 낙인이 찍힌, 곧 예수의 흔적을 가진 사람이라 말하고 있다.

역사적으로 보면 노예나 죄인, 또는 동물에게 낙인을 찍었는데 이것을 ‘스티그마(stigma)’라 한다. 고대 소아시아 중서부에 있었던 프리지아(Phrygia) 왕국 사람들은 자신의 신전에서 노예들에게 낙인을 찍었다. 노예들은 각기 어떤 신의 이름으로 낙인을 찍혔고, 이들은 이 신을 위해 목숨을 바쳐 신전 봉사를 했다.

스티그마는 일종의 불에 달군 도장으로 ‘내 소유’라는 의미다. 바울은 여기서 '나는 예수의 흔적을 가졌다' 고 말한다. 이것은 "나의 주인은 예수다"는 것을 선포하는 것이다. 그는 자주 '나는 주의 종' 이라 했다. 주의 종이라는 것과 스티그마는 같은 의미다.

바울이 말하는 스티그마는 태어날 때부터 가진 육체의 흔적이 아니라 십자가의 흔적, 곧 예수 그리스도를 위하여 당했던 바울의 고난을 가리킨다. 바울은 복음을 전하다 돌로 침을 당하고, 매를 맞고, 질병에 걸리고, 투옥되기도 했다. 교회에 대한 염려도 그의 십자가이자 흔적이다. 태장(쇠채찍)은 20대만 맞아도 혼절하고 죽기도 한다. 바울은 이 태장을 여러 번 맞았다. 이 모두 주님을 사랑한 종이기에 받은 흔적들이다.

바울이 말하는 예수의 흔적은 내면의 깊은 신앙고백이 담겨있다. 유대인들은 할례의 흔적을 자랑했다. 그러나 그것을 너무 강조하면 예수님이 설 장소가 없다. 할례가 중한 것이 아니라 예수님이 중하기 때문이다. 외형적 할례는 우리 내면에 변화를 가져다주지 못한다. 우리가 날마다 정과 육을 십자가에 못 박으며, 날마다 죽는 것은 우리 안에 그리스도인으로서 거룩한 흔적이 살아있기 때문이다.

요한복음 20:27을 보면 예수님은 손, 옆구리 등에 상처가 있다. 이것은 예수님이 우리를 위해 가지신 상처, 곧 흔적이다. 십자가는 하나님의 사랑의 흔적이다. 이 세상에 상처흔적, 자연피해 흔적 등 많은 흔적이 있지만 십자가의 흔적처럼 위대한 흔적은 없다.

스펄전은 설교가운데 90%를 십자가를 언급하지 않으면 가슴이 답답하다 했다. 십자가가 그만큼 중요하기 때문이다. 그는 교인들을 향해 "왜 십자가에 대한 감격이 없습니까?" 물으며 울었다. 바울은 예수 십자가 외에는 자랑할 것이 없으며 내가 예수의 흔적을 가졌노라고 선언한다. 이것은 그의 놀라운 신앙고백이기도 하다.

"형제들아 우리 주 예수 그리스도의 은혜가 너희 심령에 있을 지어다 아멘." (18절)

"형제자매 여러분, 우리 주 예수 그리스도의 은혜(*charis*, grace)가 여러분의 심령(*pneumatos*, spirit)에 있기를 빕니다. 아멘."

바울은 그가 쓴 다른 서신과 마찬가지로 축도로서 갈라디아서를 마무리 지었다. 특히 "예수 그리스도의 은혜"가 강조되고 있다. 율법, 특히 할례를 강조한 거짓선생들과는 대조적이다.

에베소서

에베소서 1장

인사의 말, 영적인 축복과 영광의 찬가, 바울의 첫 번째 기도

1. 인사의 말(1-2절)

"하나님의 뜻으로 말미암아 그리스도 예수의 사도 된 바울은 에베소에 있는 성도들과 그리스도 예수 안에 있는 신실한 자들에게 편지하노니."(1절)

"하나님의 뜻으로 그리스도 예수의 사도가 된 나 바울은 에베소에 사는 성도들 그리고 그리스도 예수를 믿는 성도들에게 이 편지를 쓴다."

바울은 그의 다른 서신과 마찬가지로 발신자, 수신자, 문안의 형식으로 에베소서를 시작했다.

에베소(*Epheso*, Ephesus)는 소아시아의 대표적인 도시로 교통, 상업, 문화, 종교의 중심지였다. 바울은 이 대도시에 복음을 집중적으로 전했고, 복음이 그 인근 지역에도 파급되었다.

에베소서(Ephesians)는 바울의 서신으로 60년 경 로마감옥에서 쓴 것이다. 에베소교회뿐 아니라 이 지역교인 전체를 대상으로 한 것이다.

바울은 먼저 이 서신이 사도인 자신이 쓴 것임을 밝힌다. 사도는 "대리자", "보냄을 받은 자"라는 뜻으로, 원래 예수님의 공생애 기간 함께 생활한 열두 제자에게만 국한된 명칭이었다(마 10:2). 그러나 사도행전을 보면 바울과 바나바 등 여러 전도자들에게도 "사도"라는 명칭이 부여되었다. 예수님이 부활하시기 전에는 사도의 개념이 협의적으로 적용되었지만 그 후로는 부활하신 예수를 체험하고 복음 전파에 헌신하는 자를 포함한 넓은 개념으로 확대되었다.

바울은 자신을 가리켜 "하나님의 뜻으로 말미암아 그리스도 예수의 사도된 바울"이라 했다. 바울의 사도직을 강조한 것으로 그가 사도(*apostolos*, apostle)가 된 것은 사람에 의해 난 것이 아니라(갈 1:1) "하나님의 뜻(*thelematos*, will)"이었음을 강조하였다. 스스로 원해서 얻은 것도 아니고 오직 하나님의 주권적인 뜻에 따른 것임을 밝혔다. 자기 뜻이 아니라 전적으로 하나님의 뜻이었다는 말이다.

이 서신의 대상은 성도들이다. 성도(*hagiois*, saints)는 윤리적으로 깨끗하다는 뜻이 아니다. 비록 허물이 있지만 하나님 앞에서 구별된 자라는 뜻이다. 바울은 에베소에 있는 성도들과 그리스도 예수 안에 있는 신실한(*pistois*, faithful) 자들을 대상으로 이 서신을 썼다.

성도는 두 종류의 시민권(이 땅의 시민권과 하늘나라의 시민권)을 가지고 있다. 두 시민권을 가진 성도들은 두 나라가 요구하는 합당한 삶을 살아야 한다. 그리스도 안에 거해야 하는 거룩한 사명을 잊어버리고 세상적인 가치에만 몰두하거나 세상을 등지고 영적인 일에만 몰두하게 되면 문제가 발생하게 된다.

"하나님 우리 아버지와 주 예수 그리스도로부터 은혜와 평강이 너희에게 있을지어다."(2절)

"우리 아버지 하나님과 주 예수 그리스도께서 내려주시는 은혜(*charis*, grace)와 평화(*eirene*, peace)가 여러분에게 있기를 기도한다."

바울이 전하는 이 인사말에는 히브리 사람이나 헬라 사람들이 그토록 간절히 구하는 은혜와 평강이라는 단어가 있다. 그러나 바울은 그것들은 우리의 아버지이신 하나님과 주되시는 예수 그리스도로부터 나온다는 것을 강조하고 있다. "우리 아버지", 곧 "우리 공동체의"(*hemon*, of us) 아버지가 강조되고 있다. 그 아버지는 먼데 있는 분이 아니라 늘 우리와 함께 계시는 우리의 아버지이시다. 어지러운 세상이 과연 참 평안을 줄 수 있을까. 참 은혜와 참 평안은 오직 우리 아버지이신 하나님과 예수 그리스도만이 주실 수 있다. 바울은 에베소 교인을 위해 그 은혜와 평강을 간구한다. 은혜는 하나님이 주시는 것으로, 인간을 향한 하나님의 변함없는 사랑을 나타낸다. 평강은 은혜의 결과이다.

2. 하나님이 주신 모든 영적인 축복과 영광의 찬가(3-14절)

3-14절은 원문에서는 하나의 문장으로 되어 있으며 "영광의 찬가(doxology)"라 불린다. 성부의 예정(3-6절), 성자의 구속(7-12절), 성령의 보증(13-14절)에 대한 찬양으로 구분되어 있다. 모든 복은 그 근원이 하나님께 있고, 예수 그리스도로 말미암아 주어지며, 성령님이 그 보증이시라는 말씀이다. 바울은 에베소 교회가 하나님으로부터 신령한 복을 받은 것에 대한 기쁨과 감격하는 마음을 가지고 이 글을 단숨에 썼다.

3-6절은 하나님의 예정에 대한 찬양이 강조되고 있다. 이 부분은 로마서 8:29-39과 더불어 예정론의 쌍벽을 이룬다. 예정의 주체는 하나님이시고, 시기는 창세전이다. 방법을 그리스도 안에서, 범위는 신자, 내용은 하나님의 아들들이 되게 하는 것이다. 목적은 하나님의 은혜의 영광을 찬미하게 하는 것이다.

"찬송하리로다 하나님 곧 우리 주 예수 그리스도의 아버지께서 그리스도 안에서 하늘에 속한 모든 신령한 복을 우리에게 주시되."(3절)

"우리 주 예수 그리스도의 아버지이신 하나님을 찬양하자. 하나님께서는 그리스도 안에서, 하늘에 속한 온갖 신령한 복을 우리에게 주셨다."

"찬송하리로다."(*eulogetos*, blessed, well spoken of). 성경에서 하나님께

만 사용되는 용어로, 하나님은 찬송을 받으시기에 합당하신 분이심을 뜻한다. 우리는 여기서 바울의 얼마나 기뻐하고 감격해 하고 있는가를 읽을 수 있어야 한다. “찬송하리로다. 하나님께서 그리스도 안에서 우리에게 온갖 영적인 복, 이렇게 큰 복을 주시다니요.” 엄청난 은혜에 감격스러워 찬양을 올린다.

“그리스도 안에서 하늘에 속한 모든 신령한 복으로.” 하늘에 속한 신령한 복(*pneumatike eulogia*, spiritual blessing), 성령에 속한 복, 곧 성령이 주시는 복이다. 이 복은 “그리스도 안에서”(*en Christo*, in Christ) 얻을 수 있는 구원의 복이다.

구약시대에는 복이 물질적이고 현세적이었지만 그리스도에 의해 주어지는 복은 영적인 성격을 띠고 있다. “하늘에 속한”은 복의 성격이 부활에 대한 소망, 천국과 영생에 대한 약속 등 영적인 것임을 말해준다. 바울은 “그리스도 안에서”라는 말을 더해 그리스도를 영접한 성도들의 신앙생활을 하면서 실현 가능한 성령의 열매(갈 5:22)까지 포함시키고 있다. 이것은 성령님과 동행할 때 맺을 수 있는 열매들이다.

바울이 말하는 이 신령한 복은 하나님 앞에 죄인이었던 우리가 그분의 아들이라 칭함을 받고, 구원의 반열에 오르며, 하나님 나라에서 영원히 누릴 기업 등 총체적인 것이다. 구약의 가나안, ‘젖과 꿀이 흐르는 땅’은 앞으로 받을 하늘의 복에 대한 그림자와 같은 것이다. 우리는 지금 가나안으로 가기 위해 믿음 생활을 하는 것이 아니다. 그 영원한 나라, 영원한 기업이 있는 나라, 하늘에 속한 모든 복이 있는 나라를 생각하며 믿음 생활을 한다.

하나님이 주신 진짜 복은 하늘에 속한 신령한 복이다. 물론 믿음생활을 하다보면 믿지 않는 사람보다 건강할 수 있고, 세상적인 축복을 받을 수도 있다. 그러나 그것이 우리의 목표는 아니다. 세상적인 복은 떨어진 부산물일 뿐이다. 바울은 하늘의 복을 생각하며 감격이 넘치고 있다. 우리도 이 복을 이미 받았다. 구원 받은 하나님의 백성이라면 이 복을 주신 하나님께 감사하고 감격해야 하는 것은 당연하다.

"곧 창세전에 그리스도 안에서 우리를 택하사 우리로 사랑 안에서 그 앞에 거룩하고 흠이 없게 하시려고."(4절)

"하나님은 세상을 창조하시기 전에 그리스도 안에서 우리를 택하시고 사랑해 주셔서, 하나님 앞에서 거룩하고 흠이 없는 사람이 되게 하셨다."

하나님은 우리가 그의 앞에서 거룩하고 흠이 없게 하시려고 세상을 창조하시기 전에 그리스도 안에서 우리를 선택하셨다. 우리를 사랑하셨기 때문이다.

"창세전에 그리스도 안에서 우리를 택하사." 하나님은 만물을 창조하시기 전에 그리스도를 통한 인간의 구원을 계획하셨다. 즉, 하나님은 세상을 구원하시려는 데 창조의 목적을 두신 것이다. 이 구원계획은 부르심과 선택 아래서 구체화된다. 바울은 "택하사"(*exelexato*, chose)라는 말을 사용해 누구든지 주를 믿고 고백하면 택하심을 받은 자가 될 수 있다고 했다. 예정은 선과 악의 모든 문제를 포함하고 있어서 단순한 선택보다 훨씬 넓은 개념에 속한다.

창세전에(before the foundation of the world) 우리를 택하셨다(*exelexato*, He chose)(창세전 예정). 예정의 토대는 "그리스도 안"(in Him)이다. 내가 하나님을 택한 것이 아니라 하나님이 그리스도 안에서 주권적으로 나를 택하셨다(주권적 선택). 예정의 주체는 하나님이시다. 「천로역정」에서 기독도도 "네가 나를 택한 것이 아니라 내가 너를 택했다."고 벽에 걸린 글을 보고 크게 깨달았다. 이미 태에서 형성되기 전에 우리를 사랑 안에서(*en agape*, in love) 택해 세웠다. 하나님의 절대적이고 아가페에 바탕을 둔 선택 사건이다.

선택은 창세 전에 이미 우리를 택하셨음을 의미한다. 얼마를 자신의 아들로 선택해 놓으셨다는 것이다. 예정은 만민 모두가 아니라 그 범위가 제한되어 있음을 보여준다. 예정의 목적은 그 앞에 거룩하고 흠이 없게 하시려는 데 있다.

“거룩하고 흠이 없게 하시려고.” 거룩하고(*hagious*, holy) 흠이 없음(*amomous*, blameless)은 원래 하나님의 속성으로, 인간의 속성이 아니다. 우리는 원래 죄인이었다. 그럼에도 불구하고 하나님의 한 없는 아가페의 사랑으로 인해 우리가 그리스도 안에서 용서받은 자가 되었고, 주의 자녀로서 이 땅에서 하나님을 찬양하며 승리의 삶을 살 수 있게 되었다.

사실 이 땅에서 우리 힘으로 거룩하고 깨끗하게 살기 어렵다. 그러나 성령이 우리와 함께 하시면 그것이 가능하다. 주님이 우리 속에 친히 들어오시고 역사하시는 것이다. 우리는 주님이 주시는 힘을 가지고 하나님의 자녀로서 그의 거룩하심을 본 받아 거룩하고 흠이 없는 삶을 살아내야 한다. 우리의 삶에서 그리스도가 펄펄 살아나도록 해야 한다.

“그 기쁘신 뜻대로 우리를 예정하사 예수 그리스도로 말미암아 자기의 아들들이 되게 하셨으니.”(5절)

“하나님은 하나님의 기뻐하시는(*eudokian*, good pleasure) 뜻을 따라 예수 그리스도를 통하여 우리를 하나님의 아들들로 삼으시기로 예정하셨다.”

그 선택과 예정은 첫째 “그 기쁘신 뜻대로” 이루어진다. 하나님이 기뻐하시는 뜻에 따른다. 억지로가 아니다. 둘째 ‘그리스도 안에서, 그리스도로 말미암아, 그의 사랑하시는 자 안에서’ 이루어진다. 즉 그리스도 안에서, 그리스도를 통해서 우리를 하나님의 아들로 선택하셨다는 것이다. 그러므로 예수를 떠나서는 하나님의 아들이 될 수 없고, 하나님을 아버지라 부를 수도 없다.

그는 이런 사실을 5절에서 “예정하사”(*proorisas*, having predestined), “그리스도로 말미암아”(*dia Iesou Christou*, through Jesus Christ) 라는 말을 사용하면서 명쾌하게 설명하고 있다.

예정은 우리를 “자기 아들들이 되게”(*huiothesian*, divine adoption as

sons), 곧 양자로 삼기로 예정하셨다는 하나님의 구원계획을 말한다. 그 기준은 자신처럼 거룩하고 흠 없는 아들이다. 쉽게 말해 우리를 예수님 닮은 아들로 만들기로 했다는 것이다. 이 계획이 예수님을 통해 현실로 나타난다.

바울은 우리가 하나님께 감사하고 찬송해야 할 이유는 바로 우리를 하나님의 아들로 삼아주신 것임을 분명히 하고 있다. 바울은 성도의 신분을 "하나님의 아들"로 봄으로써 이 세상 무엇보다 매우 소중한 사람으로 간주했다.

하나님은 나를 평가할 때 나의 직업, 명성, 지위, 재산 등으로 평가하지 않으신다. 내가 나를 무엇이라 생각하느냐 하는 것으로도 평가하지 않으신다. 중요한 것은 하나님이 나를 어떻게 보시느냐 하는 것이다. 그 평가가 가장 중요한, 그리고 가장 절대적인 평가이다. 그런데 하나님은 우리를 이미 그분의 자녀로 인정하셨다는 것이다. 하나님의 아들이 되는 것은 우리의 신분을 격상시켜 주는 복중의 복이다. 우리는 하나님 아들 되는 복을 받았다.

아무나 하나님의 아들이 될 수 없다. 하나님 아버지께서 택하고 이끄셔야 가능하다. '이끌다' (lead)는 '헤푸' (*hepu*)로, 우리가 어떤 분의 뜻에 강하게 끌리는 것(인도되는 것)을 말한다. 하나님이 이끌면 어느 누구도 거부할 수 없다. 하나님은 창세전에 정해진 사람들을 인도하여 예수님께 붙여주신다. 이것은 하나님의 엄청난 역사이다. 하나님이 이끄셔야 우리가 주님께 올 수 있다. 하나님이 이끌지 않으면 복음을 들어도 받아들이지 않는다. 그러므로 우리가 예수를 믿게 된 것은 우연이 아니다. 하나님의 강한 이끄심이 있었기 때문에 가능한 것이다. 너무나 감사한 일이다.

우리는 그 광대하신 하나님의 자녀가 되었다. 그러니 얼마나 귀한 존재인가. 이 놀라운 말씀을 들어도 우리에게 아무 감흥이 없다면 영적으로 문제가 아닐 수 없다. 바울은 이 사실을 우리에게 설명하면서 감격과 감흥에 차있다. 그러므로 우리는 이 땅에서 하나님의 자녀로 그의 영광을 드러내며 살아야 한다.

“이는 그가 사랑하시는 자 안에서 우리에게 거저 주시는 바 그의 은혜의 영광을 찬송하게 하려는 것이라.”(6절)

“이것은 우리가 하나님이 그의 사랑하시는 아들 안에서 우리에게 거저 주신 하나님의 영광스러운 은혜를 찬양하게 하려는 것이다.”

“그가 사랑하시는 자 안에서”는 “그리스도 안에서”라는 말이고, “우리에게 거저주시는 바”(*echaritosen*, freely given)는 “우리에게 값없이 주셨음”을 뜻한다. 이 모든 것은 십자가의 공로로 얻은 것이지 우리가 지불한 것이 아니다. 그것은 은혜(*charitos*, grace), 영광스러운 은혜다. 우리에게 값없이 주신 이 은혜를 찬양하지 않을 수 없다.

“우리는 그리스도 안에서 그의 은혜의 풍성함을 따라 그의 피로 말미암아 속량 곧 죄 사함을 받았느니라.”(7절)

“우리는 하나님의 풍성하신 은혜를 따라 그리스도 안에서 그분의 피로 죄 사함을 받고 구원을 얻었다.”

우리가 속량(구속, *apolytrosin*, redemption), 곧 죄 사함을 받은 것은 “그리스도 안에서” “하나님의 풍성한(*ploutos*, rich) 은혜를 따라” 이뤄진 것이다. 속량은 “값을 치름으로써 구원함”을 뜻한다. 특히 노예를 보석시킬 때 사용되던 단어이다. 속전을 지불함으로써 노예들이 자유롭게 되는 것으로, 여기서는 죄의 종이었던 우리가 그리스도의 보혈을 통해 자유롭게 된 것을 의미한다. 예수님은 십자가에서 자신의 보혈로 그 값을 치루시고 우리를 죄에서 해방시키셨다. 우리가 그 어떤 것으로도 갚을 수 없는 은혜다. 그로 인해 주님은 우리의 구속자(redeemer)가 되셨고, 우리는 죄의 용서함을 받았다. 하나님의 풍성한 사랑과 은혜가 아니면 불가능한 일이다.

“이는 그가 모든 지혜와 총명을 우리에게 넘치게 하사.”(8절)

“하나님은 우리에게 모든 지혜와 총명을 넘치게 주셨다.”

하나님은 우리에게 온갖 지혜(*sophia*, wisdom)와 이해력(*phronesei*, understanding)을 주셔서 그 깊고 오묘한 구원의 은혜를 깨닫게 해주셨다. "넘치게 하사"(*eperisseusen*, lavished)는 아낌없이 주셨다는 뜻이다.

"그 뜻의 비밀을 우리에게 알리신 것이요 그의 기뻐하심을 따라 그리스도 안에서 때가 찬 경륜을 위하여 예정하신 것이니."(9절)

"하나님은 자기가 기뻐하시는 뜻대로 그리스도 안에서 미리 경륜(經綸), 곧 계획하신(*proetheto*, purposed) 비밀(*mysterion*, mystery)을 우리에게 알려 주셨다."

이 비밀은 하나님 자신이 기뻐하시는 뜻(*eudokian*, kind intention, good pleasure)을 따라 그리스도를 통해 이루시려고 하나님께서 미리 세워놓으셨던 계획으로, 하나님은 이 비밀이 가진 심오한 뜻을 우리에게 알게 해주셨다.

"비밀"이라는 헬라어 단어는 원래 신비종교에서 사용하던 단어였다. 그러나 바울은 민족의 차별을 없애시고 믿는 자마다 구원을 주시는 그리스도에게 이 단어를 사용하고 있다.

"때가 찬"은 그리스도가 성육신하셔서 이 땅에 오신 때를 가리킨다.

"하늘에 있는 것이나 땅에 있는 것이 다 그리스도 안에서 통일되게 하려 하심이라."(10절)

"그것은 때가 되면 하늘과 땅에 있는 모든 것이 그리스도 안에서 하나가 되도록 하기 위한 것이다."

하나님이 계획하신 바는 바로 하나님이 정하신 카이로스의 시간(*kairon*, times)에 이뤄진다. 때가 차면(*pleromatos*, fullness) 하늘과 땅에 있는 모든 것이 그리스도 안에서 그분을 머리로 하여 통일된다(*anakephalaiosasthai*, bring together). 그 때 모든 것이 예수 그리스도 안에서 하나 되고, 예수의 무릎아래 꿇게 된다. 인종의 장벽도 무너지고, 십자가로 하나 된다.

하나님의 경륜, 곧 하나님의 계획은 예수 그리스도를 통한 새 사회임을 알 수 있다. 그리스도 안에서 통일되는 것은 그리스도께로 그 머리가 향하게 하는 것을 말한다. 그리스도를 중심으로 한 새로운 세계의 창조다. 우리는 무엇보다 사단으로 통일이 되지 않는 것에 대해 하나님께 감사해야 한다. 사단은 하나님보다 인간 자신을 찬양하게 함으로써 하나님께 큰 죄를 짓게 만든다. 우리를 향한 하나님의 계획은 언제나 선하다.

"모든 일을 그의 뜻의 결정대로 일하시는 이의 계획을 따라 우리가 예정을 입어 그 안에서 기업이 되었으니." (11절)

"하나님은 그리스도 안에서 우리를 상속자로 삼으셨다(*eklerothemen*, obtained an inheritance). 이것은 모든 것을 자신의 뜻대로 이루시는 분의 계획에 따라 미리 정해진 일이다."

그리스도안에서 모든 것을 자기 뜻대로 이루시는 하나님의 계획(*prothesin*, purpose)을 따라 예정대로 우리는 그분의 기업, 곧 하나님의 백성이 되었다.

"이는 우리가 그리스도 안에서 전부터 바라던 그의 영광의 찬송이 되게 하려 하심이라." (12절)

"이것은 제일 먼저 그리스도를 신뢰한(*proelpikotas*, having first trusted) 우리로 하여금 하나님의 영광을 찬양하도록(*epainon*, praise) 하시기 위한 것이었다."

여기서 "우리"는 유대인으로 먼저 예수 그리스도를 믿은 성도들을 가리킨다. 바울을 포함한 유대출신의 신자들이다. 하나님은 그 무엇보다 예수 그리스도를 신뢰하고 소망을 둔 성도의 찬양을 기뻐 받으신다.

"그 안에서 너희도 진리의 말씀 곧 너희의 구원의 복음을 듣고 그 안에서 또한 믿어 약속의 성령으로 인 치심을 받았으니." (13절)

"여러분도 그리스도 안에서 진리의 말씀, 곧 여러분을 구원의 복음을 듣고 그리스도를 믿게 되었다. 그러므로 이를 확인하는 표로 약속하신(*epangelias*, of promise) 성령의 인 치심, 곧 성령의 날인을 받았다(*esphragisthete*, you were sealed)."

여기서 "너희"는 이방인 성도, 특히 이방출신의 에베소 교인들을 가리킨다. 그리스도로 말미암아 하나 된 사실을 깨우치기 위해 바울은 특별히 이와 같이 표현하였다. 그들은 진리의 말씀인 구원의 기쁜 소식을 듣고 그리스도를 믿게 되었다. 하나님께서는 이를 확인하는 표로 약속하신 성령을 그들에게 주셨다.

"약속의 성령"은 약속하신 성령으로, 성령은 구약시대뿐만 아니라 예수님에 의해 약속되었다(사 32:15, 44:3, 요 7:39).

성령의 인 치심은 에베소서 4:30에 다시 한 번 선언된다. "너희가 구속의 날까지 인 치심을 받았다." 바울은 왜 성령의 인 치심을 강조했을까? 성도의 신앙생활에서 매우 중요하기 때문이다.

성령의 인 치심은 무엇일까? 인침은 원래 노예나 동물에게 나의 소유임을 보여주기 위해 불로 지지는 것(찍는 것)을 말한다. 성령의 인 치심은 성령께서 "너는 이제 그리스도의 사람이다."라는 인(seal), 곧 마크(mark)를 했다는 말이다. 성령님의 인 치심으로 하나님의 소유로 확증된다.

이스라엘은 할례로써 선민의 표를 삼았다(롬 4:11). 그러나 예수를 영접한 모든 성도는 이미 구약에서 약속된(고전 12:13) 성령의 세례(시 32:15, 44:3, 슥 12:10)를 받음으로써 구원의 보증을 받는다.

성령의 인 치심은 언제 일어나는가? 그것은 우리가 예수님을 구주로 영접할 때 일어난다. 우리가 주님을 구주로 고백할 수 있는 것은 성령님께서 우리 안에 들어와 역사 하셨기 때문이다. 그 일은 인위적으로 일어나지 않는다.

인 치심은 성령으로 거듭나는 역사 그 자체이다. "너희의 허물과 죄로 죽었던 너희를 살리셨도다."(엡 2:1) 죄로 죽었던 우리 영을 살리심이다. 내가 하나님 앞에 진정 죄인이었음과 주님의 은혜로 죄 사함을 받았다는 사실을 인정하고 고백하며 받아들일 때 우리는 과거와 다른 사람이 된다. 주님의 사람으로 다시 태어나는 것이다. 이것이 중생이다. 중생은 구원을 얻는 데 매우 중요하다. 이런 믿음과 고백이 없으면 구원을 얻을 수 없다.

이 모든 과정에 성령의 역사가 있다. "예수께서 대답하시되 진실로 진실로 네게 이르노니 사람이 물과 성령으로 나지 아니하면 하나님 나라에 들어갈 수 없느니라 육으로 난 것은 육이요 성령으로 난 것은 영이니 내가 네게 거듭나야 하겠다는 말을 기이히 여기지 말라."(요 3:5-7). 그의 인 치심은 육이 아니라 성령에 의한, 우리 영의 거듭남이다. 당신은 성령으로 거듭났는가? 그렇다면 당신은 성령의 인 치심을 받았다. 그리고 그 인 치심은 구속의 날까지 계속 유효하다

성령의 인 치심은 성령의 내주하시는 역사 그 자체이다. "만일 너희 속에 하나님의 영이 거하시면 너희가 육신에 있지 아니하고 영에 있나니 누구든지 그리스도의 영이 없으면 그리스도의 사람이 아니라."(롬 8:9). 성령의 인 치심은 그리스도의 영이 우리 안에 거함을 의미한다. 이 영이 우리 안에 없으면 그리스도인이라 할 수 없다.

"너희 몸은 너희가 하나님께로부터 받은바 너희가운데 계신 성령의 전인 줄을 알지 못하느냐 너희는 너희의 것이 아니라 값으로 산 것이 되었으니 그런즉 너희 몸으로 하나님께 영광을 돌리라."(고전 6:19-20). 우리 안에 계신 성령. 그 성령으로 인해서 우리가 새로운 삶을 산다. 찬송가, "주 예수 내 맘에 들어와 계신 후 변하여 새 사람 되고." 성령의 내주는 새 사람을 만든다.

성령의 인 치심이 필요한 이유는, 우리가 하나님의 일을 하고자 할 때 성령 하나님의 역사가 필요하기 때문이다. 예를 들어 사랑을 실천하려 할 때도 사람의 힘으로 되지 않는다. 인력으로 하면 어쩌다 한 두 번은 할 수 있다. 하지

만 지속적인 사랑은 할 수 없다. 또한 사랑할 수 없는 사람까지 사랑하는 아가페의 사랑은 불가능하다. 이 수준까지 가려면 성령의 전적인 도우심이 필요하다. 성령께서 내 마음에 임재하시고, 내 마음을 변화시키고, 힘을 주셔야 그 일을 할 수 있다. 나의 힘이 아니라 성령의 힘, 곧 성령님이 주시는 힘으로 한다. 성령의 지속적인 공급이 없으면 그리스도인으로 살아가기 어렵다. 우리가 다시는 죄 짓지 않아야겠다는 마음을 갖는 것이나 이젠 다르게 살아야겠다고 다짐하는 것 등은 모두 성령의 인 치심, 곧 성령이 역사하는 모습이다.

성령의 인 치심을 받지 못하면, 거듭나지 못하면, 성령이 내 안에 있지 않으면 우리는 결국 버림을 받게 된다. 성령, 곧 주의 영이 없이 주의 일을 할 수 없기 때문이다. 연결이 끊어진 상태에서 인터넷을 할 수 없듯이 그리스도의 영이 없는데 어떻게 주님과 연결되고, 주님의 일을 할 수 있겠는가.

그렇다면 어떻게 성령의 인 치심을 받을 수 있을까? 바울은 하나님의 말씀을 듣고 믿으라한다. "그 안에서 너희도 진리의 말씀 곧 너희의 구원의 복음을 듣고 그 안에서 또한 믿어."(엡 1:13) 그것이 바로 하나님과 연결될 수 있는 길이다.

먼저 진리의 말씀을 들어야 한다. 바울은 로마교회뿐 아니라 갈라디아 교회를 향해서도 믿음은 들음에서 난다 했다(롬 10:17, 갈 3:2, 5). 그래서 전도가 필요하고 설교가 필요하다. 성령은 말씀을 듣는 모든 사람에게 임한다(행 10:44, 11:15). 들을 귀 있는 자가 복이 있다(마 13:9, 계 2:11).

그리고 그 말씀을 믿어야 한다. 말씀을 믿는 것과 성령의 인 치심은 동시에 이루어진다. 믿으면 하나님을 알게 되고(요 1:12-13), 영생을 소유하게 된다(요 17:3). 영생을 소유했다는 것은 그리스도의 생명이 그 안에 있다는 것이며 성령과의 교통의 이루어지고 있음을 의미한다. 성령의 인 치심 없이 영생을 소유할 수 없다.

지금 우리에게 필요한 것은 성령의 인 치심, 곧 거듭난 신앙이다. 그로 인해 우리가 구원을 얻게 되고, 영이 새로워지고 풍성해진다. 인 치심이 없을 때 우리는 넘어지기 쉽고, 다시 일어서기 어렵다. 주님이 내재하지 않으시고, 성령의 역사가 없기 때문이다.

그러나 성령의 인 치심은 단회적인 사건임을 잊지 말라. 구원을 위해 그의 인 치심이 필요하지만 성령님이 우리 안에 늘 임재하기 위해서는 성령 충만, 계속적인 성령의 기름 부으심이 필요하다. 우리 안에 성령님이 계시고, 그분이 나를 늘 장악할 때 우리의 변화된 삶이 중단되지 않고 지속되기 때문이다. 성령의 인 치심을 확신하고, 주님과 늘 아름답게 동행하라. 그리고 성령이 늘 충만히 임하도록 하라. 생명은 주께 있다. 능력도 주께 있다. 성령이 내 안에서 살아 움직이도록 하라. 나의 삶을 주님께 내어주라.

"이는 우리 기업의 보증이 되사 그 얻으신 것을 속량하시고 그의 영광을 찬송하게 하려 하심이라."(14절)

"성령께서는 하나님이 약속하신 상속을 보증해 주시고, 하나님의 백성이 구원을 받게 하시며, 하나님의 영광을 찬양하게 하신다."

"우리 기업의 보증이 되사." 성령님은, 하나님의 소유인 우리가 완전히 구원받을 때까지 우리가 받을 기업(基業, *kleronomias*, inheritance), 곧 상속을 보증해 주신다. 우리에게 영광스런 기업을 상속해 주신 것은 복중의 복이 아닐 수 없다. 기업은 하나님의 아들에게 주신 상속으로서, 십자가에서 승리하신 예수 그리스도와 함께 누릴 모든 영광을 말한다.

보증(*arrabon*, guarantee)은 문자적으로 물건 값을 모두 지불할 때까지 맡기는 지불 보증금 또는 담보물을 의미한다. 성령님은 하나님의 백성인 우리가 구원을 받아 완전한 자유를 누릴 때까지 그 축복의 보증이 되신다. 하나님께서 장래의 영원하고 영광된 삶을 보증해 주기 위해 믿는 자들에게 성령을 담보물로 주셨기 때문이다. 성령은 우리의 구원을 확실하게 하는 보증(보증금), 구원 보장금과 같다. 구원은 실상이다. 성령의 임재 때문에 구원은 확실하다. 구원은 성령이 우리의 삶 가운데 계시므로 확실하다. 이것이 바로 구원의 확증이다. 구원을 받지 않으면 성령을 버리는 일이므로 문제가 된다. 성령은 그만큼 중요하다.

"우리 기업의 보증이 되사"는 성령으로 인(도장)을 치는 것과 같다. 보증은 성령이 하시는 것이며, 우리가 이 기업을 확실하게 받을 것임을 약속하는 것과 같다. 그러므로 이 영광을 받지 않게 될까 두려워할 필요가 없다. 성령의 보증은 선불과 같다.

이 영광스런 "기업"은 예수님을 믿고 얻는 복으로, 크게 천국(하나님의 나라), 영화, 상급, 복락으로 요약할 수 있다.

천국은 하나님의 나라이다. 이 나라는 세상나라와 속성이 다르다. 세상 나라는 타락하고, 저주받았으며, 심판아래 있다. 소망이 없다. 우리가 종국적 목적으로 삼을 곳도 아니다. 하나님은 오늘도 세상 나라를 보며 한탄하고 계신다.

다윈의 진화론은 세상은 점점 좋아진다고 가르친다. 이것을 가리켜 에스컬레이터 신앙이라 부른다. 그러나 좋아진 것은 없다. 공산주의, 실용주의, 과학만능주의, 쾌락주의에 빠지게 하고 결국 하나님을 멀리하게 만들었다. 세상 나라는 결코 좋아지지 않는다.

예수님은 우리에게 '그 나라와 그 의를 구하라' 고 하셨다. 주님은 하나님 나라를 우리에게 주시려고 아직도 일하고 계신다.

영화는 영원히 썩지 않을 몸을 입는 것이다. 더 이상 시공의 영향을 받지 않는다. 주님은 우리를 영화롭게 하시고, 죽지 아니함을 입으리라 하셨다. 죽지도 않고, 시집 장가도 가지 않는 새 몸을 입는 것이다.

상급은 각 사람에게 갚아주시기 위해 주님이 준비한 특별한 상이다. 성경에는 상에 대해 생명나무 과실, 주인의 잔치에의 참여, 만국을 다스리는 권세, 새벽 별, 새 예루살렘, 보좌에 함께 앉는 것 등 다양한 표현을 사용하고 있으며, 주님은 상 주심을 믿으라고 말씀하신다.

복락은 하나님 나라에 들어가 자동적으로 누릴 수 있는 모든 행복을 가리킨다. 아우구스투스는 우리가 그 나라에 들어가면 쉬고, 주님을 만나며 영화를 보며(누리며), 사랑하며, 찬양한다. 그것이 우리가 천국에서 들어가 할 일이다. 하나님은 우리 눈의 눈물을 씻어주신다. 그곳에는 고통도 없고, 영광만 가득하다. 영원한 기쁨이 넘친다.

하나님은 모세를 느보 산에 데리고 올라가 멀리는 유프라테스 강에서 가나안까지 구석구석 보게 하셨다. 그는 그곳에 들어가지 못하지만 믿음의 눈으로 하나님이 약속하신 기업을 보며 놀랐다. 우리도 믿음의 눈으로 그 기업의 영광스러움을 본다. 그 날이 빨리 온다. 이 세상과 결코 타협하지 말자.

"그 얻으신 것을 속량하시고" "그 얻으신 것"(*peripoieseos*, acquired possession)은 예정하시고 인 치심으로 그의 소유된 백성을 가리킨다. 하나님의 소유된 백성은 주님이 십자가에서 흘리신 보혈의 공로로 인해 모두 구원을 받는다. 그것이 속량이다. 속량으로 인해 우리는 죄로부터 해방되고 완전한 자유를 누리게 된다.

"그의 영광을 찬송하게 하려 하심이라." 우리가 완전히 구원받는 그 순간까지 하나님은 약속하신 것을 얻을 수 있도록 성령으로 보증케 하시고, 우리를 끝까지 하나님의 백성으로 삼으시며 그 나라의 삶을 살게 하시니 찬송과 영광을 돌리지 않을 수 없다. 우리는 우리 자신의 영광이 아니라 하나님의 영광을 찬양하기 위해 지음 받은 존재다. 확실한 구원의 실상은 찬양하게 한다. "그리스도의 사랑으로부터 우리를 떼어놓을 수 없다" 찬양하는 것은 구원 받은 모습이다.

3. 바울의 첫 번째 기도(15-23절)

15-23절에서 바울은 에베소 교회 성도들을 위해 기도를 드린다. 그는 에베소교인들의 믿음과 사랑에 감사하며 하나님께서 그들의 눈을 열어 얼마나 풍성한 영적인 복을 허락하셨는지 깨닫도록 간구했다.

"이로 말미암아 주 예수 안에서 너희 믿음과 모든 성도를 향한 사랑을 나도 듣고"(15절)

"내가 여러분이 주 예수님을 잘 믿고 모든 성도를 사랑한다는 말을 들었기 때문에."

"이로 말미암아"(*dia touto*, because of this)는 "이 때문에"이다. "이"는 주님을 향한 에베소 교인들의 믿음과 성도들 사이의 사랑이 있음을 말한다.

"내가 기도할 때에 기억하며 너희로 말미암아 감사하기를 그치지 아니하고"(16절)

"기도할 때마다 여러분을 생각하며 항상 하나님께 감사하고 있다."

교인들의 믿음과 사랑이 있음에 대한 감사다. 믿음 생활을 잘 하고 있다는 소식을 듣고 너무 기뻐 바울이 기도할 때마다 하나님께 감사했다는 말이다.

"우리 주 예수 그리스도의 하나님, 영광의 아버지께서 지혜와 계시의 영을 너희에게 주사 하나님을 알게 하시고"(17절)

"우리 주 예수 그리스도의 하나님이신 영광의 아버지께서 지혜와 계시의 영을 여러분에게 주셔서 하나님을 알게 하시고"

바울은 하나님께서 성도들에게 지혜(*sophias*, wisdom)의 영과 계시(*apokalypseos*, revelation)의 영(*pneuma*, spirit)을 주셔서 하나님을 알게 해주시기를 기도했다. 성령님께서 지혜도 주시고 계시의 말씀을 알게 해주셔서 하나님에 대한 지식(*epignosei*, knowledge), 곧 하나님을 아는 지식이 날로 높아

지기를 바란 것이다. 지혜는 전적인 하나님의 선물이고(욥 28:12 이하, 렘 9:23 이하), 계시는 하나님의 자비로운 뜻을 나타내는 것이다. 바울은 성령이 이 지혜와 계시의 주체임을 밝히고 있다.

"너희 마음의 눈을 밝히사 그의 부르심의 소망이 무엇이며 성도 안에서 그 기업의 영광의 풍성함이 무엇이며."(18절)

"성도 여러분의 마음의 눈을 밝혀주셔서(*pephotismenous*, being enlightened) 부르심을 받은 여러분의 희망이 무엇이며 성도들이 하나님의 나라에서 받게 될 영광스러운 축복이 얼마나 풍성한가를 알게 되기를 바란다."

"너희 마음의 눈을 밝히사 그의 부르심(*kleseos*, calling)의 소망(*elpis*, hope)이 무엇이며." 성령의 인 치심을 받은 사람은 주님이 주시는 축복을 누리게 된다. 무엇보다 내세의 소망을 갖게 된다. 마음의 눈이 열려 지금까지 보지 못했던 것을 보게 된다. 그것은 우리를 왜 하나님의 자녀로 부르셨는가를 알게 되고 우리의 소망이 달라진다. 이 땅에서의 삶이 전부가 아니며 주님과 영원히 함께 사는 존재임을 깨달으며 천국 소망을 갖게 되는 것이다. 그 안에는 하늘의 기쁨이 있고, 영생의 소망이 있다.

"성도 안에서 그 기업의 영광의 풍성함(*ploutos*, riches)이 무엇이며." 나아가 성도의 영광, 그 풍성한 삶이 무엇인지 알게 된다. 성령의 인 치심을 받지 못한 영혼들은 이 땅의 것, 육적인 것으로 만족하며, 그것을 위해 전력을 투구한다. 그러나 성령의 인 치심을 받은 성도는 주님을 기업으로 받은 자다. 주님이 나의 삶의 주인이요 모든 것이 된다. 이 세상에서 주님과 함께 영적으로 풍성한 삶을 산다. 그 삶이 주는 환희와 영광은 세상 것과 비교할 수 없다.

바울은 하나님께서 에베소 교인들 모두에게 마음의 눈을 밝혀 주셔서 하나님께서 그들을 성도로 부르시고 천국 소망을 갖게 하시며, 성도들에게 베푸시는 하나님의 축복(상속)이 얼마나 영광스럽고 풍성한가를 깊이 인식하게 하도록 기도했다.

"그의 힘의 위력으로 역사하심을 따라 믿는 우리에게 베푸신 능력의 지극히 크심이 어떠한 것을 너희로 알게 하시기를 구하노라."(19절)

"또한 믿는 사람들인 우리에게 강한 힘으로 역사하시는 하나님의 능력이 얼마나 엄청나게 큰가를, 여러분이 알기 원한다."

지극히 크신(*hyperballon megethos*, surpassing greatness) 하나님의 능력(*dynameos*, power)이 우리 속에서 강하게 역사하신다는 것(*energeian*, working)을 알라는 것이다. 바울은 하나님의 능력과 관련된 여러 단어, 곧 "위력", "역사하심", "능력" 등을 사용해 그 크신 능력을 강조했다. 그 크신 능력은 그리스도의 부활하심, 승천하여 만물을 그의 발아래 복종시키심, 그리고 우주와 교회의 머리되심을 타난다고 했다.

"그의 힘의 위력으로." 하나님이 가지신 힘(*ischyos*, power)의 위력(*kratous*, might)을 말한다. "위력"을 나타내는 헬라어는 하나님께만 사용되는 단어로, 행동을 제압하는 강력한 힘을 가리킨다.

성령의 인 치심을 받게 되면 이 땅에 살면서도 성령의 강력한 능력을 체험하며 살게 된다. 성령의 도우심을 받으면 이 땅에서 하나님 나라의 삶을 미리 맛보게 된다. 이것은 세상이 줄 수 없는 것이며, 은혜가 아니면 도저히 감당하기 어려운 것이다. 그래서 우리는 항상 감사함으로 그 앞에 나아가며 찬송한다.

"그의 능력이 그리스도 안에서 역사하사 죽은 자들 가운데서 다시 살리시고 하늘에서 자기의 오른편에 앉히사."(20절)

"하나님께서는 그 크신 능력을 발휘하시어 그리스도를 죽은 자(*nekron*, the dead) 가운데서 다시 살리시고 하늘나라(*epouraniois*, heavenly realms)에 불러 올리셔서 자기 오른편(*dexia*, right hand)에 앉게 하셨다."

하나님께서 그리스도를 죽은 자들 가운데서 다시 살려내시고, 하늘에 불러

올리셔서 자신의 오른편에 앉게 하셨다. 이것은 예수님의 부활과 하늘 보좌에 앉으심을 가리킨다. 오른편은 성부 하나님과 나란히 앉는 동등한 위치를 나타내는 것으로, 지극히 높은 영예와 권위를 상징한다. 이 모두 하나님의 능력이 얼마나 크신가를 보여주는 사건이다.

구약에는 하나님의 오른 편이 메시야가 앉으실 곳으로 예언되어 있다(시 110:1). 하나님 오른편에 앉는다는 것은 모든 영광과 권세를 초월하는 그리스도의 존귀하심(빌 2:9-11), 권세의 상징적 장소(마 26:64), 영원한 즐거움이 있는 곳(시 16:11) 등을 뜻한다.

"모든 통치와 권세와 능력과 주권과 이 세상뿐 아니라 오는 세상에 일컫는 모든 이름 위에 뛰어나게 하시고"(21절)

"나아가 그리스도를 모든 통치와 권세와 능력과 주권 위에, 그리고 이 세상 뿐 아니라 오는 세상의 모든 이름 위에 뛰어나게 하셨다."

"모든(*pases*, every) 통치(*arches*, principality)와 권세(*exousias*, authority)와 능력(*dynameos*, power)과 주권(*kyriotetos*, dominion)"은 천사들의 계급에 따른 명칭으로, 초자연적인 영적 존재들을 가리킨다. 바울은 천사들을 인간과 하나님의 중재자로 믿는 골로새 지방의 천사 숭배 사상을 경계하고 있지만(골 1:16) 여기에서는 단수형을 사용해 자세한 언급을 피하고 있다.

따라서 "모든 통치와 권세와 능력과 주권" 그리고 이 세상과 오는 세상의 "모든 이름"(*pantos onomatos*, every name)은 천사와 악령과 그 외의 모든 영적 존재들을 포함하는 말이다. 그리스도는 이 모든 영적 권세들 "위"(*hyperano*, above), 곧 이 모든 존재들을 뛰어넘는, 아주 뛰어나신 분이시라는 말씀이다. 그리스도는 그들을 창조하신 분이실 뿐 아니라 통치자이시다.

"이 세상"(*touto aioni*, this age)은 죄악이 가득한 이 세상을 말하며, "오는 세상"(*mellonti aioni,* coming age)은 예수님의 재림으로 시작될 영원한 세상을 말한다. 이 세상이나 오는 세상, 모든 영적 존재들 위에 뛰어나신 예수 그리스도이심을 바울은 강조하고 있다.

"또 만물을 그의 발아래에 복종하게 하시고 그를 만물 위에 교회의 머리로 삼으셨느니라." (22절)

"그리고 하나님은 모든 것을 그리스도의 발아래(*podas*, under) 두시고, 그 분을 만물 위에 교회의 머리(*kephalen*, head)로 삼으셨다."

이로써 그리스도는 모든 것을 다스리는 통치자가 되셨다. 그리스도는 교회의 머리이실 뿐 아니라 만물 위에 계셔 그것을 다스리는 머리가 되신다.

"교회는 그의 몸이니 만물 안에서 만물을 충만하게 하시는 이의 충만함이니라." (23절)

"교회는 그리스도의 몸(*soma*, body)이며 어디서나 모든 것을 넘치도록 채워 주시는 분이 계신 곳이다."

"교회는 그의 몸이니." 머리가 몸의 모든 움직임을 통제하듯 머리 되신 그리스도께서 그의 몸된 교회에 대해 그와 같은 권한을 가지고 계신다는 말씀이다.

"만물 안에서 만물을 충만하게 하시는 이의 충만함이니라." 만물을 충만케 하시는(*pleroumenou*, filling) 자는 그리스도를 가리킨다. 우주를 충만하게 하시는 그리스도께서 교회를 충만하게 하심을 뜻한다. 교회가 그리스도의 충만이라 함은 그의 능력, 사랑, 은혜를 그의 속성이 교회에 채워지는 것을 말한다. 교회가 그리스도의 충만인 이유는 교회가 그를 충만하기 때문이 아니라 그가 교회를 충만하게 하기 때문이다.

나아가 이 구절은 충만(*pleroma*, fullness)을 어떻게 해석하느냐에 따라 달라진다. 크게 두 가지 해석이 있다. 하나는, 교회는 그리스도를 충만케 하고 완성시키는 존재라는 교회에 대한 적극적인 해석이다. 이 해석에 따르면 교회는 그리스도의 몸이며 만물을 완성하시는 분의 계획이 그 안에서 완전히 이루어진다. 다른 하나는, 교회도 그리스도로 말미암아 충만해지는 존재가 된다는 수동적인 해석이다.

에베소서 2장

은혜로 말미암은 구원, 그리스도의 십자가

1. 은혜로 말미암은 구원(1-10절): 죽음에서 생명으로

에베소서 2:1에서 3:21은 1장에서 시작된 교리의 본론을 소개하고 있다. 본론은 구원론(2:1-10)과 교회론(2:11-3:21)으로 양분된다. 구원론에서는 성도의 개인적인이 강조되고, 교회론에서는 성도의 연합이 강조된다.

2장에서 1-10절은 하나님의 구원을 단계적으로 설명하고 있다. 1-3절은 구원이전의 비참한 상태를 묘사하고 있고, 4-10절은 그리스도를 통해 구원 받은 이후를 대조적으로 설명하고 있다.

1-3절은 타락한 인간의 비참한 상태를 세 가지로 묘사하고 있다. 첫째, 영적으로 죽어있었다. 둘째, 악의 세력에게 종노릇했다. 끝으로, 진노의 자녀였다.

"그는 허물과 죄로 죽었던 너희를 살리셨도다." (1절)

원문은 "그리고 여러분은 허물과 죄로 죽었던 사람들이다" 이다. 불순종과 죄 때문에 영적으로 죽었던 자들이라는 것이다.

"허물" (*paraptomasin*, trespasses)은 '미끄러져 넘어짐,' 곧 실수로 지은 죄이다. 고의적이진 않지만 우리가 늘 관습적으로 짓는다. 이에 반해 "죄" (*hamartiais*, sins)는 "표적을 벗어난 것들" 이라는 뜻으로, 대부분 고의적으로 지은 죄를 가리킨다. 고의적이든 고의적이지 않던 하나님이 기뻐하지 않는 삶을 살아왔다는 말이다. 그 허물과 죄로 인해 하나님 앞에선 사실 죽은 것과 다름없다. "죽었던"(*nekrous*, dead)은 하나님과 분리되고 단절되었음을 뜻한다.

허물과 죄로 죽었던 너희, 그것이 과거 구원받지 못하고 살았던 우리의 모습이었다. 허물과 죄 가운데 살고 있었다면 그 삶이 어떨지 상상이 가능하다. 그런데 그런 우리를 우리 주님은 살리셨다는 것이다. 죽음을 이기시고 부활하신 그리스도는 우리에게 영적 생명을 주시는 분이시다. 우리를 살리셨다는 이 선언만으로도 우리는 자유와 해방, 그리고 헤아릴 수 없는 기쁨과 감격을 느낀다. 그리스도인으로서 삶의 감격이 있는가. 오늘의 삶에 충만한 기쁨이 있는가.

"그 때에 너희는 그 가운데서 행하여 이 세상 풍조를 따르고 공중의 권세 잡은 자를 따랐으니 곧 지금 불순종의 아들들 가운데서 역사하는 영이라."(2절)

"그 때에 여러분은 허물과 죄 가운데서 이 세상의 풍조를 따라 살고 공중의 권세를 잡은 통치자, 곧 지금 불순종의 자식들 가운데서 작용하는 영을 따라 살았다."

바울은 우리의 이전 상황에 대해 아주 심각하게 말하고 있다. 이 구절에서 허물과 죄로 인해 두 가지를 범했다고 말한다.

첫째, "이(*toutou*, of this) 세상 풍조"를 따르며 살았다. 원문에서 이 "세상"(*tou kosmou*, the world)과 "풍조"(*tou aiona*, the age)는 같은 말이다. "풍조"는 "시대", 곧 현재를 뜻한다. 현 세대의 온갖 불신적 욕망과 유혹을 좇아 살았다는 것이다.

둘째, 공중의 권세 잡은 자를 따랐다. "공중"(*aeros*, air)은 "하늘 아래"(현대인의성경), "허공"(공동번역), "흑암"(유대인의 관념)을 뜻한다. 이것은 하늘이 3층으로 되어 있다는 유대인의 관념을 반영한다. 공중의 권세 잡은 자는 하늘 아래의 영역을 지배하고 있는 영(*pneumatos*, spirit), 곧 사단을 가리킨다(현대인의성경).

"지금 불순종의 아들들 가운데서 역사하는 영이라." 사단도 피조물이지만 인간처럼 눈에 보이는 존재가 아니라 영적인 존재이다. 이 사단은 지금도 불순종하는 사람들 가운데서 활동하고 있다. 불순종은 사단의 대표적인 특성이다.

이전에 우리는 이 사단을 추종하며 살았다. 사단을 추종하는 불순종의 아들이었다는 것이다. 불순종(*apeitheias*, disobedience)의 아들은 하나님을 반역하는 멸망의 아들이라는 뜻이다. 사단의 세력에 의해 조종되기 때문이다. 이것이 예수를 믿기 전 우리의 모습이었다. 영적 순결을 잃어버렸다.

"전에는 우리도 다 그 가운데서 우리 육체의 욕심을 따라 지내며 육체와 마음의 원하는 것을 하여 다른 이들과 같이 본질상 진노의 자녀이었더니."(3절)

"우리도 전에는 그들과 같이 우리 육체의 욕심대로 살며 육체와 마음이 원하는 대로 하여 다른 사람들과 마찬가지로 본래부터 하나님의 노여움을 살 수 밖에 없었던 자들이었다."

그 때 우리가 행한 것은 세상 풍조를 따르고 육체(*sarkos*, flesh)의 욕심을 따라 지내며 육체와 마음이 원하는 것(*ton dianoion*, its thoughts) 곧 육체와 그 육체의 생각을 따라 살았다. 진노(orges, wrath)의 자식, 곧 하나님의 저주(심판)를 받아 마땅한 자들"이었다. 하나님을 향한 꿈과 이상은 죽고 그저 육신을 따라 죄를 지으며 산다. 죄의식도 없다. 죄는 인간의 선한 의지를 죽인다. 우리는 죄에 중독되고 그 노예로 전락되었다.

4-10절은 "그러나 하나님이"(*Ho de Theos*, but God)로 시작한다. 하나님을 떠난 인간의 절망적인 상황과는 대조적으로 하나님의 주권적인 개입과 절대적인 은혜로 구원을 받았다는 사실을 강조하였다. 구원의 동기는 우리의 행위가 아니라 하나님의 무조건적인 사랑과 은혜 때문이라는 것이다. 바울은 이것을 표현하기 위해 "하나님의 긍휼", "사랑", "은혜", "자비"와 같은 네 개

의 동의어를 사용하였다.

"긍휼이 풍성하신 하나님이 우리를 사랑하신 그 큰 사랑을 인하여" (4절)

그러나 하나님은 긍휼(*eleei*, mercy)이 풍성하신(*plousios*, rich) 분, 자비가 넘치는 분이셨다. 하나님은 우리를 무척 사랑하셨기 때문에 그 크신 사랑(*pollen agapen*, great love)을 베푸셨다. 이 구원은 우리가 무엇을 잘했기 때문이 아니라 전적으로 하나님의 은혜 때문이다.

"허물로 죽은 우리를 그리스도와 함께 살리셨고(너희는 은혜로 구원을 받은 것이라)." (5절)

죄 때문에 영적으로 죽었던 우리를 그리스도와 함께 다시 살려 주셨다(*synezoopoiesen*, made us alive).

예수님이 우리를 위해 하신 일은 허물과 죄로 죽은 우리를 살리셨다는 것이다. 우리의 죄를 완전히 깨끗케 하셨다. 양털 같이 희게 하시고, 더 이상 기억하지 않으신다. 우리의 잠재의식에 있는 죄까지 말갛게 씻어 완전히 죄의식으로부터 해방시키셨다. 또한 하나님을 향한 우리의 이상을 일깨우고 삶에 새로운 가치를 부여하셨다. 삶에 새로운 의욕을 주신 것이다. 더 이상 자신을 위해 살지 않고 하나님을 위해 산다. 하나님 위해 못 말리는 사람 되는 것이다. 이것이 바로 사망에서 생명으로 옮겨진 증거다. 이 큰 사랑을 어찌 잊을 수 있을까.

하나님은 죄에 빠진 우리를 구원의 길로 인도하셨다. 우리를 택하시고 십자가의 피로 구속하시며 성령의 인 치심으로 이를 확고히 하셨다. 내가 하나님을 선택한 것 아니라 하나님이 우리를 선택하셨다. 전적으로 하나님의 은혜이다.

"또 함께 일으키사 그리스도 예수 안에서 함께 하늘에 앉히시니." (6절)

하나님께서는 우리를 그리스도와 함께 일으키시고, 하늘나라에서 그분과 함께 앉게 해 주셨다.

"함께 일으키사"(*synegeiren*, raised us up together)는 우리를 예수님과 함께 살리셨다는 말이다.

"그리스도 예수 안에서 함께 하늘에 앉히시니." 하늘(*epouraniois*, heavenly realms)은 하늘나라를 가리킨다. "함께 앉히시니"(*synekathisen*, seated us together), 주님과 함께 그 나라에 앉게 하셨다. 우리를 살리셨을 뿐만 아니라 앉게 하셨다. 우리를 존귀하게 하신다. 예수와 함께 일어나고, 예수와 함께 하늘에 앉은 우리의 모습. 상상이 가능한가. 그리스도 안에서 살면 이렇듯 그리스도와 함께 존귀한 자가 된다. 그의 자녀가 된다. 그리스도인은 이렇듯 차원이 다른 존재다.

"이는 그리스도 예수 안에서 우리에게 자비하심으로써 그 은혜의 지극히 풍성함(*hyperballon ploutos*, surpassing riches)을 오는 여러 세대에 나타내려 하심이라."(7절)

이것은 하나님께서 그리스도 예수님 안에서 우리에게 자비로 베풀어주신 그 은혜(*charitos*, grace)가 얼마나 풍성한가를 앞으로 올 모든 세대에 보여 주기 위한 것이다.

우리가 이렇게 된 것은 우리를 불쌍히 여기시는 주님의 마음과 주님이 우리에게 값없이 주신 은혜 때문이다. 긍휼과 사랑이 구원의 동기라는 말이다.

"너희는 그 은혜에 의하여 믿음으로 말미암아 구원을 받았으니 이것은 너희에게서 난 것이 아니요 하나님의 선물이라."(8절)

여러분은 하나님의 은혜로 그리스도를 믿어 구원을 받았다. 다시 말해 믿음을 통하여(*dia pisteos*, through faith) 은혜로(*chariti*, by grace) 구원을 얻었다. 이것은 여러분에게서 난 것, 곧 여러분의 힘으로 된 것이 아니라 하나님의 선물(*doron*, gift)이다.

구원은 하나님의 은혜요 선물이다. 우리의 행위 때문에 받은 것이 아니라 주님으로부터 거저 받은 것이다. 우리 행위 때문이 아니니 자랑할 사람은 아무도 없다. 그저 주신 은혜에 감사할 수밖에 없다.

이 구절은 "하나님의 은혜"와 "우리의 믿음"을 통해 구원이 이루어진다는 것을 말하고 있다. 우리의 믿음을 말한다고 해서 우리가 구원에 기여한 것은 결코 아니다. 따지고 보면 우리의 믿음도 전적으로 하나님으로부터 온 것이기 때문이다. 그리스도를 믿는 믿음은 하나님께서 그리스도 안에서 예비하신 것으로, 하나님과 인간 사이의 막힌 담을 허시고 화목케 하는 유일한 수단이다.

"행위에서 난 것이 아니니 이는 누구든지 자랑하지 못하게 함이라."(9절)

그것은 우리의 행위(*ergon*, works)의 결과 때문이 아니다. 우리가 무슨 선행을 했기 때문이 아니다. 그러므로 아무도 자랑할 수 없다. 율법주의자들은 자신의 행위를 강조한다. 하지만 아무도 율법의 행위로는 구원을 얻을 수 없다(롬 3:20, 28).

"우리는 그가 만드신 바라 그리스도 예수 안에서 선한 일을 위하여 지으심을 받은 자니 이 일은 하나님이 전에 예비하사 우리로 그 가운데서 행하게 하려 하심이니라."(10절)

우리를 지으신 이는 하나님이시다. 하나님은 우리의 창조자이시고, 우리는 하나님의 작품(*poiema*, workmanship)이다. 하나님께서 이렇게 미리 준비하신(*proetoimasen*, prepared beforehand) 것은 우리가 그리스도 예수 안에서 선한 일(*agathois ergois*, good works)을 하며 살아가게 하시려는 것이다. 이 구절은 구원의 목적을 밝히고 있다.

"그리스도 예수 안에서 선한 일을 위하여 지으심을 받은 자니." "지으심을 받았다"(*ktisthentes*, having been created)는 말씀에서 "지으심"(*ktiso*)는 하나님의 창조사역에만 사용되는 용어이다. 따라서 이것은 구원이 하나님의 새 창조, 재창조임을 보여준다. 누구든 그리스도 안에 있으면 새로운 피조물이 되는 것이다(고후 5:17).

"선한 일을 위하여." 이것은 구원이 선한 행위와 그 열매로 나타나는 것임을 보여주는 말씀이다. 선한 일을 행하는 것이 우리의 구원을 이루는 요소는 아니다. 그것이 구원과는 무관한 것이 틀림없다(9절). 하지만 그리스도 안에서 구원을 받아 새로운 피조물이 된 이후에는 우리의 삶을 통해 선한 행위를 해야 하고, 그 열매를 맺어야 한다(딛 2:14). 이 점에서 바울과 야고보의 생각은 일치한다(약 2:14-26).

하나님이 우리를 구원한 이유가 있다. 그것은 우리 자신의 구원받음에만 만족하는 삶을 살아선 안 된다는 것이다. 예수 안에서 선한 일을 하기 위함이다. 그 일이 무엇일까. 그것은 더 많은 사람을 구원으로 인도하는 일이다.

"우리를 그리스도와 함께 살리셨고 믿음으로 말미암아 구원을 받았으니." (8a) 이 말씀을 보면 우리의 구원은 미래의 문제가 아니다. 이미 성취되었다. 그러나 그 구원은 계속 완성 되어간다. "그 은혜의 지극히 풍성함을 오는 여러 세대에 나타내려 하심이라." (7b) 오는 세대를 위해 구원의 문을 열어둔 것이다. 구원은 현재를 살아가는 우리에겐 현재적 사건이지만 미래 세대에겐 미래적 사건이다.

따라서 우리가 그들을 위해 해야 할 일이 있다. 미래 구원, 곧 미래 세대의 구원을 위해선 현재의 우리가 달라져야 한다. 우리 자신이 변화되고 하나님 보시기에 선한 일을 해야 우리를 보는 그들도 달라지고 구원의 자리로 나아갈 수 있다. 그리스도인은 주님의 택하심을 받았고, 은혜로 구원을 받았다. 이제 우리가 해야 할 것은 변화의 삶을 사는 것이다. 그리스도인은 세상과 동화하는 것이 아니라 그것과는 아주 다른 삶을 사는 사람들이다. 구원 받기 전과 구원 받은 후의 삶이 달라야 한다.

하나님 백성으로의 삶이 이 세상에서 어떻게 가능할까? 그리스도와 함께 가능하다. 그리스도와 함께 죽고 다시 살 때 비로소 가능해진다. 따라서 그리스도인으로서 정체성을 바로 확립할 필요가 있다. 그 나라 백성으로서 태어난 사람들은 주 안에서 하나 된다. 외양적 동질성이 아니라 질적인 동질성이다.

"우리는 그의 만드신 바라"(10a). "만드신 바라"는 우리 각자는 하나님의 작품이라는 뜻이다. 우리는 서로 다르다. 모양도 다르고 성격도 다르다. 하나님의 작품인 주위 사람을 보라. 얼마나 아름다운가. 하나님은 오늘도 그들이 각자 주안에서 살고자 하는 모습을 보며 기뻐하신다. 오늘도 당신의 방법으로 하나님을 감격시켜라. 주님이 우리에게 은혜로 주신 그 크신 사랑을 생각하며 이웃에게 기쁨과 감동을 주라. 그리스도인에겐 좌절할 시간이 없다.

2. 그리스도의 십자가(11-22절): 너희가 그리스도의 피로 가까워졌느니라

"그러므로 생각하라 너희는 그 때에 육체로는 이방인이요 손으로 육체에 행한 할례를 받은 무리라 칭하는 자들로부터 할례를 받지 않은 무리라 칭함을 받는 자들이라."(11절)

"그러므로 여러분은 지난날을 생각해보라. 육신으로는 이방인(*ethne*, Gentiles)이었던 여러분은 손으로 육체, 곧 포피를 잘라 할례를 행한 사람들(유대인들)로부터 할례 받지 못한 사람이라 불림을 받았다."

할례는 하나님의 언약의 백성이 되었다는 표식으로, 생후 8일 되는 이스라엘의 모든 남자들에게 행해지던 의식이다. 날 때부터 이방인이었던 에베소 교인들은 유대인들로부터 받지 못한 사람들"이라며 따돌림을 당했다. 멸시 받았던 것을 기억하라는 것이다.

"육체로는 이방인이요"는 몸에 할례의 흔적이 없는 사람을 뜻한다. 이스라엘은 언약의 표로 할례를 행함으로써 성별됨의 기준을 삼았다.

"할례를 받지 않은 무리"(*akrobystia*, the uncircumcision)는 구약의 개념으로 볼 때 하나님의 언약 밖에 있는 자들(렘 9:26)이다. 여기서는 할례의 유무에 따라 구별했음을 말해준다.

유대인과 이방인은 육체적으로도 차이가 있음을 지적하고 있다. 그리스도를 믿기 전 이방인은 무할례당이었지만 유대인은 할례당이었다.

"그 때에 너희는 그리스도 밖에 있었고 이스라엘 나라 밖의 사람이라 약속의 언약들에 대하여는 외인이요 세상에서 소망이 없고 하나님도 없는 자이더니."(12절)

"그때 여러분은 그리스도와 분리되어 있었고, 이스라엘 공동체로부터 소외되었으며, 약속의 언약과는 무관한 외인으로서, 이 세상에서 아무 희망도 없이, 하나님도 없이 살았다."

"그 때에"는 구원 받기 이전을 가리킨다. 바울은 여러분들의 이전 상태를 여러 모로 생각해보도록 하고 있다.

첫째, 여러분은 그리스도 밖에 있었다(*choris*, separated from). 그리스도로부터 분리되어 있었다. 그리스도와 떨어져 있었다. 그리스도와 아무 관계가 없었다는 말이다.

둘째, 이스라엘 나라 밖의 사람이었다. 원문에는 이스라엘 공동체(*politeias*, commonwealth)로부터 소외되었다(*apellotriomenoi*, alienated from) 했다. 그 나라 국민도 아니었다는 말이다.

셋째, 약속의 언약들에게 대해서는 외인(xenoi, strangers)이었다. 약속의 언약과는 아무 상관이 없는, 언약 밖의 사람들이었다는 말이다. 유대인과는 달리 약속을 받지 못한 사람들이었다는 말이다.

넷째, 세상에서 소망(*elpida*, hope)이 없는 자들이었다. 이 세상에서 어떤 희망도 가지지 못한 사람들이었다.

끝으로, 이 세상에서 하나님도 없이(*atheoi*, without God) 살았다. 이것은 하나님의 존재를 부인했다기보다 참 하나님이 누구신지 알지 못하는 가운데, 하나님과는 무관한 삶을 살았다는 것을 말해준다. 하나님을 알지 못하는 것은 가장 불행한 일로, 영적으로 아주 비참한 상태이다.

"이제는 전에 멀리 있던 너희가 그리스도 예수 안에서 그리스도의 피로 가까워졌느니라." (13절)

"그러나 전에 하나님을 멀리 떨어져 있던 여러분이 이제는 그리스도 예수님 안에서 그리스도의 피로 가까워졌다."

"이제는" 구원 받은 이후를 가리킨다. 구원 받기 전과 완전히 다르다. 멀리 떨어져 있던(*makran*, far off) 여러분들이 예수 그리스도의 피(*haimati*, blood)로 하나님과 가까워졌다(*engys*, near). 예수 이전에는 유대인인가 이방인인가로 구분되었다. 그러나 예수 이후에는 그리스도인인가 아닌가로 구분된다.

"그는 우리의 화평이신지라 둘로 하나를 만드사 원수 된 것 곧 중간에 막힌 담을 자기 육체로 허시고." (14절)

"그리스도는 우리의 평화(*eirene*, peace)이시다. 그리스도는 유대 사람과 이방 사람 사이를 양쪽으로 가르는 담을 자기 몸으로 허무셔서(*lysas*, having broken down) 원수된 것(*echthran*, hostility)을 없애시고 둘을 하나(*hen*, one)로 만드신 분이시다."

"중간에 막힌 담," 원문은 "담(*phragmou*, fence)의 장벽(*mesotoichon*, barrier)"이다. 예수님은 이 담을 허신 분이다. 바울은 유대인과 이방인, 하나님과 인간 사이의 단절을, 성전 안에 있는 이방인의 뜰과 유대인의 뜰을 구분하는 담을 두고 상징적으로 표현하고 있다.

예루살렘 성전을 보면 유대인의 뜰과 이방인의 뜰이 담으로 구분되어 있어 이방인은 결코 성전 경내로 들어갈 수 없었다. 그 담에는 헬라어와 라틴어로 이렇게 쓰여 있었다.

> "이방인들은 이 담 안으로 들어 올 수 없으며 만일 그러한 경우가 발생한다면 그 사람은 죽을 것이다."

바울은 이러한 사실에 빗대어 그리스도의 죽음을 통하여 그러한 장벽이 제거되고, 모든 사람에게 차별 없이 하나님의 구원이 전파된다는 진리를 강조하였다. 실제 A.D. 70년에 이 담은 허물어졌지만 바울은 이미 그리스도에 의해 허물어졌으며, 이제는 둘이 손을 잡고 하나님 앞에 나가게 되었다고 보았다. 유대인이라 할지라도 지성소로 갈 수 없었다. 하지만 그리스도의 피로 인해 유대인, 이방인 구분 할 것 없이 모두 하나님 앞에 나갈 수 있게 되었다. 우리의 평화가 되는 분이시다.

예수의 피로 하나 되었다는 것은 둘로 나뉜 자들이 주 안에서 하나 되고 모두 하나님께로 가까워졌음을 말한다. 둘을 따로 구분했던 것이 이젠 예수로 말미암아 말끔히 해소되었다. 예수 그리스도의 보혈, 하나님의 능력에 의해 서로 다른 차원에서 새로운 백성으로 태어난 것이다. 모두 하나님의 권속이 되고, 하나님의 성전으로 지어간다.

하나님의 백성은 유대인이나 이방인 구별이 없다. 둘을 하나로 만드셨고 하나로 흡수되었기 때문이다. 담(종족, 인종)을 헐어 새 차원(그리스도인)으로 태어난 것이다. 예수의 역할은 막힌 담을 허는 다이너마이트이다. 유대인도 율법이 아닌 예수를 통해서만 새로운 백성이 될 수 있다.

우리는 그리스도 안에서 한 새로운 사람으로 지음을 받았다. 하나님은 우리의 가정, 교회, 세계의 디자이너이시다. 이 일은 그 때(과거)만 해당되는 것이 아니다. 현재와 미래 다 포함되어 있다. 이 모두는 그리스도 안에서 시작되고 진행되며 완성 된다. 그리스도가 우리의 미래요 희망이다. 주님의 것과 일치되지 않은 것은 버린다.

예수 그리스도의 복음만이 둘을 하나로 만들 수 있다. 서로 나뉘어 있으면 우리의 힘으로 상대를 설득할 수 없고, 설득 당하지도 않는다. 그러나 그리스도를 통해서만 통합이 가능하다. 그리스도 안에서 자기를 죽이고 다시 태어나야 한다.

인간적, 종교적 관습을 그리스도로 깨뜨려야 한다. 막힌 담은 우리의 못난 자아다. 이기심, 편당, 편견 등을 깨뜨려야 한다. 교회 안에도 학벌, 재산, 지위, 출신지역, 사는 곳 등 막힌 담이 있다. 이것은 교회 분열의 원인이 된다. 복음 이외 전통이 자리 잡아서도 안 된다. 그리스도의 본래 모습을 찾고, 서로 화해하고 평화를 누리며 연합해야 한다.

나 자신부터 막힌 담을 헐고 화평의 도구가 되어야 한다. 자존심을 버리고, 복음으로 하나 되어야 한다.

"법조문으로 된 계명의 율법을 폐하셨으니 이는 이 둘로 자기 안에서 한 새 사람을 지어 화평하게 하시고"(15절)

여러 가지 조문으로 된 계명의 율법(*nomon*, the Law)을 예수님이 자신의 육체적인 죽음으로 폐하셨다(*katargesas*, having annulled). 계명(*entolon*, commandments)은 율법을 구성하는 개개의 법조문들을 말한다. 법조문(*dogmasin*, ordinances, decrees)은 계명의 성격을 띤 선언이나 명령을 말한다. "교리"(dogma)라는 뜻도 가지고 있다. 주님이 십자가의 죽으심을 통해 우리의 죄 값(율법의 요구)을 완전히 지불하셨다. 이로써 우리는 죄에서 해방되었다. 우리는 율법이 아니라 주님의 은혜로 하나님의 백성이 되었다.

그리고 그분은 유대인과 이방인 이 둘을 자기 안에서 하나의 새 사람(*kainon anthropon*, new man), 곧 새로운 백성으로 만들어(*ktise*, create) 평화를 이루셨다. 화목하게 하신 것이다.

"자기 안에서"(in the flesh of Him)의 원문은 "자기의 육체(*sarki*, flesh) 안에서"이다. 이것은 예수님이 우리를 위해 죽으심을 뜻한다. 율법으로 따지면 우리는 스스로 죄 값을 치루지 않았기 때문에 구원받을 수 없다. 하지만 율법의 모든 요구를 자신의 삶과 십자가 위에서 드린 자신의 육체로 몸소 감당하셨다. 갚을 길 없는 하나님의 놀라운 사랑과 은혜로 우리의 죄 값이 지불되었다.

이로써 율법을 폐하셨다. 예수님은 율법을 폐하려 오신 것이 아니라 오히려 완전케 하려고 오셨다고 말씀하셨다(마 5:17). 그러면 예수님의 말씀과 본문이 상충된 것인가? 그렇지 않다. 바울이 본문에서 그리스도로 말미암아 율법이 폐하여졌다고 한 것은 마태복음 5:17, 로마서 3:31에 근거해 볼 때 구약의 도덕적 율법을 폐기한 것이 아니다. 의식적 율법, 곧 구약의 제사, 할례, 절기, 식사 규례 및 결례 등을 폐기한 것으로 볼 수 있다. 예수님은 오히려 우리의 죄를 위해 자신의 몸을 주심으로, 율법의 요구를 충족시키셨고, 율법의 근본은 사랑이라 말씀하셨다(마 22:37-40). 바울도 율법의 완성은 사랑이라 하였다(롬 13:10).

율법을 폐하심으로, 유대인과 이방인 이 둘을 그리스도 안에서 새 사람, 곧 새로운 백성을 만드셨다. 그리스도 안에서 하나가 된 공동체, 곧 교회를 이루게 하신 것이다. 그리고 화목하게 하셨다.

"또 십자가로 이 둘을 한 몸으로 하나님과 화목하게 하려 하심이라 원수된 것을 십자가로 소멸하시고"(16절)

"또 십자가로 원수 된 것(*echthran*, hostility), 곧 그들의 적개심을 죽이고(*apokteinas*, slain), 이 둘을 한 몸으로 만드셔서 하나님과 화해시키셨다(*apokatallaxe*, reconcile)."

바울은 개인의 구원에 관한 설명으로부터 이제 적대적인 관계에 있었던 유대인과 이방인이 그리스도를 통해 서로 화목 되었음을 말하고 있다.

이 모든 일은 우리 주님이 화목제물이 되셨기에 가능한 일이다. 이 둘(*amphoterous*, both)은 하나님과 인간의 관계, 또는 이방인과 유대인의 관계로 해석할 수 있다. 바울은 이 두 가지를 염두에 두고, 둘 사이의 적대적인 담이 그리스도에 의해 소멸되었음을 말하고 있다.

"또 오셔서 먼 데 있는 너희에게 평안을 전하시고 가까운 데 있는 자들에게 평안을 전하셨으니."(17절)

"그래서 예수님은 오셔서 여러분과 같이 하나님을 멀리 떨어져 있던 이방인이나 하나님과 가까이 있던 유대인들에게도 평화(*eirene*, peace)의 기쁜 소식을 전하셨다(*euengelisato*, proclaimed the gospel)."

이 둘, 곧 먼데 있는 이방인이나 가까운데 있는 유대인 모두에게 새로운 메시지가 전해졌다. 이것은 십자가를 통한 구원의 메시지, 그리스도를 통한 참 평안의 메시지이다. 이 기쁜 소식을 듣고 모두 새 백성, 곧 하나님의 백성이 되었다. 평안은 하나님의 계획과 섭리에 따른 것이다. 오늘도 하나님은 성령과 일꾼들을 통해 우리를 찾아오신다.

"이는 그로 말미암아 우리 둘이 한 성령 안에서 아버지께 나아감을 얻게 하려 하심이라."(18절)

"그래서 우리 둘, 곧 이방인이나 유대인 모두 그리스도를 통해 한 성령님 안에서(*en henri Pneumati*, by one Spirit) 아버지께로 나아갈 수 있게 되었다."

이로 인해 이방 사람, 유대 사람 모두 그리스도를 통해 한 성령 안에서 하나님 아버지께(*pros ton Patera*, to the Father) 나아갈 수 있는 길을 얻게 되었다. 바울은 그리스도를 통해 유대인과 이방인이 화목 되는 차원을 넘어 하나님과도 화목 되었음을 말해주고 있다.

"나아감"(*prosagogen*, access)은 문자적으로 안내자의 인도를 받아 나아가는 것을 말한다. 우리는 "한 성령 안에서" 그리스도의 인도를 받아 성부 하나님께 나아가는 특권을 얻게 되었다. 성령의 인 치심으로 우리 모두 성령 안에서 하나님을 아버지로 한 가족이 된 것이다. 주 안에서 한 가족이 된 우리는 담대히 아버지 앞에 나갈 수 있게 되었다.

19-22절은 그리스도 안에서 화목 된 유대인과 이방인들이 교회를 이루어나간다는 사실을 기록하고, 교회의 나아갈 방향에 대해서 강조하고 있다. 교회는 구원받은 성도들로 이루어진 공동체이다. 교회는 공동체라는 사실을 잊어서는 안 된다.

하나님과 나 사이에 막힌 담이 무너져 하나님과 화해된 것으로 끝나지 않는다. 하나님 아버지를 한 가족으로 한 하나님 나라의 삶이 우리 속에서 이뤄져야 한다. 이 가족에는 나뿐 아니라 여러 형제들이 있다. 그들과 우리가 주 안에서 하나 되는 일은 바로 우리의 몫이다. 하나님은 그리스도로 말미암아 자기와 화목하게 하셨을 뿐 아니라 우리에게도 화목하게 하는 직책(고후 5:18)을 주셨다.

"그러므로 이제부터 너희는 외인도 아니요 나그네도 아니요 오직 성도들과 동일한 시민이요 하나님의 권속이라."(19절)

결과적으로 이제부터는 달라졌다. 이전에 너희는 허물과 죄로 죽었던 자요 본질상 진노의 자녀요 이방인이요 소망이 없고 하나님도 없는 자였다. 그러나 이제 외국인(*xenoi*, foreigners)이나 나그네(*paroikoi*, aliens)가 아니라 성도들과 똑같은 하나님 나라의 시민(*sympolitai*, fellow citizens)이요 하나님의 권속(*oikeioi*, members of God's household), 곧 하나님의 가족이 되었다. 멀리 있던 너희가 예수의 피로 이토록 가까워졌다.

외인은 시민과 대조되는 말로, 정치적 주권을 행사할 수 없는 외국인을 가리킨다. 나그네는 권속과 대조되는 말이다. 당시에는 각 가정에 손님들을 유숙

시키면서 각자의 사업을 할 수 있도록 편의를 제공했는데, 그들은 공적인 의무나 권리는 가지지 못했다.

동일한 시민은 하나님 나라의 시민으로서 법적인 권리를 동일하게 소유한 자가 되었음을 말한다. 하나님의 권속은 혈통적으로 아브라함의 후손이 되었다는 것이 아니라 그리스도로 말미암아 하나님의 자녀가 되었음을 의미한다. 이것은 신분상에 엄청난 변화가 있음을 말해준다. 그리스도 밖에서 그리스도 안으로의 변화, 언약 밖에서 언약 안으로의 변화, 하나님이 없는 자에서 하나님이 있는 자로 변화된 것이다.

"너희는 사도들과 선지자들의 터 위에 세우심을 입은 자라 그리스도 예수께서 친히 모퉁잇돌이 되셨느니라."(20절)

여러분은 사도들과 선지자들이 놓은 터(*themelio*, foundation), 곧 그 기초 위에 세워진 집이다. 교회는 사도들과 선지자들의 가르침 위에 세워졌다는 말이다. 따라서 교회는 그들의 가르침을 중시하고, 그 가르침을 배우기를 힘쓰는 곳이 다. 사도들은 "하나님은 나를 값 주어 사셨다."는 구원의 은혜를 전파하였다. 사도들의 바른 신앙을 계승해야 바른 교회가 될 수 있고, 바른 행동의 원동력이 될 수 있다. 교회 안에 다른 복음이 있을 수 없다. 그것은 이단이다. 사도들뿐 아니라 속 사도들은 이단을 '미친 개', 또는 '사단의 첫 새끼'라 부를 정도로 강경했다. 교회는 사도들의 가르침을 끝까지 지켜나가야 한다. 우리가 말씀을 지켜나갈 때 하나님의 보좌를 움직일 수 있다.

그리스도 예수님은 친히 그 머릿돌(*akrogoniaiou*, cornerstone)이 되셨다. 모퉁잇돌은 문자적으로 건물 전체를 떠받치는 주춧돌을 뜻한다. 예수님은 교회 전체를 지탱해주시는 주춧돌이시다. 나아가 이 돌은 전체 건물의 기준이자 초석이 되는 돌이다. 모든 돌들이 모퉁이 돌과 연결되어 있다.

바울은 이를 비유로 그리스도와 교회의 관계를 설명한다. 예수님이 모퉁이 돌이 되셨다는 것은 생명력 있는 산돌(벧전 2:4, 5)이신 예수님이 교회의 기초요 기준이 되며, 우리 모두는 예수를 통해 연결되고 성장한다는 것이다. 존 스토트는 "교회가 예수 그리스도로 연결되어 있지 않으면 성장할 수 없고 결국 와해된다."고 했다. 우리는 예수를 중심으로 하나님의 작품을 완성해 가는 다른 벽돌들이다. 성도들은 모두 그들의 삶 전체를 드려 하나님의 작품으로 완성하는 일에 매진해야 한다.

"그의 안에서 건물마다 서로 연결하여 주 안에서 성전이 되어 가고."(21절)

그리스도 안에서 건물 전체가 서로 연결되어서 주님 안에서 자라서 성전이 된다.

"서로 연결하여"(*synarmologoumene*, being fitted together). 이것은 성도들 사이의 밀접한 관계를 가리킨다. 그리스도 안에서 생명의 관계, 소망의 관계를 단단하게 엮어 나간다.

"주 안에서 성전(*hagion naon*, holy temple)이 되어 가고." 건축 중인 건물에 대한 이 표현은 교회의 역동적 성장을 말해준다. 교회는 예수 안에서 한 가족이 된 성도들이 모인 곳이다. 교회가 하나님의 가정이 되는 것이다. 교회는 단지 건물이 아니다. 우선 사도들과 선지자들이 믿음으로 지켜온 터 위에 교회를 세웠다. 모퉁이 돌은 당연히 예수 그리스도시다. 그 돌을 중심으로 우리 모두 서로 연결되어 거룩한 전을 만들어간다.

"너희도 성령 안에서 하나님이 거하실 처소가 되기 위하여 그리스도 예수 안에서 함께 지어져 가느니라."(22절)

여러분도 예수 안에서 지어져 가되 성령으로 짓고, 하나님이 거하시는 처소(*katoiketerion*, habitation)가 될 수 있도록 짓는다.

한 가족이 된 우리가 아름다운 성전을 만들어가기 위해서는 우리가 성령 안에서 하나 되고, 아버지께 나아가는 것이 중요하다. 아버지와의 관계가 확립

되지 않고서는 다른 가족, 곧 이웃을 사랑할 수 없기 때문이다. 주님에 대한 사랑이 식을 때 형제에 대한 사랑도 식는다. 아버지께 나아가는 것, 곧 주님을 사랑하는 것은 모든 관계의 근원이다.

"너희도 성령 안에서 하나님이 거하실 처소가 되기 위하여." 이전에는 하나님께서 이스라엘 백성에 거하셨다. 그런데 이제는 하나님과 멀리 있던 우리가 하나님의 거하실 처소가 되었다. 이것은 혈통으로 난 것이 아니다. 믿음으로 그의 백성이 된 것이다. 하나님께서는 그 백성들의 모임인 교회 안에 거하신다. 성령을 통해 주님이 우리 안에 거하신다. 주님이 우리 안에 거하시므로 우리는 달라져야 한다.

하나님의 거하실 처소는 "성령 안에서"(*en Pneumati*, in the Spirit) 이루어진다. 하나님 백성은 무엇보다 영적으로 살아있어야 한다. 영적으로 산 자가 되기 위해서는 과거의 모습을 버려야 한다. 그것은 이 세상 풍속을 좇고 공중의 권세 잡은 자를 따라 사는 것이 아니다. 육체의 욕심을 따라 지내며 육체와 마음의 원하는 것을 하는 것도 아니다. 그것은 영적으로 죽었던 우리의 과거 모습들이다. 그 삶으로 되돌아가는 것은 불순종의 아들이 되는 것이다. 성령으로 시작했다가 육체로 마칠 수는 없다. 악의 사슬을 끊기 위해서는 성령 안에서 늘 새로워져야 한다.

"그리스도 예수 안에서 함께 지어져 가느니라."(*synoikodomeisthe*, be being built together) 진행형이다. 우리는 완전한 존재가 아니라 날마다 그리스도 안에서 지어져 가는 존재이다. 우리는 아직 완성된 것이 아닌, 완성되어 가는 작품이다. 그러나 완성의 모습을 바라보며 더욱 거룩하게 지어져 가는 하나님의 사람들이다. 교회는 모퉁이 돌인 예수를 중심으로 지어져 간다. 성도들은 주님의 아름다운 모델을 바라보며 지어져 가야 한다.

"함께"는 교회가 공동체성을 가지고 있음을 보여준다. 그 공동체 성원 중에 하나가 타락하면 전체를 위협한다. 아간 한 사람의 잘못이 이스라엘을 궁지에 몰아넣었음을 기억하라. 그러나 한 사람 한 사람 헌신하는 모습을 보일 때, 즉 최선을 다할 때 교회는 아름답게 지어져 간다. 우리는 다른 형제들이 잘 지어져 가도록 돕고 기다리며 참을 줄도 알아야 한다.

"그의 안에서", "주 안에서", "성령 안에서", "예수 안에서"라는 말이 연거푸 강조되고 있다. 우리는 할 수 없지만 주님이 함께 하시면 할 수 있다. 우리는 아름다운 교회를 만들 수 없지만 주님 안에서 성령에 의해서 아름다운 하나님의 교회를 만들 수 있다. 주님은 주님의 교회를 통해서 우리의 신앙이 자라고 하늘의 복을 받을 수 있다. 우리는 할 수 없지만 주님이 교회를 통해 지혜를 주실 때 세상을 넉넉히 이길 수 있다.

에베소서 3장

하나님의 은혜의 경륜, 이방인을 위한 바울의 사명, 바울의 두 번째 기도

1. 하나님의 은혜의 경륜(1-6절)

"이러므로 그리스도 예수의 일로 너희 이방인을 위하여 갇힌 자 된 나 바울이 말하거니와." (1절)

"그러므로 이방 사람 여러분을 위하여 그리스도 예수의 일로 갇힌 몸이 된 나 바울이 말한다."

바울은 이방인을 위해 복음을 전하는 일로 갇힌 몸이 되었다고 말한다. "갇힌 자" (*desmios*, prisoner)는 바울이 지금 옥에 갇혀 있음을 말한다. 그래서 에베소서를 비롯해 골로새서, 빌립보서, 빌레몬서를 옥중서신이라 한다.

"너희를 위하여 내게 주신 하나님의 그 은혜의 경륜을 너희가 들었을 터이라." (2절)

"여러분을 위해 하나님이 나에게 주신 은혜의 직분(*oikonomian*, administration, stewardship)에 대해서 여러분은 분명히 들었을 것이다." 은혜의 경륜(經綸)은 하나님이 은혜로 바울에게 주신 직분, 곧 이방인을 위해 바울을 사도로 부르신 하나님의 계획, 곧 이방선교를 위한 계획을 말한다. 하나님께서 여러분을 위하여 일하도록 나에게 이 직분을 은혜로 주셨다는 것이다. 이에 대해 여러분도 들었을 줄 안다는 것이다.

"곧 계시로 내게 비밀을 알게 하신 것은 내가 먼저 간단히 기록함과 같으

니." (3절)

"하나님은 계시로 나에게 그분의 비밀(*mysterion*, mystery), 곧 신비로운 계획을 알려 주셨다. 그것은 전에 내가 간단히 편지한 것과 같다." 이 비밀은 구약 시대에는 알려지지 않았으나 신약시대에는 하나님의 계시에 의해 알려진 진리(롬 16:25, 26)를 말한다. 유대인과 이방인이 그리스도와 연합하게 되고, 모든 민족이 하나님을 믿어 순종케 된 것을 말한다.

"그것을 읽으면 내가 그리스도의 비밀을 깨달은 것을 너희가 알 수 있으리라." (4절)

"여러분이 그 편지를 읽어보면, 내가 그리스도의 비밀을 어떻게 이해하고 있는지 알 수 있을 것이다." 편지를 보면 그리스도의 비밀에 대한 바울 자신의 통찰력(*synesin*, insight)을 파악할 수 있을 것이라는 말이다. "그리스도의 비밀" (the mystery of Christ)은 그리스도를 통하여 모든 민족과 인종, 계층 간의 장벽을 무너뜨리고 구원의 문을 활짝 열어 이방인들이 교회 안에 들어오게 하신 하나님의 구원계획과 그 역사를 말한다.

"이제 그의 거룩한 사도들과 선지자들에게 성령으로 나타내신 것 같이 다른 세대에서는 사람의 아들들에게 알리지 아니하셨으니." (5절)

"지금은 그 계획이 성령님을 통해 그리스도의 거룩한 사도들과 선지자들에게 알려졌다. 그러 전에는 사람들에게 알려지지 않았다." 지나간 다른 세대(구약시대)에서는 하나님께서 그 비밀을 사람의 아들들, 곧 사람들에게 알려주지 아니하셨다. 그런데 지금은 그분의 거룩한 사도들과 예언자들(초대교회 지도자들)에게 성령으로 계시하여 주셔서 알게 되었다. "거룩한" (*hagiois*, holy)은 하나님을 잘 섬기기 위해 따로 "구별된" 이란 뜻을 가지고 있다.

"이는 이방인들이 복음으로 말미암아 그리스도 예수 안에서 함께 상속자가 되고 함께 지체가 되고 함께 약속에 참여하는 자가 됨이라." (6절)

"비밀에 속하는 그 계획이란 이방인들도 복음을 통해 그리스도 예수님 안에서 유대인과 함께 상속자(공동상속자, *synkleronoma*, joint-heirs)가 되고, 그들과 한 지체(*syssoma*, joint-body)가 되며, 약속의 공동참여자(*symmetocha*, joint-partakers), 곧 그들과 함께 하나님이 약속하신 것을 받는 것이다." 이것이 비밀의 내용이라는 말이다. 이로써 이방인들도 복음의 상속자로서 하나님께서 이스라엘에게 약속하셨던 모든 복에 참여하는 자가 되었다. 이것은 복음이 우주적 복음, 곧 유대인뿐 아니라 이방 온 세계를 안고 있는 복음임을 보여준다.

2. 이방인을 위한 바울의 사명(7-13절)

"이 복음을 위하여 그의 능력이 역사하시는 대로 내게 주신 하나님의 은혜의 선물을 따라 내가 일꾼이 되었노라."(7절)

"나는 하나님께서 주신 은혜의 선물을 받고 내 속에서 일하시는 하나님의 능력으로 이 기쁜 소식을 전파하는 일꾼이 되었다."

바울이 복음을 섬기는 일꾼(*diakonos*, servant, minister)이 된 것은 그 자신 속에서 역사하시는 하나님의 능력(dynameos, power)에 따른 것이며, 그것은 자신에게 주신 그분의 은혜(*charitos*, grace)의 선물이라는 것이다. 그가 "은혜의 선물(*dorean*, gift)"을 강조하는 것은, 그토록 믿는 성도들을 핍박했던 자신이 복음을 전하는 사도가 된 것 모두 하나님의 은혜 아니면 설명할 수 없음을 뜻한다.

"모든 성도 중에 지극히 작은 자보다 더 작은 나에게 이 은혜를 주신 것은 측량할 수 없는 그리스도의 풍성함을 이방인에게 전하게 하시고,"(8절)

"하나님께서 모든 성도들 가운데서 가장 보잘것없는 나(*elachistotero*, the

very least)에게 이 은혜를 주신 것은 그리스도의 헤아릴 수 없는 부요함(*anexichniaston ploutos*, unsearchable riches), 곧 풍성하신 기쁜 소식을 이방인들에게 전하게 하시고."

바울은 자신을 모든 성도 중에 지극히 작은 자보다 더 작은 자라 하였다. 자신을 아주 겸손히 낮추는 말이다. 이것은 하나님이 보시기에 정말 죄 많고 지극히 보잘 것 없는 자신에게 은혜를 주셔서, 그토록 영광스럽고 고귀한 복음 전파자로 삼으시고 이제 이방인들에게 그 놀라운 복음을 전하게 하셨음을 고백하고 있다.

"영원부터 만물을 창조하신 하나님 속에 감추어졌던 비밀의 경륜이 어떠한 것을 드러내게 하려 하심이라." (9절)

또 모든 것을 창조하신 하나님 안에 오래 전부터 숨겨졌던 신비로운 계획이 어떤 것인가를 모든 사람에게 분명히 밝히기(*photisai*, enlighten, 알리기) 위해서이다. 구약 시대에는 알려지지 않았던 교회에 관한 하나님의 계획이 그리스도로 말미암아 이루어지고, 그의 교회로 말미암아 드러나게 되었음을(10절) 말한다.

"이는 이제 교회로 말미암아 하늘에 있는 통치자들과 권세들에게 하나님의 각종 지혜를 알게 하려 하심이니." (10절)

그것은 이제 교회를 통하여 하나님의 갖가지(*polypoikilos*, manifold) 지혜를 알리시려는 것으로, 그 대상은 하늘에 있는 통치자들(*archais*, rulers, principalities)과 권세자들(*exousiais*, authorities, powers)이다. 현대인의성경은 그들을 "하늘의 천사들"이라 했다. 하늘의 천사도 하나님의 여러 지혜, 곧 그 신비로운 계획을 교회를 통해 알게 된다는 것이다. 골로새서 1:16에서 "왕권들이나 주권들이나 통치자들이나 권세들이나"도 초자연적 영적 존재(천사)로 간주되고 있다. 에베소서 1:21에서도 마찬가지다.

"곧 영원부터 우리 주 그리스도 예수 안에서 예정하신 뜻대로 하신 것이라." (11절)

그것은 하나님께서 영원(*aionon*, ages)부터 세우신 목적(*prothesin*, purpose, will)에 따라 된 것으로, 우리 주 그리스도 예수님 안에서 성취되었다. 이것은 이미 예정된 것이었음을 밝히고 있다.

"우리가 그 안에서 그를 믿음으로 말미암아 담대함과 확신을 가지고 하나님께 나아감(*prosagogen*, access)을 얻느니라." (12절)

이제 우리는 예수님 안에서 그분을 믿는 믿음을 통해 담대함(*parresian*, boldness)과 확신(*pepoithesei*, confidence)을 가지고 하나님께 나아갈 수 있게 되었다. 그리스도를 믿는 믿음만이 하나님께 나아갈 수 있는 길임을 보여준다.

"그러므로 너희에게 구하노니 너희를 위한 나의 여러 환난에 대하여 낙심하지 말라 이는 너희의 영광이니라." (13절)

그러므로 여러분을 위하여 내가 여러 가지로 환난 당하는 것(*thlipsesin*, tribulations)을 보고 낙심하지(*enkakein*, lose heart) 말기를 바란다. 내가 받는 이 고난이 오히려 여러분에게 영광(*doxa*, glory)이 된다.

3. 바울의 두 번째 기도(14-21절)

에베소서에는 바울의 위대한 기도 두 개가 소개되어 있다. 하나는 1:15-23절이고, 다른 하나는 3:14-21절이다. 1장에서는 하나님께서 교인들의 마음의 눈을 밝혀 하나님의 놀라운 능력을 알게 하시기를 기원했다. 그리고 3장에서는 교인들의 마음을 위해 기도한다.

바울은 이방에 하나님의 비밀, 곧 복음의 비밀을 전하는 사도가 된 이래 그 복음을 받은 사람들에게 하나님의 구원계획과 함께 복음에 대해 확신을 심어 주는 것이 무엇보다 중요하다고 생각하였다. 바울은 비록 지금 영어의 몸으로 이 일을 위해 믿음의 형제들에게 달려갈 수는 없지만 편지로라도 그들의 심령을 강하게 만드는 것이 중요하다고 생각하였다.

특히 그들을 위해 기도하는 일이 무엇보다 중요하다고 생각한 바울은 편지 속에 자기의 간구를 담았다. 자기가 기도하는 한 교회나 교인이 약해지지 않으리라는 확신을 하게 된 것이다. 이러한 확신이 그로 하여금 감옥에서도 기도하게 만들었을 것이다.

헬라어 원문은 14절과 15절이 바뀌어 있고, 일부는 섞여있다. 따라서 함께 붙여 읽는 것이 바람직하다.

"이러므로 내가 하늘과 땅에 있는 각 족속에게 이름을 주신 아버지 앞에 무릎을 꿇고 비노니." (14, 15절)

"이러한 이유로 내가 하늘과 땅에 있는 각 족속에게 이름을 붙여주신(*onomazetai*, be named) 하나님, 우리 주 예수 그리스도의 아버지께 무릎을 꿇고 빕니다."

"각 족속에게" (*pasa patria*, every family)란 말은 이 기도가 비단 에베소 교회에 국한 된 하나님이 아니라 각 족속 모두를 주관하시는 하나님, 대 가족의 아버지이신 것을 알 수 있다. 이 하나님 아버지를 향해 기도를 드린다. 친밀한 기도다.

"무릎을 꿇고 비노니" (*kampto ta gonata mou*, I bow the knees of me)는 하나님 앞에 간절히 드리는 기도의 자세를 보여준다. 하나님 앞에 완전히 고꾸라지고 거듭난 모습의 기도이다. 유대인들은 일반적으로 서서 기도를 했지만 그는 아버지 앞에 무릎을 꿇고 빈다고 말함으로써 그의 간절함을 나타내었다.

"그의 영광의 풍성함을 따라 그의 성령으로 말미암아 너희 속사람을 능력으로 강건하게 하시오며."(16절)

"은혜가 풍성하신 영광의 아버지께서 성령님을 통해 여러분의 속사람을 능력으로 강하게 하시고"

바울은 속사람을 강건하게 해달라고 기도했다. 에베소 교인들이 내면이 강한 사람, 곧 인격적으로 성숙하고, 영적으로 강건해지기를 바란 것이다. 속사람(*eso anthropon*, inner man)은 겉 사람과는 반대되는 말로 외모의 변화가 아니라 내면의 변화가 있는 사람을 말한다. 겉 사람이 육적이며 일시적인데 반하여 속사람은 영적이고 참되고 영원하다.

속사람의 속은 영혼, 양심, 의지, 인격, 이성 등 여러 가지로 표현된다. 영혼, 양심, 인격의 주체가 되는 내적 자아를 소유해야 한다는 것이다. 이것은 영적으로 달라져야 한다는 것을 의미한다. 겉 사람은 악을 행하고자 하는 육적 본능을 가지고 있기 때문이다. 아우구스티누스는 사람을 향내적 사람과 향외적 사람으로 나누고 진리는 속사람, 곧 향내적 사람 속에 깃든다고 말했다.

우리가 아무리 속사람을 지향한다 할지라도 이 땅에 사는 한 완전한 상태는 아니다. 거듭남으로써 새 사람이 되고(엡 4:24), 하나님의 풍성하신 은혜를 공급받아 성장해 나가야 한다. 이런 의미에서 "그 영광의 풍성을 따라"는 말씀은 매우 깊은 의미를 가지고 있다. 풍성함(*ploutos*, riches)을 의미하는 헬라어는 주시는 분이 하나님이시며, 그분의 영광스러운 능력과 은혜가 우리 모두(만민)에게 미친다는 것을 암시하고 있다. 풍성하신 하나님의 능력과 은혜는 성령을 통해 나타난다.

속사람이 강건(성장)하기 위해서는 성령의 도우심이 필요하다. 우리는 완전하지 않기 때문에 거듭남으로써 새 사람이 되고, 하나님의 풍성하신 은혜의 공급을 받아 성장해 나가야 한다. "성령으로 말미암아."(*dia tou Pneumatos*, by the Spirit) 바울은 영적인 건강을 주관하고, 이루실 분은 성령 하나님이심을 확고히 했다. 성령은 우리로 하여금 하나님의 법을 따르게 하고, 이것을 통해 우리를 향한 그분의 뜻이 이뤄지도록 하신다. 성령은 못하실 것이 없다.

성령의 능력을 힘입는 방법에는 크게 두 가지가 있다. 하나는 소극적인 방법이요, 다른 하나는 적극적인 방법이다.

소극적인 방법에는 성령을 근심시키지 않는 방법과 성령을 소멸시키지 않는 방법이 있다. 하나님이 하지 말라는 것을 할 때 우리는 성령을 근심시킨다. 그러므로 하지 말라는 것은 하지 않는 방법이 바로 성령을 근심시키지 않는 방법이다. 또 하나님이 하라는 것을 하지 않을 때 성령은 소멸된다. 그러므로 하라는 것은 하는 것이 성령을 소멸시키지 않는 방법에 속한다. 그러나 성령을 근심시키지 않는 선이나 성령을 소멸시키지 않는 선에서 행동하는 것은 소극적인 방법에 속한다.

적극적인 방법은 우리가 무시로 기도하고, 날마다 기쁨으로 전진하는 삶을 사는 것이다. 말씀하신 이상으로 노력하고 성령의 열매를 풍성히 맺는 것이다. 속사람이 강건해지려면 소극적인 방법보다 이처럼 적극적인 삶을 살아야 한다.

바울은 에베소 교인들이 영적으로 변화된 삶 살기를 소원했다. 그는 교인들이 무엇보다 성령의 능력으로 말미암아 날로 새로워지기를 바랐다. 속사람의 변화가 자기 자신의 의지가 아니라 성령 하나님이 함께 하심으로 이루어져야 하기 때문이다. 그리스도인은 자기 자신보다 성령의 능력을 힘입는 사람이어야 한다. 바울은 속사람이 강건해지기를 바라면서 바로 이 점을 강조하고 있다.

"믿음으로 말미암아 그리스도께서 너희 마음에 계시게 하시옵고 너희가 사랑 가운데서 뿌리가 박히고 터가 굳어져서."(17절)

"믿음으로 말미암아 그리스도께서 여러분의 마음(*kardiais*, heart)에 머물러 계시게 하여 주시기를 기도합니다. 그리고 여러분이 사랑 속에 뿌리를 박고 터를 다져서."

"믿음으로 그리스도께서 너희 마음에 계시게 하시옵고." 예수님의 내주, 곧 임재를 바라는 기도이다. 바울은 예수님이 에베소 교인들 속에 내주하시기를 간구했다. 이것은 그리스도의 영이 영원히 내주해 있으면 좋겠다는 것이다.

먼저 "계시다"(*katoikesai*, dwell)를 살펴볼 필요가 있다. 이것은 "거주하다", "상주하다", "임재하다"는 뜻을 가지고 있다. 그런데 성경에 "계시다"는 말에는 크게 두 가지가 있다.

하나는 나그네같이 산다는 의미의 "파로이케오"(*paroikeo*) 이다. 이것은 낯선 곳에 사는 사람이 언제나 떠날 준비를 모습으로, 마치 이 땅 위에 사는 우리가 곧 떠나야 할 것처럼 사는 것을 말한다.

다른 하나는 영원히 그 집의 주인으로 머물러 산다는 의미의 "카토이케오"(*katoikeo*)이다. 바울은 여기서 길손처럼 머무는 것이 아니라 영원한 주인으로 계시게 하옵소서라는 의미의 기도를 드리고 있다. 교회에서 예배를 드리든 밖에 나가든, 그분과 함께 출근하든 사업을 하던 주님과 동행하고 그분이 인도하는 데로 살아갈 필요가 있다.

예수님이 내주하신다는 것은 단지 주님이 우리와 함께 동행 하신다는 차원이 아니다. 예수님이 나를 지배하고 다스리신다(주님의 통치), 주님이 주인이 되시고 나는 주님이 인도하는 대로 살아간다는 것을 의미한다(주님의 이끄심). 나는 없고 오직 주님이 내 안에 사시는 것이다. 그리스도와 함께 하는 것, 동행하는 삶은 이처럼 차원이 다르다. 주님이 우리 속에 내주하실 때 우리는 주님을 더 느끼게 되고, 그럼으로 인해 그리스도의 인격을 닮아 나 자신보다는 주님을 더 돋보이게 할 것이다. 이것이 바로 우리가 주님께 영광 돌리는 삶이 된다. 그러므로 주님의 임재를 더욱 더 사모하고 구하라.

바울은 "믿음으로"(*dia tes pisteos*, through faith)를 강조한다. 예수님은 믿음이라는 길을 통해 내주하신다. 믿음은 우리가 예수님을 얼마나 간절히 구주로 영접하는가에 달렸다. 우리의 몸은 성전과 같다. 따라서 주님이 내주해 있어야 하는 것은 당연하다. 그러나 손님 각자에 대해 우리의 태도가 다르듯이 주님에 대한 우리의 태도도 천차만별일 수가 있다. 찰스 핫지(C. Hodge)에 따르면 성도들에 따라서 성령의 충만 정도나 내주 정도가 다르다. 예수님의 내주를 진정 바란다면 믿음 충만, 성령 충만한 삶을 살아야 한다. 이것은 일관된 믿음생활이 필요함을 보여준다.

"너희가 사랑(*agape*)가운데서 뿌리가 박히고(*errizomenoi*, being rooted) 터가 굳어져서(*tethemeliomenoi*, being grounded, founded)." 바울은 하나님의 사랑의 토양 속에 뿌리를 내리게 해달라고 기도한다. 하나님의 사랑 속에 깊게 뿌리 박혀 그 사랑을 펴게 해 달라는 말이다. 이를 위해 무엇보다 그리스도의 사랑을 알게 해달라고 기도한다.

하나님은 사랑이시다. 그리스도인은 그 사랑을 본받는 사람이 되어야 한다. 식물은 땅에 뿌리가 깊게 내려야 튼튼하게 자랄 수 있다. 건물도 터가 견고한 데 서야 튼튼하다 말할 수 있다. 그리스도인은 사랑을 실천함으로써 그 뿌리를 더 깊게 내릴 수 있다. 그리스도인의 사랑은 믿음가운데 있어야 튼튼하다. 그래서 바울은 이 사랑을 말함에 있어서도 믿음을 강조하고 있다. 그리스도인의 사랑은 얕은 사랑이 아니라 믿음가운데 날마다 뿌리를 깊게 내리는 사랑이라는 점에서 다르다.

바울은 에베소 교인들이 하나님의 사랑을 알고 그 사랑을 받기를 원했다. 하나님의 사랑이 승리의 원동력이 되기 때문이다. 그 사랑은 삶을 멋지게 살아갈 수 있는 자원이다. 하나님의 사랑을 도저히 받을 자격이 없는 죄인인 우리가 감당하기 어려운 하나님의 사랑, 하나님의 은혜를 선물로 받았다. 하나님의 넘치는 사랑을 받은 자는 사랑할 수 없는 사람도 사랑할 수 있는 자리로 나아가게 된다.

헬라어 원문에는 18절과 19절 내용이 섞여 소개되고 있다. 현대인의성경은 18절과 19절을 하나로 묶어 소개하고 있다.

"능히 모든 성도와 함께 지식에 넘치는 그리스도의 사랑을 알고."(18절)

헬라어 원문에는 "너희가 능히 모든 성도와 함께 (그리스도 사랑의) 너비와 길이와 높이와 깊이가 어떠함을 깨달아 알기를"이라 되어 있다.

여기서는 일단 한글 개역개정에 준하여 소개하고자 한다. 18절의 뜻은 "여러분이 모든 성도와 함께 지식을 초월하는 그리스도의 사랑을 알기(*gnonai*, know)를 기도합니다."이다. 교인들이 그리스도의 사랑을 알게 해달라는 기도이다. 로이드 존스는 말한다. "그리스도인이 사모해야 할 자리는 그리스도의 사랑을 아는 것이다."

그런데 이 사랑은 보통 사랑이 아니다. "지식에 넘치는"(*hyperballousan gnoseos*, surpassing knowledge) 그리스도의 사랑이다. 지식에 넘치는 그리스도의 사랑이란 모든 지식, 곧 인간의 상상을 뛰어넘는 그리스도의 사랑을 의미한다. 우리의 머리로서는 알 수 없는 사랑이다. 주님의 사랑이 너무 크고 신비하기 때문에 우리의 지적 능력으로 깨닫기 어려움을 보여준다. 그러나 바울은 교인들로 하여금 그 사랑의 본질을 깨달아 알기를 소원했다.

"그 너비와 길이와 높이와 깊이가 어떠함을 깨달아 하나님의 모든 충만하신 것으로 너희에게 충만하게 하시기를 구하노라."(19절)

헬라어 원문에는 "지식에 넘치는 그리스도의 사랑을 깨달아 하나님의 모든 충만하신 것으로 너희에게 충만하게 하시기를 구하노라."로 되어 있다. 바울은 능히 모든 성도와 함께 지식에 넘치는 그리스도의 사랑을 알아 그 넓이와 길이와 높이와 깊이가 어떠함을 깨닫도록 기도하고 있다.

"그 너비와 길이와 높이와 깊이가 어떠함을 깨달아." 그리스도의 사랑이 어떠한가를 깨달아 아는(*katalabesthai*, comprehend) 것을 말한다. 예수님을 구주로 영접하는 순간부터 우리를 위해 피 흘리신 사랑을 경험하고, 느끼고, 깨닫게 된다. 그 사랑은 부모도 줄 수 없는 사랑이다.

바울은 그리스도의 사랑을 잘 깨달아 아는 성도가 되기 위해서 그 사랑의 넓이와 길이와 높이와 깊이를 말함으로써 사랑을 기하학적으로 설명하고 있다. 학자에 따라서는 이것을 그리스도의 사차원적 사랑이라 하기도 하고, 온전함을 나타내는 직육면체 사랑이라 하기도 한다. 사랑의 넓이, 길이, 높이, 그리고 깊이는 우리를 향하신 주님의 사랑이 그만큼 넓고, 길고, 높고, 깊다는 것을 의미한다.

사랑의 너비(*platos*, breath)에 관한 말씀으로 요한복음 3:16이 있다. 하나님이 이 세상을 이처럼 사랑하사 독생자를 주셨을 만큼 사랑이 넓다는 것이다. 주님은 죄인인 우리를 이만큼 사랑하신다. 그리스도의 사랑은 모든 것을 포용하고 용서할 수 있을 만큼 넓다.

그리스도 사랑의 너비는 온 세상 사람을 사랑할 수 있는 사랑이다. 하나님은 인종, 국가, 종파, 부요의 정도, 나이, 교육의 정도, 결혼 여부를 떠나 모두를 사랑하신다. 하나님은 죄인이든 의인이든, 빈부귀천을 따지지 아니하고, 심지어 원수까지도 사랑하신다. 그리스도의 사랑은 사랑할 수 없는 사람까지도 사랑하는 것이다.

사랑의 길이(*mekos*, length)에 대해서는 여러 말씀이 있다. 주로 시간적 길이로 설명하고 있다. 즉 하나님께서는 창세전부터 사랑하셨으며(요 17:24), 지금도 우리를 사랑하시고(계 1:5), 세상에 있는 자기 사람들을 사랑하시되 끝까지 사랑하신다(요 13:1). 그리스도의 사랑은 너무 길고 강렬하며 끊어지지 않는다. 주님은 내가 범죄한 그 자리에서도 나를 사랑하신다. 실패의 자리에서도 하나님의 사랑은 나를 지키고 있다. 인간의 사랑은 마르고 시든다. 그래서 이혼도 한다. 그러나 하나님의 사랑은 영원히 지속된다. 하나님은 과거뿐 아니라 지금, 그리고 앞으로도 영원히 우리를 사랑하신다. 하나님의 사랑은 무궁한 사랑이다.

사랑의 높이(*hypsos*, height)도 측량할 수 없다. 주님의 사랑은 우리를 영광스러운 자리에 초대할 만큼 높다. 우리가 어디를 가든 하나님의 사랑이 미치지 않는 곳이 없다. 우리는 하나님의 사랑으로부터 분리될 수 없다. 사랑의 높이에 관한 말씀으로 시편 57:10의 말씀이 있다. 시편저자는 "주님의 한결같은 그 사랑, 너무 높아서 하늘에 이르고, 주님의 진실하심, 구름에까지 닿습니다."(새번역)라고 고백하고 있다. 주님의 사랑은 이처럼 높다. 우리가 이 땅에서 사랑을 하면 할수록 하늘의 보좌에 까지 올릴 수 있는 것이 바로 사랑이다.

사랑의 깊이(*bathos*, depth)도 한없다. 주님의 사랑은 깊다. 자기를 힘입어 하나님께 나아가는 자들을 온전히 구하실 수 있는(히 7:25) 주님은 나를 기가 막힐 웅덩이와 수렁에서 끌어올리신다(시 40:2). 땅의 깊은 곳이 주님의 손에 있고(시 95:4), 성령은 모든 곳, 곧 깊은 곳이라도 통달하시므로 아무리 죄와 타락의 극한 깊이에서라도 우리를 구하실 수 있다. 구원은 예수의 사랑 속에 근거하고 있으며, 사랑은 구원의 가장 위대한 영광이다.

주님의 사랑은 하늘 영광 버리고 이 땅에 오셔서 우리의 죄 값을 지불하기 위해 죽음의 자리, 무덤, 심지어 음부의 자리에까지 내려가실 만큼 깊다. 그리스도의 사랑은 바울의 말처럼 '죽기까지 사랑한 사랑'이다. 우리가 깊은 절망 가운데 있을 때 우리를 향한 하나님의 사랑은 더욱 깊어진다. 우리가 어떤 환경에 있든지 우리가 필요한 것은 하나님의 사랑이다. 그 사랑이 우리를 변화시키기 때문이다.

이외에도 성경은 사랑의 많음에 대해 말하고 있다. 시편저자는 "여호와 나의 하나님이여 주의 행하신 기적이 많고 우리를 향하신 생각도 많도소이다 내가 들어 말하고자 하나 주의 앞에 베풀 수도 없고 그 수를 셀 수도 없나이다." (시 40:5)라고 하였다.

"하나님의 모든 충만하신 것(*pleroma*, fullness)으로 너희에게 충만하게 하시기를 구하노라(*plerothete*, you may be filled)." 리빙 바이블은 이 대목에서 어느 다른 것보다 "하나님으로 가득 채우라"(filled up with God himself)고 말한다. 하나님으로 충만 하라는 것이다.

"하나님의 모든 충만하신 것"이란 여러 모로 해석이 가능하지만 하나님의 온전하심, 거룩하심, 사랑이 많으심 등을 포함하고 있다. "하나님이 모든 일에 온전하신 것처럼 너희도 온전하라", "내가 거룩하니 너희도 거룩하라," "하나님의 충만하신 사랑에 이르기까지 사랑하라, 주님의 그 깊고 넓은 사랑을 닮아 너희도 사랑하라."는 말씀이다. 한 마디로 하나님의 사랑이 극대화되도록 기도하라는 것이다. 하나님으로 충만하면 그의 충만하심이 너무 커서 영광으로 느껴진다.

하나님의 사랑을 알면 알수록 놀라운 일이 일어난다.

첫째, 심령의 자유를 누리게 된다. 우리 각자, 그리고 우리 모두를 사랑하는 그 사랑을 묵상해 보라. 걱정과 근심으로부터 자유하게 된다.

둘째, 소망을 갖게 한다. 절망이나 부정적 생각이 아니다. 하나님이 잘 인도해주실 것을 기대하며, 좋은 일이 얼마든지 일어날 수 있다고 생각한다. 기대하라. 하나님이 잘 해주실 것이라 기대하라.

셋째, 강한 자가 된다. 능력을 주신다. 삶이 고통스럽고 절망가운데 있다 해도 우리를 이길 자 없다. 비극적인 상황에서도 우리는 넉넉히 이긴다. 사랑하면 불가능이 없다. 누가 우리를 주님의 사랑에서 끊으랴. 하나님의 사랑에 기대하는 사람은 적이 없다. 하나님의 사랑에 붙들린 사람은 이길 자가 없다.

넷째, 기쁨을 누린다. 우리 안에 기쁨이 있는 것은 예수가 우리 마음에 살아 계신다는 것을 의미한다. 프롬은 사랑의 기술에서 사랑을 관심, 책임, 존중, 이해, 주는 것이라 하였다. 사랑은 주는 것이기도 하지만 받는 것이기도 하다. 사랑을 받고 있다는 것을 느끼는 사람은 행복을 느낀다. 우리는 주님으로부터 이렇듯 깊고 넓고 많은 사랑을 받고 있음에도 불구하고 기쁨도 없고, 소망도 없이 살아갈 때가 있다. 안타까운 일이 아닐 수 없다. 바울은 소망도 기쁨도 없이 살아가는 오늘의 교인을 향해 그리스도의 사랑을 깨닫게 해달라고 기도하고 있다.

에드워드 페이슨 목사는 말한다. "삶은 내게 있던 건강의 축복, 물질과 명예의 축복을 나로부터 하나씩 빼앗아 갔습니다. 그러나 나를 사랑하시는 주님은 그 빈자리를 채워주셨습니다." 아무리 고통가운데 있다 할지라도 하나님의 사랑에 붙들린 사람을 이길 자는 아무도 없다. 그리스도인의 사랑은 사랑할 수 없는 상황에서도 감사하고 기뻐할 수 있는 사랑이다. 그래서 이 사랑을 가진 사람은 세상이 감당할 수 없다.

바울은 20절과 21절을 통하여 마지막 기도를 올리고 있다. 그 기도의 요점은 하나님에게 영광이 대대로 영원무궁하기를 바라는 것으로, 이는 우리가 하나님께 영광 돌리는 삶을 살아야 한다는 것을 의미한다.

"우리 가운데서 역사하시는 능력대로 우리가 구하거나 생각하는 모든 것에 더 넘치도록 능히 하실 이에게." (20절)

바울은 이 기도에서 하나님을 가리켜 "우리 가운데서 역사하시는(*energoumenen*, working) 능력(*dynamin*, power)을 따라 우리가 구하거나 생각하는 것 이상으로 더욱 넘치게 주실 수 있는(do exceedingly) 분"이라 표현하고 있다. 하나님은 멀리 계시는 분이 아니라 우리와 가까이 계시는 분이며 우리가 구하는 이상으로 더 주실 수 있고, 또 실제로 주시는 능력의 하나님이라는 것이다.

"교회 안에서와 그리스도 예수 안에서 영광이 대대로 영원무궁하기를 원하노라 아멘."(21절)

바울은 교회와 그리스도 예수 안에서 길이길이 그에게(*auto*, to Him) 영광(*doxa*, glory)이 있기를 바라는 기도를 올린다.

우리를 위해 자신의 것을 아낌없이 주시는 하나님께 교회 안에서 뿐 아니라 그리스도 예수 안에서 영원히 영광을 돌려야 하며, 또 돌리는 삶을 살아야 한다는 것이다. 교회는 하나님께 영광을 돌리는 곳이며, 그리스도가 내재하시고 능력을 주시는 그리스도의 몸이다. 하나님의 영광은 교회의 예배를 통해서 선명하게 드러난다. 나아가 교회와 하나 된 우리의 삶의 목적 또한 하나님께 영광을 돌리는 데 있다. 따라서 기도할 때 "하나님께 영광 돌리는 삶 살게 하옵소서."가 우리의 첫 번째 기도가 되어야 한다.

에베소서 4장

그리스도 안에서 하나 됨, 직분을 주신 목적, 그리스도를 믿는 것과 아는 일, 그리스도인의 새로운 삶, 새 생활의 법칙(1)

1. 그리스도 안에서 하나 됨(1-6절)

1-6절에서 바울은 유대교인들과 이방인들이 그리스도 안에서 하나 되기를 바라고 있다. 이 하나 됨은 겉 치레나 기계적인 연합이 아니다. 출신과 배경이 다르고, 각 사람마다 개성이 다르고 다양하지만 그것을 다 인정하면서 영적으로, 유기적으로 주 안에서 하나 되는 연합이다.

“그러므로 주 안에서 갇힌 내가 너희를 권하노니 너희가 부르심을 받은 일에 합당하게 행하여.” (1절)

“주안에서 옥에 갇힌 나, 곧 주님을 위해 갇힌 나 바울이 권한다. 여러분은 하나님의 부르심(*kleseos*, calling)을 받은 성도답게 행하라(*peripatesai*, walk).”

바울은 전도를 하다 감옥에 갇히게 된 바울은 에베소 교회 안에서 성도들이 하나 되기를 바라는 마음으로 이 글을 쓰고 있다. 무엇보다 부르심을 받은 대로 성도답게 행동하라는 것이다. 하나님은 우리를 그의 자녀로 부르셨다. 그 부르심에 응답하여 하나님의 자녀가 된 우리는 자녀 됨의 복을 누림과 동시에 자녀답게 살아야 하는 책임이 있다. “합당하게” (*axios*, worthily)는 “성도답게” 라는 뜻이다. 성도로서의 가치를 충분히 발휘하라는 것이다. 이것은 성도의 삶 가운데 역사하시는 하나님의 계획과 이에 대한 인간의 응답이 밀접히 연관되어야 한다는 것을 보여준다. 성도들은 하나님을 아버지로 모신 영적 가족이다. 따라서 마땅히 하나 되어야 한다.

"모든 겸손과 온유로 하고 오래 참음으로 사랑 가운데서 서로 용납하고"(2절)

"언제나 겸손하고 부드러우며 인내와 사랑으로 서로 너그럽게 대하라." 겸손함과 온유함으로 깍듯이 대하고, 오래 참음으로써 사랑으로 서로 용납하라는 것이다.

바울은 성도들이 하나 될 수 있는 방법을 제시한다. 그것은 겸손, 온유, 오래 참음, 사랑의 용납이다. 겸손(*tapeinophrosynes*, humility)은 교만과 반대된다. 사단은 우리를 교만하게 만든다. 그러나 성도는 달라야 한다. 스스로 높이는 행동을 지양하고, 자신을 끊임없이 돌아보아 하나님의 자녀라는 정체성을 지켜야 한다. 온유(*prautetos*, gentleness)는 자신을 잘 절제하고 통제되고 있음을 보여주는 힘이다. 오래 참음(*makrothymias*, patience)은 사랑이다. 사랑은 오래 참는 것이다. 사랑으로 용납하는 것(*anechomenoi en agape*, bearing in love)은 참는 것 이상의 것으로, 넓은 가슴으로 용서하는 것을 말한다. 용서는 허다한 죄를 덮는다. 용납하고 축복할 때 참 그리스도인이 될 수 있다.

"평안의 매는 줄로 성령이 하나 되게 하신 것을 힘써 지키라."(3절)

"성령이 여러분을 평화의 띠(*syndesmo tes eirenes*, bond of peace)로 묶어서 하나(*henoteta*, unity)가 되게 해 주신 것을 힘써 지키라." 성령으로 연합하여 사이좋게 지내도록 부지런히 노력하라는 말이다. "평안의 매는 줄"은 사랑이다. 바울은 평화, 곧 사랑으로 맺어진 다툼이 없는 일치가 성령에 의해 이미 주어졌음으로, 성도는 이것을 확신시킬 의무가 있음을 강조하고 있다. 성령은 우리를 그리스도 안에서 하나 되게 할뿐 아니라 하나 됨을 지속시켜 주신다. 성령은 우리가 어디에 있든 역사하신다.

3, 4절에서는 먼저 성령님의 역사를 강조하고 있다. 바울은 성부 하나님, 성자 예수, 성령 하나님 순으로 언급하기보다 성령님, 주(예수), 그리고 하나

님 순으로 언급하고 있다. 이것은 그가 경험한 순서로 언급한 것이라는 주장도 있다.

“몸이 하나요 성령도 한 분이시니 이와 같이 너희가 부르심의 한 소망 안에서 부르심을 받았느니라.” (4절)

“몸도 하나이며 성령님도 한 분이시다. 이와 같이 여러분도 한 희망 가운데서 부르심을 받았다.”

“몸도 하나이며” (*hen soma*, one body)는 한 몸 된 교회라는 말이다. 교회는 유대인과 이방인들이 구별 없이 하나로 연합되어야 한다는 말이다. 성령님도 한 분(*hen Pneuma*, one Spirit)이시다. 성령님 한 분을 모시고 산다. 하나됨은 성령에 의해 이뤄진다. 이와 같이 성도 여러분도 부르심을 받았을 때에 그 부르심의 목표인 소망도 하나(*mia elpidi,* one hope)였다. 성도는 한 몸이며, 한 성령님을 모시고 살며, 한 소망을 가지고 있다는 말이다. 주 안에서 같은 지체가 되면 한 소망을 갖게 된다.

“주도 한 분이시요 믿음도 하나요 세례도 하나요.” (5절)

“주님도 한 분이시고 믿음도 하나이고 세례도 하나이다.”

주님은 예수 그리스도를 말한다. 우리가 모시고 있는 주님도 예수님 한 분이시고, 믿음도 세례도 하나이다. 성도는 한 주님(*heis Kyrios*, one Lord)을 모시고, 한 믿음(*mia pistis*, one faith)을 가졌으며, 한 세례(*hen baptisma*, one baptism)를 받은 영적 가족이라는 말이다. 우리가 세례를 받을 때 예수님은 나의 구주라는 하나의 신앙고백을 바탕으로 세례를 받았다. 그리고 이 신앙고백을 함께 한다.

이 구절은 한 분이신 주, 하나의 믿음, 하나의 세례는 모두 교회를 하나 되게 하는 원천이자 방편임을 보여주고 있다. 바울은 이 구절을 통해 하나의 개념을 수적 단일성이 아니라 삼위일체적인 견지에서 설명하고 있다.

“하나님도 한 분이시니 곧 만유의 아버지시라 만유 위에 계시고 만유를 통일하시고 만유 가운데 계시도다.”(6절)

“하나님도 한 분이시다. 하나님은 우리 모두의 아버지(*Pater*, Father)시요, 모든 것 위에(*epi panton*, over all) 계시고 모든 것을 통하여(*dia panton*, through all) 일하시고 모든 것 안에(*en pasin*, in all) 계시는 분이시다.” 성도는 하나님 한 분(*heis Theos*, one God)을 모시고 사는 존재라는 말이다. 그 분은 우리 모두의 아버지시며, 만물 위에 계시고 만물을 꿰뚫어 계시며 만물 안에 계시는 분이시다. 하나님은 모든 성도의 아버지로서 전능하신 창조주이시다. 그분은 만물을 창조하시고 다스리시며 섭리하시는 만유의 주이시다. 성도는 그분을 모시고 섬기며 산다. 경배하고 찬양한다.

바울은 우리 성도의 몸이 하나이고 성령도 하나이며, 소망도 하나이고, 주님도 하나이고, 믿음도 하나이며, 세례도 하나이고, 하나님도 하나임을 강조하였다. 한 주님, 한 성령, 한 하나님, 한 소망을 가진 우리라는 말이다.

교회의 머리 되신 주님아래, 즉 한 주님 아래 우리가 하나 된다. 마귀의 영도 아니다. 그리스도 안에서 믿음이 통일된다. 성령 하나님은 우리가 주 안에서 하나 되도록 역사하신다. 그런데 교회가 파로 나뉘어 서로 반목하고, 서로 정죄한다면 그것은 하나 되게 하는 성령의 역사를 방해하는 일이다. 한 몸이 되어야 할 우리가 갈라져 반목할 이유가 없다. 그리스도 공동체 안에서의 사랑으로 하나 되지 못하고,불화와 반목, 분쟁을 일삼는다면 그것은 모두 성령을 근심하게 만드는 일이다. 당신이 그리스도인이라면 이 점을 인식하고 세상 사람과 다른 삶을 살아야 한다.

2. 직분을 주신 목적(7-12절)

7-12절까지는 교회 안에 여러 다양한 직분을 주셨으며 그 직분을 주신 목

적이 있음을 말해주고 있다. 여기서 바울이 다양한 직분을 언급한 것은 앞서 언급한 하나 됨과 연관되어 있다. 서로 직분은 다르지만 그리스도 안에서 하나라는 것이다.

"우리 각 사람에게 그리스도의 선물의 분량대로 은혜를 주셨나니." (7절)

"그러나 우리는 모두 그리스도께서 나눠 주신 분량(*metron*, measure)에 따라 은혜(*charis*, grace)의 선물을 받았다." 은혜는 주님께서 각 성도들에게 선물로 주시는 은사, 곧 값없이 주시는 은사를 말한다. 여기서 말하는 은사는 직분이다. 직분은 주님이 우리 각자에게 주신 선물이요 은혜다. 각 사람에게 필요한 분량대로 주셨다. 우리는 이 은사를 우리 자신의 영광을 위해 사용하는 것이 아니라 하나님의 영광과 교회의 유익을 위해 사용해야 한다.

"그러므로 이르기를 그가 위로 올라가실 때에 사로잡혔던 자들을 사로잡으시고 사람들에게 선물을 주셨다 하였도다." (8절)

그러므로 성경에 이르시기를 "그분은 높은 곳(*hypsos*, high)으로 올라가셔서 포로(*aichmalosian*, captivity)를 사로잡으시고 사람들에게 선물을 나누어 주셨다." 했다.

이 말씀은 시편 68:18을 인용한 것이다. 이 구절은 하나님이 승리자로서 예루살렘 성전의 보좌에 앉으시는 사실을 그리고 있다. 성전의 보좌는 하늘 보좌를 상징한다. 바울은 이 구절을 그리스도가 승리자로서 하늘에 올라가신 사실에 적용하였다. "사로잡혔던 자들"은 예수 그리스도께서 십자가의 죽음과 부활로써 패배시킨 영적 권세들을 가리킨다.

"올라가셨다 하였은즉 땅 아래 낮은 곳으로 내리셨던 것이 아니면 무엇이냐." (9절)

"그런데 그분이 올라가셨다고(*anebe*, ascended) 하는 것은 먼저 그분이 땅의 낮은 곳으로 내려오셨다는(*katebe*, descended) 것을 말하는 것이 아니고 무엇이겠는가."

올라가셨다는 것은 예수님의 승천을 말한다. 땅 아래 낮은 곳으로 내리셨던 것은 예수 그리스도께 육신을 입고 이 땅에 내려오신 성육신 사건으로 본다. 그러나 보혜사 성령으로 이 땅에 오신 성령, 곧 그리스도의 임재로 해석하는 학자도 있다.

"내리셨던 그가 곧 모든 하늘 위에 오르신 자니 이는 만물을 충만하게 하려 하심이라."(10절)

"내려오셨던 그분은 만물을 충만하게 하시려고, 하늘의 가장 높은 데로 올라가신 바로 그분이시다."

"내리셨던 그가 곧 모든 하늘 위에 오르신 자"는 예수 그리스도가 부활하여 승천하신 것을 가리킨다. 그러나 "내리셨음"을 보혜사 성령의 임재로 해석하는 학자도 있다.

그리스도는 승천하셔서 하늘의 가장 높은 곳, 곧 주의 보좌에 앉으셨다. "만물을 충만케 하시려고"(*plerose ta panta*, He might fill all things)는 "모든 것을 완성하시려고"(공동번역)라는 뜻이다.

"그가 어떤 사람은 사도로, 어떤 사람은 선지자로, 어떤 사람은 복음 전하는 자로, 어떤 사람은 목사와 교사로 삼으셨으니."(11절)

"그분이 어떤 사람은 사도로, 어떤 사람은 선지자로, 어떤 사람은 복음 전도자로, 또 어떤 사람은 목사와 교사로 삼으셨다." 그 선물의 다양성은 사도, 선지자, 복음전하는 자, 목사, 교사 등 여러 직분으로 나타난다.

이 구절은 교회 설립의 사명과 관계가 깊다. 사도들(*apostolous*, apostles)은 복음을 전하고 교회를 세우는 역할을 담당하는 자들을 가리킨다. 선지자들(*prophetas*, prophets)은 하나님께서 교회를 위해 주시는 말씀을 전달하는 자들로서 성령의 직접적인 인도하심으로 하나님의 심오한 뜻과 섭리를 통찰하는 은혜를 받은 자들이다. 사도들과 함께 교회의 중추적 역할을 했다. 복음 전하는 자(*euangelistas*, evangelists)는 빌립이나 디모데처럼 여러 지역을 돌아다니며 복음을 전하는 자들을 말한다. 예수님의 생애와 사역을 잘 설명해서 알게 한다. 목사(*poimenas*, shepherds)와 교사(*didaskalous*, teachers)는 말씀으로 성도들을 먹이고 가르치며 교회를 다스리는 목회 직분이다. 그들 모두 은혜의 선물을 다양하게 받았지만 그리스도 안에서 하나 되어 하나님 나라를 세우는 자라는 점에서 공통된다.

"이는 성도를 온전하게 하여 봉사의 일을 하게 하며 그리스도의 몸을 세우려 하심이라." (12절)

"이렇게 여러 가지 직분을 주신 것은 성도들을 온전하게 하여 봉사의 일을 하게 하고 그리스도의 몸된 교회를 자라게 하기 위한 것이다."

주님께서 교회에 여러 직분(은사)을 주신 목적이 있다.

첫째, 성도들을 온전하게 하기(*katartismon*, perfecting) 위함(*pros*, toward)이다. 온전하게 한다는 것은 하나님의 일을 위해 준비시킨다는 뜻을 가지고 있다. 성도들을 훈련시켜 주의 일을 더욱 아름답게 하도록 하는 것이다.

둘째, 봉사의 일(*ergon diakonias*, work of ministry)을 하게 하기 위함(eis, for)이다. 성도들로 하여금 스스로 감당할 수 있도록 가르쳐 힘 있게 섬기도록 함이다. 은사(직분)는 단지 개인의 유익을 위해 쓰이는 것이 아니라 교회에 속한 모든 성도들을 섬기기 위해 주어진다. 성도를 온전케 하기 위해서는 자신부터 낮아져 성도를 먼저 섬겨야 한다.

끝으로, 그리스도의 몸(*somatos*, body)인 교회를 세우기(*oikodomen*, building up) 위함(*eis*, for)이다. 교회를 분열시키는 것 아니라 교회를 굳게 세우고 하나 되게 하기 위함이다. 개개의 특수성만 고집하면 하나 됨을 잃는다. 하나 됨 속에서 다양성이 있고, 다양성 속에 하나가 있다. 다양성으로 일치성을 깨뜨리지 않는다. 교회는 조화를 잃지 않아야 한다. 그 조화는 성령을 통해 주어진다. 인간의 것이 아니다.

3. 그리스도를 믿는 것과 아는 일: 믿음과 실천(13-16절)

13-16절은 믿음과 실천이 하나 됨을 통해 교회가 성장한다는 것을 가르쳐 준다. 또한 우리의 믿음이 성장하려면 어떤 믿음과 의식을 가져야 하는가를 보여준다.

"우리가 다 하나님의 아들을 믿는 것과 아는 일에 하나가 되어 온전한 사람을 이루어 그리스도의 장성한 분량이 충만한 데까지 이르리니."(13절)

"그렇게 되면 우리 모두가 하나님의 아들을 믿는 믿음과 아는 지식에서 하나가 되고, 온전한 사람이 되어서, 그리스도의 충만하심의 경지에까지 이르게 될 것이다."

그렇게 되면 우리가 다 하나님의 아들을 믿고 아는 일에 하나(*henoteta*, unity)가 된다. 그리스도에게까지 성장하려면 하나님의 아들을 믿는 믿음과 아는 지식에서 하나(일치)가 되어야 한다. 이것은 우리가 예수님과 하나 되는 믿음을 가져야 한다는 것을 보여준다.

교회의 연합이 이루어지려면 하나님의 아들을 믿는 믿음이 필요할 뿐 아니라 그 아들에 대한 공통된 인식이 필요하다. 그리스도인은 배우고 성장해야 한다. 날마다 성숙한 믿음을 가지며, 말씀에 순종하고 지킬 때까지 배워가야 한다. 주님과 내가 하나가 되고, 믿음과 행실이 하나 되어야 한다.

또한 온전한(*teleion*, complete) 사람, 곧 영적으로 성숙한 그리스도인이 된다. 온전하다는 것은 원어로 "뼈가 제자리에 맞춰진다."는 것을 의미한다. 그래야 제대로 활동할 수 있고 완전한 사람으로 성장할 수 있다. 하나님을 믿는 믿음과 그분을 하는 지식에서 나오는 성도로서의 모든 미덕을 온전히 갖춘 그리스도인이 되는 것이다. 이것은 모든 그리스도인이 지향하는 목표이다.

그리고 그리스도의 장성한 분량이 충만한 데까지 이르게 된다. 그분의 완전하신 충만에까지 이르게 된다. 장성한 분량(*metron helikias*, measure of stature)이 충만(*pleromatos*, fullness)한 데까지는 완전히 자란 성인의 신장을 말한다. 그리스도의 장성한 분량은 예수를 닮아 그분처럼 인격적으로 성장하고 거룩해지는 것을 말한다. 이것은 예수님처럼 사는 것을 말한다. 헨리 나우웬은 말한다. "영적 도전은 우리 자신이 예수처럼 사는 것이다. 우리는 살아있는 예수라고 말할 수 있어야 한다. 진정한 구원은 예수가 되는 것이다."

"이는 우리가 이제부터 어린 아이가 되지 아니하여 사람의 속임수와 간사한 유혹에 빠져 온갖 교훈의 풍조에 밀려 요동하지 않게 하려 함이라."(14절)

"우리는 이 이상 더 어린아이로 있어서는 안 된다. 우리는 인간의 교활하고 간교한 속임수에 빠져서 온갖 교훈의 풍조에 흔들리거나 이리저리 밀려다니지 말아야 한다."

"어린아이"(*nepioi,* infants)는 문자적으로 "어린 아기"이다. 그리스도에 대한 믿음과 지식에 있어서 아직 성숙하지 못한 사람, 영적으로 미숙한 사람을 비유적으로 표현한 것이다. 13절의 온전한 사람과는 대조된다. 이런 사람은 믿음에 확고히 서지 못하고 이단 사설에 쉽게 넘어간다.

바울은 주사위를 이리저리 던져 사람을 속이려는 주사위놀이에 염두에 두어 거짓교사들이 얼마나 교활하고 간교하게 속임수를 쓰는가를 지적한다. 교활함(*kybeia*, cunning)은 주사위(*kubia*, dice)에서 나온 말이고, 간사함(*panourgia*, craftiness) 또한 주사위를 던지는 사람의 특별한 손재주와 연관이 있다. 속임수(scheming of deceit)를 쓰는 사람이 온갖 방법을 동원하듯 온갖 교훈의 풍조(every wind of teaching), 곧 이단사설이 교인들을 유혹한다. 성도들은 이런 자들의 속임수나 간사한 유혹에 휩쓸려 믿음을 저버려서는 안 된다. 바울은 그런 잘못된 사조에 빠지지 말고 믿음과 실천이 하나로, 완전히 결합된 지체가 될 것을 당부하고 있다.

영국교회가 쇠락한 이유가 있다. 영국 교회는 하나님의 말씀에 따라 사회적 책임을 다하며 구제활동을 열심히 했다. 그러나 훗날 이런 사역이 정부의 사역으로 넘어감에 따라 교회는 점차 할 일을 잃고 침체해지기 시작했다. 또한 진화론 등 신진사조에 밀렸고, 독일 자유주의신학이 몰려와 기존의 신앙틀을 무너뜨렸다. 이런 풍조는 영국만이 아니다. 서구, 미국, 그리고 온 세계의 교회가 종교다원주의, 세속주의 물결에 휩쓸려 후퇴하고 있다. 이런 점에서 바울의 당부는 지금 우리의 당면 과제이기도 하다.

"오직 사랑 안에서 참된 것을 하여 범사에 그에게까지 자랄지라 그는 머리니 곧 그리스도라."(15절)

"오히려 우리는 사랑 안에서 진리를 말하고(*aletheuontes*, speaking the truth), 모든 것에서 머리(*he kephale*, the head) 되시는 그리스도에게까지 자라야 한다(should grow up into Him)."

성도는 그리스도의 사랑 안에서 참된 것을 말하며 살아야 성숙한 그리스도인이 될 수 있다. 또한 모든 면에서 우리의 머리되시는 그리스도를 닮으며 살아야 한다. 바울은 그리스도를 몸 된 교회의 머리로 표현하면서 그에게까지 자라야 할 것을 강조하고 있다. 교회도 자라고 성숙해야 한다. 우리는 자라는 믿음을 가져야 한다.

"그에게서 온 몸이 각 마디를 통하여 도움을 받음으로 연결되고 결합되어 각 지체의 분량대로 역사하여 그 몸을 자라게 하며 사랑 안에서 스스로 세우느니라."(16절)

온 몸(*pan to soma*, all the body)은 머리이신 그리스도께 속해 있다. 몸에 있는 각 마디는 그리스도를 통하여 연결되고(*synarmologoumenon*, being jointed together) 결합된다(*symbibazomenon*, being held together). 각 지체(*merous*, part)는 각기 그 맡은 분량(*metro*, measure)대로, 곧 그 기능대로 활동할 때 다른 지체를 도와 온 몸이 건강하게 자라게 하고(*auxesin*, increase), 사랑으로 그 몸을 세우게(*oikodomen*, build up) 된다.

이것은 우리가 지체의식, 곧 연락하고 상합하는 믿음을 가져야 한다는 것을 일깨워주고 있다. 그리스도 안에서 서로 연합하여 하나가 되는 것과 성장해 가는 것은 교회에 주어진 목표이다. 교회의 하나 됨과 성장은 오직 사랑 안에서만 가능하다. 하나님은 믿음의 성숙을 원하신다.

4. 그리스도 안에서의 새로운 삶(17-24절)

17-32절까지의 말씀은 이방인의 특성인 옛 생활과 그리스도인으로서의 새 생활을 대조시켜 보여줌으로써, 기본적으로 그리스도인의 삶의 방식이 어떻게 변화되어야 하는가를 잘 보여주고 있다.

17-19절의 말씀은 구원받기 전의 삶의 양식이 어떤가를 보여주고 있으며, 20-32절의 말씀은 구원받은 후의 삶의 양식이 어떻게 변화되어야 하는가를 구체적으로 가르쳐 주고 있다. 이것은 구원받지 못한 때와 구원받은 후의 삶의 모습이 달라져야 한다는 것을 보여준다.

"그러므로 내가 이것을 말하며 주 안에서 증언하노니 이제부터 너희는 이방인이 그 마음의 허망한 것으로 행함 같이 행하지 말라."(17절)

"그러므로 나는 주님 안에서 말하고 확실히 증언한다. 이제부터 여러분은 이방 사람들이 허망한 생각으로 살아가는 것과 같이 살아가지 말라."

"증언하노니"(*martyromai*, testify)는 문자적으로 "순교자적인 마음을 가지고 강력히 말한다"는 뜻이다. 이젠 과거 이방인들처럼 헛된 생각으로 무가치한 생활을 하지 말라는 것이다.

바울은 구원받기 전의 사람을 가리켜 "이방인"(*ethne*, Gentiles)이라 부르고, 이러한 사람은 기본적으로 허망한 생각을 하며 산다고 했다. 그들은 마음속에 하나님이 없다. 하나님의 생명에서 떠나 있다. 하나님을 떠나 있게 되면 여러 가지 현상이 나타나는 데, 그 무엇보다 마음의 생각이 허망하다. 허망하다는 것(*mataioteti*, futility)은 아무런 목적이나 목표도 없이 살아가고 있다는 것을 의미한다. 그 마음에 하나님이 없는 사람은 삶에 의미를 갖지 못하고 방황한다. 무엇을 가지고 있다 해도 헛된 생각이 대부분이어서 결국 무익하고 무의미한 삶을 살게 된다.

"그들의 총명이 어두워지고 그들 가운데 있는 무지함과 그들의 마음이 굳어짐으로 말미암아 하나님의 생명에서 떠나 있도다."(18절)

"그들은 총명(*dianoia*, understanding), 곧 깨닫는 마음이 어둡고 무지와 고집 때문에 하나님이 주시는 생명을 얻지 못하고 있다."

총명은 분별력(power of discernment), 재능(wit)을 뜻한다. 총명이 어두워졌다는 것은 하나님에 대한 이해가 없음을 의미한다.

그것은 그들 자신 속에 있는 무지와 마음의 완고함 때문이다. 무지(*agnoian*, ignorance)는 문자적으로 하나님을 고의적으로 무시함을 뜻한다. 마음이 굳어져 있다는 것(*porosin*, hardness)은 원래 "마음이 돌처럼 굳어져 있다", "마음을 닫았다" 는 것을 의미한다. 하나님을 향해 마음을 닫았다는 것이다.

"하나님의 생명에서 떠나 있도다."(*apellotriomenoi*, alienated from) 이로 인해 하나님으로부터 소외되어 있다는 말이다. 그들은 하나님의 생명(*zoe*, life), 곧 하나님이 주시는 생명을 얻지 못하게 되었다. 하나님과 생명적 관계를 맺지 못하고 있다. 불신앙의 사람들은 누구나 허망한 것에 뜻을 둠으로써 하나님이 주시는 영원한 생명에서 소외된 상태에 있기 때문에 근본적으로 문제를 안고 있다.

"그들이 감각 없는 자가 되어 자신을 방탕에 방임하여 모든 더러운 것을 욕심으로 행하되." (19절)

"그들은 수치의 감각을 잃고, 자기들의 몸을 방탕(*aselgeia*, sensuality)에 내맡기고 탐욕(*pleonexia*, greediness)을 부리며 모든 더러운 일을 한다.

도덕적으로도 문제가 된다. "감각이 없다" (*apelgekotes*, having cast off all feeling)는 것은 도덕적인 감수성을 상실했음을 의미한다. 악을 보거나 행할 때 수치감을 느끼지 못한다. 살갗이 굳어지면 아픔을 쉽게 느끼지 못하듯이 양심이 무디어지면 자신이 잘못을 해놓고서도 도덕적으로 무슨 잘못을 했는지 깨닫지 못하게 된다. 감각이 무뎌져서 부끄러운 줄도 모른다. 나아가 하나님의 진리를 받아들일 만한 영적인 감수성도 전혀 없어 영적으로나 도덕적으로 죽은 자를 가리킨다.

도덕적 의식이 결여되어 있으면 결국 방탕에 빠지게 된다. 방탕한 생활을 하며 한없는 욕심으로 온갖 더러운 짓을 한다. "더러운 것" (*akatharsias*, impurity)이란 믿는 자로서 버려야할 부도덕한 모든 악행들을 포괄적으로 나타낸 것이다. 이러한 것들을 행하고도 아무런 죄의식을 갖지 못하는 지경에 이르는 것이다.

이 모두는 하나님과의 관계는 하나님과 관계이고, 도덕은 도덕이라는 이분법적 사고를 넘어서서 하나님과 생명적 관계를 맺지 못하게 되면 사회적으로나 도덕적으로 문제가 있게 된다는 것을 보여주고 있다.

20절 이후부터는 구원받은 성도는 어떤 신분의 사람이며 그 사람은 어떤 삶의 모습을 가지고 살아가야 하는가를 제시하고 있다.

"오직 너희는 그리스도를 그같이 배우지 아니하였느니라." (20절)

바울은 구원이전의 삶의 모습이 어떠한가를 말하고 성도 여러분은 그리스도를 그렇게 배우지 않았다고 하였다. “그같이”(*houtos*, this way)는 이방인의 삶의 방식을 말한다. 그리스도인의 삶은 다르다는 것이다. 따라서 성도가 예수의 제자가 되는 순간부터 이방인과 같은 삶을 산다면 그것은 그리스도 안에서의 삶과 전혀 어울리지 않는다.

“진리가 예수 안에 있는 것 같이 너희가 참으로 그에게서 듣고 또한 그 안에서 가르침을 받았을진대.”(21절)

“여러분이 예수 안에 있는 진리(*aletheia*, truth)대로 그분에 관해서 듣고, 또 그분 안에서 가르침을 받았으면” 달라야 한다는 말씀이다.

진리 그 자체이신 주님이 진리를 가르치셨고, 또 그 진리의 말씀을 우리의 생활가운데 나타나도록 하셨으며, 우리는 복음의 말씀을 전하여 듣고 배웠다. 그런데 그것을 실행에 옮기지 않는다는 것은 있을 수 없다. 우리가 예수의 제자가 되는 순간부터 이방인과 같은 삶을 계속 유지하며 산다면 그것은 그리스도 안에서의 삶과 전혀 어울리지 않는 삶이다. 우리는 그리스도인이 된다는 것은 무엇을 의미하는지 밝히 알고, 그것을 실행하는 삶을 살아야 한다.

“너희는 유혹의 욕심을 따라 썩어져 가는 구습을 따르는 옛 사람을 벗어 버리고.”(22절)

“여러분은 구습, 곧 지난날의 생활 방식(*proteran anastrophen*, former way of life)대로 거짓된 욕망을 따라 살다가 썩어 없어질 그 옛 사람을 벗어 버리고.” 옛날의 생활 방식, 곧 허망한 욕정으로 부패해 가는 옛 사람을 벗어 버리라(*apothesthai*, put off)는 말이다. “유혹의 욕심”(desire of deceit)은 겉만 그럴듯하여 사람으로 하여금 속게 만드는 거짓된 욕망을 말한다.

“옛 사람”(*palaion anthropon*, old man)은 그리스도인이 되기 이전의 사람을 가리키는 것으로, 온전한 사람(13절) 및 새 사람(24절)과 반대되는 개념이다. 옛 사람은 원래의 죄성을 그대로 안고 행동에서도 그것을 나타내는 우리의 옛 자아(old self)를 가리킨다. 이것은 우리가 그리스도인이 되었으면서도 아직도 옛 습관을 버리지 못하고 미지근한 상태나 과거의 상태를 그대로 유지하며 살고 있다는 것을 보여준다. 하나님의 백성은 되었지만 아직 없어지지 아니한 부분이 있는 것이다.

따라서 우리는 그 부분을 날마다 지워가야 한다. 우리는 비록 주님으로부터 구원을 받았지만 날마다의 생활에서 구원을 완성해가야 한다. 우리는 "구원을 이루라"는 말씀을 잊어서는 안 된다. 주안에서 거듭나고, 성화해 나가는 생활이 요구되는 것이다. 바울은 우리에게 새로운 피조물로서 더럽고 허망한 옛 사람을 벗어버리라고(골 3:9) 말하였다. 오늘도 거듭나고, 날마다 구습으로부터 해방되는 역사가 있어야 한다. 그 방법의 하나가 바로 말씀을 통한 정화 방법이다. 주님의 말씀을 읽음으로써 나의 행실이 얼마나 잘못되었는가를 깨닫고 하나씩 고쳐나가는 것이다. 하나님의 말씀은 언제나 우리를 치유하는 역사를 나타낸다.

"오직 너희의 심령이 새롭게 되어."(23절)

"너희 마음의 영(*pneumati tou noos*, the spirit of the mind)을 새롭게 하여(*ananeousthai*, be renewed)." 마음과 정신을 새롭게 하라는 말씀이다.

심령이 새롭게 된다는 것은 마음과 태도를 완전히 바꾸는 것을 말한다. 이것은 속사람(self)을 바꾸는 것으로, 자동차라면 엔진을 완전히 바꾸는 것과 같다. 그것은 우리 힘으로 될 수 있는 것이 아니다. 예수 그리스도만 우리의 속사람을 바꿀 수 있다. 그분이 보내신 성령을 통해 성화와 중생과 치유의 길을 계속 가야 한다. 성화는 거듭남과 해방, 그리고 치유로 나가게 하는 통로다. 거듭나고 또 거듭나면 생각이 달라지고 행동이 달라진다. 치유도 한 차례로 끝나지 않는다. 계속 해서 치유를 받는다. 말씀을 읽고 또 읽으면 그만큼 주님께 가까이 가고 치유해간다. 그래서 희망이 있는 사람으로 변한다.

“하나님을 따라 의와 진리의 거룩함으로 지으심을 받은 새 사람을 입으라.”(24절)

“하나님을 따라 의로움(*dikaiosyne*, righteousness)과 진리(*aletheias*, truth)의 거룩함(*hosioteti*, holiness), 곧 참 거룩함으로 지으심을 받은 새 사람(*kainon anthropon*, new man)을 입으라(*endysasthai*, put on).”

하나님의 형상을 따라 의와 진리의 거룩함으로 지으심을 받은 자로서 새 사람이 되라는 말씀이다. 하나님은 이 변화된 삶을 창조하신 분이시자 그 모범이 되신다. 새 사람은 자기를 창조하신 자의 형상을 따라 지식에까지 새롭게 하심을 받은 자이다(골 3:10).

옛 사람을 벗고 새 사람을 입는 것은 겉모양의 변화가 아니라 내면으로부터의 깊은 변화를 말한다. 이것은 겉옷 자체로 끝나는 것이 아니라 우리 안의 심령이 새롭게 변화되어야(시 51:10) 한다. 겉 사람은 날로 후패한다 해도 속 사람은 날로 새로워지는 그런 변화다. 우리는 “새 옷을 입으라.”하지 않고 “새 사람을 입으라.”한 말씀에 주목할 필요가 있다. 이것은 옷이 아니라 사람이 변화되어야 한다는 것을 보여준다. 이것은 겉만의 변화를 의미하지 않는다. 우리의 내면을 완전히 새롭게 변화시키는 것을 의미한다.

“입는다.”는 것은 헬라어로 “엔두오”(*enduo*), 곧 “옷 속으로 들어간다.”는 뜻을 가지고 있다. 다시는 옛 사람의 성품을 갖지 않기 위해 우리는 과감히 주님 속으로 들어가 그에게만 속해 있어야 한다. 깨끗이 목욕을 한 다음 벗은 옷을 다시 입지 않는 것처럼 옛것을 완전히 벗어버리고 다시는 그것에 미련을 두지 않는다.

바울은 언제나 “그리스도 안에”를 강조한다. “그런즉 누구든지 그리스도 안에 있으면 새로운 피조물이라 이전 것은 지나갔으니 보라 새것이 되었도다.”(고후 5:17)고 선언한다. 그리스도 안에만 진정한 변화가 있고, 참 생명,

참 진리가 있기 때문이다.

우리가 "그리스도 안에" 있다는 것은 자기중심의(self-centered) 삶이 아니라 주님중심의(Christ-centered) 삶을 살겠다는 것을 의미한다. 자아의 중요성을 결코 무시해서는 안 된다. 그러나 이기적인 것과는 다르다.

"새 사람을 입으라." 옛 사람을 벗은 자는 새 사람을 입어야 한다. 옷을 벗지도 않고, 입지도 않은 상태, 곧 미지근한 상태란 있을 수 없다. 벗고 입는 것은 옷이지만 영적으로는 주님 안에서 새로워지는 것을 말한다. 그리스도를 통해 새로운 자아가 형성되는 것이다. 새 사람은 낡은 습관, 낡은 태도, 낡은 사고를 벗어나 하루가 다르게 좋은 상태로 되어간다. 이를 위해 바울은 오직 심령을 새롭게 하라고 말하고 있다. 심령을 새롭게 한다는 것은 마음을 새롭게 하라, 자아(self)를 근본적으로 고치라는 의미를 담고 있다. 바울은 우리를 가리켜 "새로운 피조물"(고후 5:17)이라 하였다. 피조물인 우리가 새로워진 것은 오직 하나님의 은혜이다. 은혜가운데 사는 사람은 무엇보다 주님 앞에 과거와 전혀 다른 삶을 보여줘야 한다.

마르크스는 계급혁명과 경제적인 해방을 통해 우리는 새로운 세상을 열 수 있고, 새 사람이 될 수 있다고 말하였다. 이것은 경제적인 측면만 강조한 것이다. 그러나 성경은 하나님을 따라 의와 진리와 거룩함으로 지으심을 받은 새 사람을 입으라고 가르친다. 그리스도 안의 새 사람은 하나님 안에서 재창조됨으로써 궁극적으로는 하나님의 형상을 회복하는 것이다. 바울은 이렇듯 우리가 새 사람으로서 하나님 나라의 새 백성 됨을 강조하고 있다. 그리스도인이 어떤 신분을 유지하고 있는가를 명확히 제시하고 있는 것이다.

5. 새 생활의 법칙(1)(25-32절)

4:25-5:4은 새 생활의 법칙, 곧 우리가 새 사람을 입은 그리스도인으로서

어떤 삶의 방식을 가져야 하는가를 보여주고 있다. 말로써 끝나는 것이 아니라 실천적 삶이 따라야 한다는 것이다. 바울이 제시한 삶의 방식은 대부분 윤리적 규범에 해당된다. 하나님 나라의 일원으로서 이러한 규범을 잘 지켜나가면 그 안에 새로운 나라가 이 땅에 형성될 수 있게 된다.

새 생활의 법칙은 앞서의 교리적 진술과는 달리 그리스도의 행위의 실제적인 항목을 여섯 가지로 열거한다. 거짓말을 하지 말고 참된 말을 하라(25절). 화를 내지 말고 의분을 가지라(26-27절). 도둑질하지 말고 자급하며 도와주는 자가 되라(28절). 더러운 말을 하지 말고 선한 말을 하라(29-30절). 악행을 버리고 사랑을 하라(4:31-5:2). 음행과 관련된 말은 하지 말고 감사의 말을 하라(5:3-4).

"그런즉 거짓을 버리고 각각 그 이웃과 더불어 참된 것을 말하라 이는 우리가 서로 지체가 됨이라."(25절)

"그러므로 여러분은 거짓(*pseudos*, falsehood)을 버리고 각자 자기 이웃과 더불어 참된 것(*aletheian*, truth), 곧 진실을 말하라. 우리는 모두 한 몸의 지체들(*mele*, members)이다."

거짓을 버리고(*apothemenoi*, put off) 참된 것을 말한다. 말은 존재의 자리이다. 진리를 말하는 것은 하나님의 형상을 따라 지음을 받은 인간이 진리와 맞서는 행동을 해서는 안 된다는 것을 보여준다. 거짓말은 정죄 받아 마땅하며(겔 13:8), 성도의 교제를 깨뜨린다(롬 12:5).

이웃과 더불어 참된 것을 하고 성실한 삶의 자세를 유지해야 한다. 성도는 한 몸 된 교회의 지체들이기 때문이다. 그리스도인은 항상 공동체 일원으로서의 지체의식을 가져야 하며, 이 의식을 바로 실행해 나갈 때 교회가 바로 설 수 있다. 이를 위해 우리는 이웃을 존중하며 말에나 행동에서 참된 것을 보여줘야 한다. 이웃을 모함하거나 거짓말을 하는 것은 안 된다.

“분을 내어도 죄를 짓지 말며 해가 지도록 분을 품지 말고.” (26절)

“화가 나더라도 죄를 짓지 말고 해가 지도록 노여움을 품지 말라.”

화를 내더라도 죄를 짓는 데까지 이르지 않도록 하고 해가 지기 전에 곧 화를 풀라는 말이다. 새 사람도 인간이기 때문에 분을 낼 수 있다. 하지만 어떤 분노이든 죄를 짓는 데까지 가지 말고, 해가 지도록 분을 품어서는 안 된다는 것이다.

예수님은 형제에게 노하는 자마다 심판을 받는다고 말씀하셨다(마 5:22). 또한 분노는 성도들이 마땅히 버려야할 죄악으로 묘사되고 있다(골 3:8, 엡 4:31). 이것은 정의로운 분노까지 정죄하는 것은 물론 아니다.

“마귀에게 틈을 주지 말라.” (27절)

“악마(*diabolo*, devil)에게 틈을 주지 말라.” 분을 다스려 마귀에게 틈을 주지 말라. 그 이유는 분을 그대로 품고 살면 마귀에게 틈을 주기 때문이다. 마귀는 틈만 생기면 뚫고 들어와 뒤집어놓는다.

“틈” (*topon*)이란 기회(*chance*, opportunity), 자리(place), 틈새기(loop-hole)를 의미한다. 마귀는 그 틈을 이용하여 그 사람을 범죄의 길로 빠지게 하며, 결국 공동체에 해를 미치게 한다. 따라서 우리는 마귀에게 한 치라도 그 틈을 허용해서는 안 된다.

분노는 미움, 불안과 공포, 부정적 생각, 좌절감, 죄책 등 여러 측면에서 마음의 병을 일으키는 바이러스와 같다. 분을 잘 다스리지 못하면 결국 성령을 소멸하기에 이른다. 잠언 기자는 유순한 대답은 분노를 쉬게 하여도 과격한 말은 노를 격동한다 하였고(잠 15:1), 시편기자는 “너희는 떨며 범죄치 말지어다 자리에 누워 심중에 말하고 잠잠할지어다” (시 4:4)라고 권고하고 있다. 유순한 마음을 가지고, 마귀보다는 하나님의 영과 대화하면 분노로부터 자유로워질 수 있다는 것이다.

"도둑질하는 자는 다시 도둑질하지 말고 돌이켜 가난한 자에게 구제할 수 있도록 자기 손으로 수고하여 선한 일을 하라." (28절)

"도둑질하는 사람은 다시는 도둑질하지 말고, 오히려 제 손으로 열심히 일하여 선한 일(*to agathon*, what is good)을 하라. 그러면 궁핍한 사람(*to chreian*, the one need)에게 무엇인가 나눠줄(*metadidonai*, impart) 수 있게 될 것이다."

도둑질하는 자가 오히려 가난한 자를 돕는 자로 변한다. 이것은 훔치는 사람만 말하는 것이 아니다. 넓은 의미에서 착취하고 속이는 것까지 포함된다.

새 사람으로 거듭난 성도는 죄를 짓지 않는 것으로 만족해서는 안 된다. 한 걸음 더 나아가 적극적으로 선을 행해야 한다. 남의 것을 훔치기보다 제 손으로 더 열심히 일하여 이웃을 도와야 한다. 도둑질은 남의 물건을 몰래 훔친 것만 해당되는 말이 아니다. 대통령이 기업가로부터 돈을 강제로 걷는다든가, 기업가가 노동을 착취했다든가, 상인이 저울을 속였다든가, 관리가 뇌물을 좋아한다든가, 목사가 연보를 자기 마음대로 사용하거나 돈 봉투를 좋아 하는 것 모두 도둑질에 속한다. 받기보다 주는 삶을 살아야 한다.

"무릇 더러운 말은 너희 입 밖에도 내지 말고 오직 덕을 세우는 데 소용되는 대로 선한 말을 하여 듣는 자들에게 은혜를 끼치게 하라." (29절)

"더러운 말은 무엇이든 입 밖에 내지 말고 덕(*oikodomen*, edification, 교화, 의식고양)을 세우는 데에 필요한 좋은(*agathos*, good) 말이 있으면 적절한 때에 해서 듣는 사람에게 은혜가 되게 하라."

"더러운 말" (*sapros logos*, unwholesome word)은 부패하고, 무가치하고, 쓸모없는 나쁜 말로 마귀가 좋아하는 말(evil talk), 부패한 커뮤니케이션(corrupt communication)을 가리킨다. 그런 말은 입 밖에도 내지 않고 덕을 세우는 말, 남에게 도움이 되는 유익한 말을 해 그들의 의식을 높여줌으로써 듣는 사람들에게 은혜를 끼쳐야 한다. 손 씻는 것이 문제가 아니다. 더러운 마음, 독기어린 말들이 사람을 병들게 만든다. 과거 주님을 모르던 때는 나쁜 말로 이웃을 해쳤다 할지라도 이제 세상과 구별된 성도가 되었으므로 덕스런 말(wholesome talk)을 사용함으로써 이웃을 세우고 도움을 주는 자가 되어야 한다.

"하나님의 성령을 근심하게 하지 말라 그 안에서 너희가 구원의 날까지 인치심을 받았느니라."(30절)

"그리고 하나님의 성령을 근심하게(*lypeite*, grieve) 하지 말라. 여러분은 성령 안에서 구속(*apolytroseos*, redemption)의 날을 위하여 인 치심을 받았다."

성령은 우리의 구원을 보증해 주시는 분이시다. 따라서 성령을 슬프게 하거나 성령의 마음을 아프게 해서는 안 된다. 성령은 성도들이 죄를 범할 때 근심하신다. 이것은 성령님이 인격적인 존재이심을 보여준다. 성도는 완전히 구속함을 받는 그 날까지 인 치심을 받은 하나님의 백성이다. 따라서 그 사이에 죄악에 빠져 하나님이 기뻐하시지 않는 행동을 하는 것은 성령을 근심하게 만든다.

그리스도인은 성령에 역사에 언제나 반응하고, 이 역사가 적극적으로 일어나도록 해야 할 의무가 있다. 바울은 에베소서 1-3장을 통해 성령의 역사에 순종하도록 가르친다. 그리고 4장에서는 성령의 역사에 불순종하는 행위를 경고하였다. 성령의 역사에 반하는 일을 하는 것은 사단의 일이기 때문이다.

예수님은 성령을 훼방하지 말고(마 12:31), 성령을 거역하지 말라(마 12:32) 하셨다. 스데반도 그 설교 가운데 성령을 거스리지 말 것(행 7:51)을 강조했다. 바울은 성령을 탄식하게 하는 행위(롬 8:20), 성령을 소멸하는 행위(살전 5:19)를 어두움의 행위로 간주했다. 성령 하나님의 역사를 막을 뿐 아니라 우리 안에 하나님의 나라를 이루지 못하게 하기 때문이다.

당신은 지금 혹시 성령을 거역하거나 훼방하거나 근심하게 하거나 탄식하게 하거나 소멸하는 행위를 하지 않는가? 이 물음에 절대 그런 일은 없으며, 그럴 수 없다고 말할 것이다. 믿기 어렵겠지만 이 일은 오늘도 교회 공동체에서 비일비재하게 일어나고 있다.

"너희는 모든 악독과 노함과 분 냄과 떠드는 것과 비방하는 것을 모든 악의와 함께 버리고"(31절)

"여러분은 모든 악독과 격정과 분노와 말다툼과 비방을 모든 악의와 함께 버리라."

바울은 끝으로 성도들이 버려야 할 다섯 가지를 들고, 이것들을 모든 악의(*kakia*, malice)와 함께 내버리도록 했다. 다섯 가지는 악독(*pikria*, bitterness), 노함(*thymos*, rage, 격정), 분 냄(*orge*, anger, 분노), 떠드는 것(*krauge*, clamor, 말다툼), 비방(*blasphemia*, slander, 중상모략)이다. 떠드는 것은 단순히 크게 소리치는 것을 의미하는 것이 아니라 남을 향해 심할 정도로 모욕적인 언사를 사용하며 큰 소리로 말다툼하는 것(brawling)을 말한다. 이러한 것들은 심중에 미움이 내재해 있기 때문에 발생한다. 이것은 마귀가 들어올 기회를 제공하는 것이며, 그리스도인으로서 덕을 세우지 못한다. 이것이 성령을 근심하게 만든다. 바울은 이것을 모든 악의와 함께 버리라고 권고하고 있다. 성도가 악의를 가지고 있다는 것은 우리가 비록 성도이기는 하지만 결핍된 존재라는 것을 인식하게 만든다.

"서로 친절하게 하며 불쌍히 여기며 서로 용서하기를 하나님이 그리스도 안에서 너희를 용서하심과 같이 하라."(32절)

"서로 친절하게 대하고 불쌍히 여기며 하나님이 그리스도 안에서 여러분을 용서하신 것같이 서로 용서하라."

바울은 이에 대한 처방으로 서로 친절하게(*chrestoi*, kind) 대하고 불쌍히 여기고(*eusplanchnoi*, tender-hearted), 서로 용서하라(*charizomenoi*, forgiving) 했다.

이것은 성경이 가르치는 사랑의 3원칙이다. 여기서 앞의 "서로"(*allelous*, one another)는 "먼저"라는 뜻을 가지고 있다. 뒤의 "서로 용서하라"에서 "서로"(*heautois*, each other)는 "스스로"(herself, himself)의 뜻을 가지고 있다. 먼저 그리고 스스로 사랑하라는 것이다.

이 처방은 쉽게 할 수 있는 것이 아니다. 이를 위해 바울은 옛 사람을 벗어버리고 새 사람을 입으라 했다. 다시 말하면 심령으로 새롭게 되어야 한다는 것이다. 이를 위해서는 의와 진리와 거룩함으로 다시 지으심을 받아야 한다. 새로운 창조(new creation)다.

우리는 언제나 부족하고 연약한 존재임을 고백하면서 서로 인자하게 대하고, 불쌍히 여기며, 서로 용서하기를 하나님이 그리스도 안에서 우리를 용서하심같이 해야 한다. 우리가 서로 사랑하고 용서하는 것은 주 안에서, 우리가 먼저 용서를 받았기 때문이다.

용서의 삶을 살기 위해서는 무엇보다 교만하지 않아야 한다. 하나님이 나 같은 죄인도 용서하셨는데 우리가 형제를 용서하지 않아야겠느냐는 낮아짐이 필요하다. 인간의 용서는 이처럼 하나님의 용서하심을 전제로 한 것이어야 한다. 내가 베푸는 것처럼 하는 것이 아니라 하나님의 은혜를 받은 자로서 그 은혜를 다른 사람에게 베풀고 나누는 것이어야 한다. 그렇지 않다면 그것은 교만에 바탕을 둔 것이므로 문제가 된다.

사랑하고 용서하며 살면 교회 공동체는 그리스도 안에서 하나 되고, 하나님 나라를 이룰 수 있다. 결핍된 존재를 인정하고, 그들의 아픔을 이해하며, 용서받고 또 용서하는 일이 중요하다. 이런 윤리를 실천해나갈 때 새로운 공동체를 이뤄나갈 수 있다.

에베소서 5장

새 생활의 법칙(2), 빛의 자녀, 지혜 있는 삶과 성령 충만, 남편과 아내의 관계

1. 새 생활의 법칙(2)(1-4절)

4:25에서 5:4까지 이어지는 새 생활의 법칙의 계속이다. 이 단원에서는 사랑으로 행할 것과 음행이나 더러운 것은 이름조차 부르지 말고 감사하는 말을 하도록 하고 있다.

"그러므로 사랑을 받는 자녀(*agapeta tekna*, beloved children) 같이 너희는 하나님을 본받는 자(*mimetai*, imitators)가 되고." (1절)

하나님을 본 받는 방법은 그가 행하신 것 같이 그의 영적인 자녀인 우리도 그분을 따라 그대로 행하는 것이다. 하나님은 인간의 모든 것을 용서하시고 사랑하셨다. 그것은 그리스도로 말미암아 성취되었다. 따라서 우리는 받은 은혜대로 하나님의 용서하심과 사랑을 다른 사람에게 그대로 전해야 한다.

"그리스도께서 너희를 사랑하신 것 같이 너희도 사랑 가운데서 행하라 그는 우리를 위하여 자신을 버리사 향기로운 제물과 희생 제물로 하나님께 드리셨느니라." (2절)

"그리스도께서는 우리를 사랑하시고 우리를 위해 자기를 바쳐 하나님께 향기로운 예물과 희생의 제물이 되셨다. 이와 같이 여러분도 그분을 본받아 사랑으로 살아가라."

"제물" (*prosphoran*, offering)은 하나님께 바쳐지는 제물 가운데서도 감사

제물과 같이 피 없이 바쳐지는 제물을 뜻한다. 예수님은 우리를 위해 화목제물이 되셨다. 또한 예수님은 십자가에서 피를 흘린 희생제물(*thysian*, sacrifice)이 되심으로써 우리의 죄가 용서받게 되었다. 그리스도는 우리를 위하여 하나님이 기뻐하시는 "좋은 냄새(*euodias*, sweet smell)의 향기(*osmen*, aroma)", 곧 향기로운 제물과 희생제물이 되셨다.

예수님이 우리를 사랑하사 십자가에 달려 돌아가신 것은 우리를 구원하기 위한 것일 뿐 아니라 우리로 하여금 이웃을 사랑하도록 하기 위함이다. 우리도 그 사랑을 본받아 서로 사랑해야 한다.

"음행과 온갖 더러운 것과 탐욕은 너희 중에서 그 이름조차도 부르지 말라 이는 성도에게 마땅한 바니라."(3절)

"음행(*porneia*, sexual immorality)이나 온갖 더러운 행위(*akatharsia*, impurity)나 탐욕(*pleonexia*, covetousness)은 여러분 가운데서 그 이름조차 부르지 말라. 그렇게 하는 것이 성도들에게 합당하다(prepei, proper)." 그런 말들은 입에도 담지 말라는 것이다.

"누추함과 어리석은 말이나 희롱의 말이 마땅치 아니하니 오히려 감사하는 말을 하라."(4절)

"추잡한 짓이나 어리석은 말이나 유치한 농담을 버리고 오히려 하나님께 감사하며 생활하라."

"누추함"(*aischrotes*, filthiness)은 하나님 앞에서 살아가는 성도로서 수치스럽게 느껴야 할 모든 것, 곧 도덕적으로 추잡한 행동이나 생각, 그리고 말 등을 가리킨다. "어리석은 말"(*morologia*, foolish talking)은 "바보 같은 말"을 가리킨다. "희롱의 말"(*eutrapelia*, crude joking)은 음란하고 거친 농담, 상스럽고 유치한 농담을 가리킨다. 성도들이 나누어야 할 대화는 이런 것들이 아니라 하나님께 감사하는 말이어야 한다. 하나님이 우리에게 주신 복들에 대해 늘 감사하면 악한 생각과 말들로부터 멀어질 수 있다. 그리스도의 보혈로 하나님 나라의 백성이 되었으면 그 나라 백성답게 말하고 행동해야 한다.

2. 빛의 자녀(5-21절)

"너희도 정녕 이것을 알거니와 음행하는 자나 더러운 자나 탐하는 자 곧 우상 숭배자는 다 그리스도와 하나님의 나라에서 기업을 얻지 못하리니."(5절)

"여러분도 아는 일이지만 음란한 사람과 더러운 사람과 욕심 많은 사람, 곧 우상 숭배자는 그리스도와 하나님의 나라에 참여하지 못합니다. 그 나라를 상속받지 못하기 때문이다."

당시 에베소 사람들은 결실과 풍요를 주관한다는 아테미 여신을 숭배했다. 신전도 컸는데, 이것은 이 신을 섬기는 사람이 많았음을 보여준다. 바울은 이같이 수호신을 섬기는 자, 곧 우상숭배자(*eidololatres*, idolater)를 가리켜 음행하는 자(*pornos*, fornicator), 더러운 자(*akathartos*, unclean person), 탐하는 자(*pleonektes*, covetous man)라 했다. 골로새서 3:5은 탐심이 곧 우상숭배라 했다. 창조주 하나님에 대한 관심보다 피조물(재물)에 대한 관심이 더 크기 때문이다. 우상숭배는 성도가 해야 할 것이 아니다.

이런 자들, 곧 3-5절에 열거된 악을 행하는 자들은 하나님 나라를 기업으로 받지 못한다. 하나님 나라에 들어갈 수 없을 뿐 아니라 그리스도께서 왕으로 통치하시는 보이지 않는 교회에도 속할 수 없다.

"누구든지 헛된 말로 너희를 속이지 못하게 하라 이로 말미암아 하나님의 진노가 불순종(*apeitheias*, disobedience)의 아들들에게 임하나니."(6절)

여러분은 누구에게든 헛된 말에 속아 넘어가지 말라. 이런 일 때문에 하나님의 진노가 순종하지 않는 사람들에게 내린다. "누구든지"는 "아무도 너를 속이지 못하게 하라"(*medeis hymas apatato*, let no one deceive you)의 "아무도"에 해당한다. 이 사람은 불순종의 아들들과 동일한 인물들이다. 죄악으로 이끄는 자들이기 때문이다. 헛된 말(*kenois logois*, empty words)은 어리석고 추해, 아무 도움을 주지 못하는 말들이다. 그런 것에 속아 하나님께 불순종하면 하나님의 진노가 임한다.

"그러므로 그들과 함께 하는 자가 되지 말라." (7절)

"그러므로 그런 사람들과 어울리는 자(*symmetochoi*, partakers)가 되지 말라."

그리스도인들은 사회생활을 하면서 불신자들과 함께 살아가지 않을 수 없다. 하지만 그들과 어울려 죄악의 생활방식, 곧 하나님이 기뻐하지 않으시는 삶의 방식에 참여해서는 안 된다.

"너희가 전에는 어둠(*skotos*, darkness)이더니 이제는 주 안에서 빛(*phos*, light)이라 빛의 자녀들처럼 행하라." (8절)

"여러분이 전에는 어두움 속에 살았으나 이제는 주님을 믿고 빛 가운데 살고 있으니 빛의 자녀(*tekna photos*, children of light)처럼 살아야 한다."

불신자의 생활과 신자의 생활이 비유적으로 대조되고 있다. 우리는 어둠(죄, 사단)의 권세에서 구원을 받아 빛(하나님)의 세계로 들어온 자들이다. 성도들의 빛 된 생활은 빛이신 그리스도께 거할 때만 가능하다. 우리는 지금 빛에 거할 뿐 아니라 세상의 빛이 되어 어두움을 밝히 비출 책임이 있다.

"빛의 열매는 모든 착함과 의로움과 진실함에 있느니라." (9절)

"빛의 열매(*karpos*, fruit)는 모든 선(*agathosyne*, goodness)과 의(*dikaiosyne*, righteousness)와 진실(*aletheia*, truth)에 있다." 빛의 생활은 선하고 의롭고 진실하게 사는 것이라는 말이다. 빛의 자녀 됨은 열매로써 드러난다. 그런 열매가 없다면 그는 아직 어두움에 머물러 있다.

"주를 기쁘시게 할 것이 무엇인가 시험하여 보라." (10절)

"주님께서 기뻐하시는 것(*euareston*, well-pleasing)이 무엇인지를 분별하도록 하라." 그러므로 주님을 기쁘시게 할 일이 무엇인지 살펴보라는 것이다. "시험하여 보라"(*dokimazontes*, discerning)는 "분별하라"는 것으로, 선의에서 분석하고 판단하라는 뜻이다.

"너희는 열매 없는 어둠의 일에 참여하지 말고 도리어 책망하라."(11절)

"여러분은 열매 없는 어두움의 일에 끼어들지 말고 도리어 그런 일을 드러내라." "열매 없는 어둠의 일"(unfruitful works of darkness)이란 육체나 영혼에 아무런 유익을 주지 못하는 죄악의 행위를 말한다. 이것은 9절의 "빛의 열매"(성령의 열매)와 대조된다. 바울은 그 어둠의 일을 "책망하라" 한다. 원문은 그것을 "드러내라"(*elenchete*, expose)이다. 악을 행하지 말고 오히려 물리치라는 말이다.

"그들이 은밀히 행하는 것들은 말하기도 부끄러운 것들이라."(12절)

"불순종하는 사람들이 몰래하는 짓들은 언급하기조차 부끄러운(*aischron*, shameful) 것들이다."

"그러나 책망을 받는 모든 것은 빛으로 말미암아 드러나나니 드러나는 것마다 빛이니라."(13절)

"그러나 빛에 의해 비추어지는(*elenchomena*, being exposed) 모든 것이 밝게 드러나기(*phaneroutai*, be made visible) 마련이다. 모든 것을 밝히는(*phaneroumenon*, becoming visible) 것이 바로 빛이기 때문이다." 빛이 비춰지면 어둠의 것이 다 드러난다. 빛은 어둠을 폭로한다. 어둠은 더 숨을 곳이 없다. 빛은 모든 것을 훤히 드러나게 하는 속성을 지니고 있다. 여기서 빛은 복음의 진리를 상징한다. 그러므로 성도는 빛, 곧 복음의 진리를 통해 어둠 가운데서 알지 못했던 죄악의 실상을 확연히 알게 된다.

"그러므로 이르시기를 잠자는 자여 깨어서 죽은 자들 가운데서 일어나라

그리스도께서 너에게 비추이시리라 하셨느니라."(14절)

그래서 성경에 이르기를 "잠자는 자는 잠에서 깨어나고, 죽은 자 가운데서 일어나라. 그리스도께서 네게 빛을 주실 것이다."라 했다. "잠자는 자"(*ho katheudon*, the one sleeping), "죽은 자"(*ton nekron*, the dead)는 죄인들을 가리키는 말이다. "잠자는 자"는 도덕적으로 무감각한 자들, "죽은 자"는 영적으로 하나님을 떠난 자를 가리킨다.

3. 지혜 있는 삶과 성령 충만(15-21절)

이 단원에서는 성령 충만하면 어떤 형식의 삶을 사는가를 구체적으로 보여준다.

"그런즉 너희가 어떻게 행할지를 자세히 주의하여 지혜 없는(*asophoi*, unwise) 자 같이 하지 말고 오직 지혜 있는(*sophoi*, wise) 자 같이 하여."(15절)

"그러므로 여러분은 어떻게 살아야 할 것인가를 조심스럽게 살피고 지혜롭지 못한 사람처럼 살지 말고, 지혜로운 사람답게 살아야 한다."

"어떻게 행할지를 자세히 주의하여." 어떻게 행할지(*peripateite*, walk)는 어떻게 걸어갈 것인가를 말한다.

"자세히 주의하여"(*blepete akribos*, take heed carefully)를 NKJV은 "사방을 살펴 걸으라(walk circumspectively)"고 번역했다. 가시가 많은 땅, 고난의 땅을 통과할 때 조심해 걸을 필요가 있다. 그 이유는 때가 악하기(16절) 때문이다. 때가 악하다고 말할 만큼 우리는 위험스럽고 파괴적인 세상에 살고 있다.

"오직 지혜 있는 자같이 하여." 지혜는 예수님 자신을 의미한다. 예수님을 인격적으로 표현한 것이다. 따라서 "지혜 있는 자 같이 하라"는 말씀은 내안에 "그리스도가 있는 자같이 행동하라"는 말이다. 모든 그리스도인에게 지혜가 주어졌다. 그리스도인은 지혜의 빛을 드러내야 한다. 그러므로 이 지혜는 실천적 지혜임을 알 수 있다. 지혜는 우리가 "어떻게 행할 것을" 가르친다. 다그 함마르셸드 제2대 유엔사무총장은 UN에 문제가 생각할 때마다 하나님께 기도했다. 지혜를 얻기 위해서였다.

"세월을 아끼라 때가 악하니라." (16절)

"시간(*ton kairon*, the time)을 아끼라. 이 시대(*hai hemerai*, the days)는 악하다."

세월을 아낀다는 것은 시간을 잘 사용하라는 말이다. 세월을 아끼기 위해서는 무엇보다 지혜로워야 한다. 지혜로운 자는 시간을 낭비하지 않는다. 순간순간을 중요하게 생각하며 생활한다. 지혜 있는 자는 시간을 아끼며 오직 주의 뜻이 무엇인가에 집중한다. 시간은 하나님이 우리에게 준 선물로 값지고 한정되어 있다.

세월을 나타내는 시간의 원문은 "카이로스"이다. 희랍에서는 시간을 크게 세 가지로 말한다. 아이욘, 크로노스, 그리고 카이로스다. 아이욘은 평면적 시간이다. 일반적으로 시간이라 할 때 이 단어를 사용한다. 크로노스는 역사와 미래를 생각하며 사용하는 시간이다. 과거, 현재, 그리고 미래의 시간이다. 아이욘이 평면시간이라면 크로노스는 수직적 시간이다. 카이로스는 상황적이고 철학적인 시간이다.

기독교에서는 주로 크로노스와 카이로스를 즐겨 사용한다. 크로노스는 과거로부터 현재를 거쳐 미래로 흘러가는 시간이다. 흘러간다는 점에서 아이욘의 평면개념도 담겨 있다. 카이로스는 의미 있는 시간이다. 카이로스는 주로 우리 삶에 의미를 가져다주는 하나님의 시간, 곧 그 때를 중시한다. 하나님이 예수 그리스도를 이 땅에 보내시는 때, 우리가 거듭나는 그 시간 등이 의미가 있다.

바울은 세월을 아끼라 한다. 이 세월이 바로 카이로스의 시간이다. 그리스도인에게 있어서 세월은 그저 흘러가는 크로노스가 아니다. 주어진 이 땅에서의 한정된 시간, 우리 각자에게 배분 된 이 시간을 의미 있게 사용해야 할 의무와 책임이 있다.

시간은 무한한 것처럼 보인다. 그리고 누구에게나 공평하게 주어진다. 시간은 보내면 자연히 소멸된다. 시간은 창고에 저장할 수도 없고, 사고팔 수도 없다. 지나간 시간은 되돌릴 수 없다. 단회적이고, 종말적이다. 같은 시간은 없다.

크로노스의 이 시간을 그리스도인은 카이로스로 바꾸며 살아간다. 시간 시간마다 카이로스가 되게 하는 것이다. 이를 위해 우리는 어떻게 해야 할까? 바울은 세월을 "아끼라" (*exagorazomenoi*, redeeming) 한다. "아끼다"는 말은 "값을 지불하여 속량하다", 악한 때로부터 "기회를 사오다"는 뜻을 가지고 있다. 돈을 주고 사오는 것인 만큼 귀중한 세월을 최대로 활용할(make most of time) 필요가 있다. "네 시간을 가장 좋은 시간으로 만들라," "값있게, 알차게, 의미 있게 살라"는 말이다. 하나님의 사람으로서 이 땅에서 후회함이 없도록 가치 있게, 하나님 보시기에 참 되게 살라는 것이다. 세상이 악하기 때문에 더욱 더 그리 살아야 한다.

악한 환경에서 어리석은 자는 하나님의 뜻을 분별하지 못하고 시간과 기회를 허비한다. 그러나 지혜로운 자는 세상적인 즐거움과 방해요소를 모두 극복하고 주어진 모든 기회와 시간을 선용하여 주의 뜻을 이루고자한다.

"그러므로 어리석은 자가 되지 말고 오직 주의 뜻이 무엇인가 이해하라." (17절)

"그러므로 여러분은 어리석은(*aphrones*, foolish) 자가 되지 말고, 주님의 뜻(*thelema*, will)이 무엇인지를 깨달으라(*syniete*, understand)."

어리석은 자가 되지 말라. 어리석은 자는 올바른 삶에 대한 계획을 갖지 못하기 때문에 하나님을 위해 살 수 있는 기회를 상실하고 만다.

오직 주의 뜻이 무엇인지 분별하라. 선하시고 기뻐하시고 온전하신 뜻이 무엇인지 분별한다. 나의 원대로가 아니라 하나님의 뜻을 세운다. 예수님도 제자들에게 가르쳐 주신 기도에서 "뜻이 하늘에서 이룬 것같이 이 땅에서 이뤄지도록" 기도하라 하셨다.

"술 취하지 말라 이는 방탕한 것이니 오직 성령으로 충만함을 받으라."(18절)

"술 취하지 말라. 이것 때문에 방탕하게 된다. 오히려 여러분은 성령으로 충만하라." 이 명령이야 말로 우리가 악한 세상에서 우리에게 원하시는 주님의 뜻이다. 성령 충만하면 하나님께 찬송하고 감사하며 인간관계에서도 서로 섬기는 모습을 보이게 된다.

"술 취하지 말라." 술 취하는 것은 시간을 낭비하기에 가장 쉬운 방법이다. 당시에는 술이 문제였지만 지금은 마약중독이나 컴퓨터 중독도 해당될 것이다.

에베소 교인들에게 술에 취하지 않도록 당부한 이유가 있다. 당시 에베소는 방탕한 도시로 이름이 나있었다. 술을 많이 먹는 것을 자랑했을 뿐 아니라 술을 신으로부터 감화 받는 방편으로 생각했다.

바울이 성도들을 향해 술 취하지 말라고 하는 것은 술 취함이 방탕함(*asotia*, debauchery)으로 이끌기 때문이다. 방탕함은 원래 "저축하지 않음", "낭비하고 사치함"을 의미한다. 방탕은 감각을 통한 부패, 마약, 알코올, 섹스 등을 포함한 부도덕적 행위와 연관되어 있다. 술 취함과 방탕은 우리를 영적이기보다 육체 지향적으로 이끌고, 영원한 것을 사모하기보다 잠시 머물 이 세상적인 것에 집착하게 만든다. 이것은 우리의 관심과 에너지를 하나님과 그의 일에서 멀어지게 만든다.

잠언은 술이 사람을 거만케 하고 건강을 해치며 판단을 흐리게 한다며 보지도 못하게 하고 있다. 성경은 술 먹는 자를 지혜 없는 자로 간주한다. 감독은 술을 즐기지 않아야 하고, 집사는 술에 인 박이지 않아야 한다고 말한다. 성경에서 술을 긍정적으로 묘사한 곳은 바울이 비위가 약한 디모데에게 포도주를 약으로 조금씩 쓰라는 것뿐이다.

"오직 성령으로 충만함을 받으라." 술보다는 성령에 취할 것을 가르치고 있다. 120문도가 성령 충만함을 받았을 때 마치 새 술에 취한 것처럼 보였다. 그러나 술에 취한 것과 성령 충만은 근본적으로 다르다. 술은 방탕하게 하는 것이지만 성령 충만은 우리를 주안에서 바로 세우기 때문이다. 우리가 술 취한 사람의 행동을 보면 보통 때와 달리 이상한 사람으로 보는 것처럼 우리가 성령 충만하면 세상 사람들은 전과 다른 사람이라 생각한다. 따라서 우리는 술에 취할 것이 아니라 성령 충만함을 받아야 한다.

성령 충만이란 "성령으로 충만케 되는 것"(be filled with Spirit), 곧 성령 안에서 생활하고 사는 것을 말한다. 성령 충만하면 그 안에서 9가지 열매를 맺게 된다. 인 치심을 받은 자는 성령을 근심케 하는 자가 되어서는 안 된다. 성령 충만함을 받아 날로 주님의 뜻을 세워가야 한다.

"받으라"(*plerousthe*, be filled)는 말씀은 내가 성령을 자기 마음대로 채우는 것이 아니라 성령을 통해 채움을 받는 것이다. 성령님이 나를 채우도록 해야 한다. 성령을 충만히 받기 위해서는 나를 비워야 한다. 주님은 구하는 자에게 가장 좋은 성령을 주시겠다고 말씀하셨다. "받으라"는 말의 희랍어 시제는 "계속적으로 채움을 받으라(continually being filled, continuous, on-going)"는 의미를 가지고 있다. 어떻게 계속 채움을 받을 수 있는가? 그것은 기도와 하나님의 말씀이다. 기도를 통해 계속 하나님과 커뮤니케이션을 하고,

말씀을 통해 그 뜻을 헤아려 행동한다.

"성령 충만함을 받으라"는 것은 우리가 하나님 안에 계속적으로 거하지 않으면 안 된다는 것을 가르쳐 준다. 그렇지 않으면 자꾸 세상으로 나가기 때문이다. 우리가 성령 충만을 받아야 하는 이유는 다음과 같다. 우리는 질그릇 같은 인생이다. 더러워진 우리의 인격을 성령으로 씻어내야 하기 때문이다. 성령의 힘으로 악한 영을 물리쳐야 하기 때문이다. 성령을 받아야 권능을 받고 주님의 증인으로서 살아갈 수 있기 때문이다. 우리가 성령을 받아야 전도의 현장에서 힘 있게 주님을 증거 할 수 있다. 성령 충만은 한번만 받고 그만 두는 것이 아니다. 계속 매일 받으며 새롭게 살아가야 한다. 주님만 바라보며 주님을 기쁘시게 해야 한다.

예수님은 일찍이 "성령을 받으라."(요 20:20) 하셨고, 바울도 에베소 교인들에게 "너희가 믿을 때에 성령을 받았느냐?" 물었다. 성령을 받는 것이 중요하기 때문이다. 그런데 바울은 에베소 교인들을 향해 한 걸음 더 나아가 강조한다. "오직 성령으로 충만함을 받으라." 성령을 받는 수준에서 더 깊이 나아가라는 것이다. 그는 왜 이것을 강조했을까? 답은 간단하다. 성령 받은 사람은 삶의 모습이 달라야 하기 때문이다. 교회생활뿐 아니라 가정생활, 직장생활에서 성령님과 함께 동행 하는 삶을 살기 위해서는 성령 충만이 필요하기 때문이다.

성령에 관한 여러 개념으로 종종 혼란스러울 수 있다. 성령 충만은 우선 성령 세례와 성격이 다르다. "성령으로 세례를 받으라."(행 1:5). 주님의 명령이다.

성령 세례는 성령으로 인한 중생과 내주하심을 의미한다. 우리가 예수님을 구주로 고백하고 믿게 되는 것은 바로 성령의 역사가 있어 가능하다. 우리가 믿음으로 성령의 세례를 받은 것이 아니라 먼저 성령의 세례를 받음으로 예수를 나의 구주로 믿게 된 것이다. 구원은 우리가 노력해서 얻은 것이 아니라 하나님의 선물이다.

성령 충만은 성령의 임재와도 구별된다. 성령 하나님은 특별한 일을 수행하기 위해 구약시대에도 임하셨다. 그것은 대부분 일시적 내주였다. 하지만 오순절 강림 이후 성령님은 계속 내주하면서 우리의 믿음을 살피신다. 때로는 근심하고, 때로는 탄식하면서 우리가 믿음에서 벗어나지 않도록 하신다. 성령이 우리를 떠나지 않는 것은 예수님이 우리에게 약속하신 것이다.

성령 충만은 우리가 전적으로 성령 하나님의 통치와 지배를 받는다는 것을 의미한다. 성령이 우리를 통치할 때 우리는 성령으로 생각하고, 말하고, 행동한다. 더 이상 내가 주인이 아니라 성령이 나의 주인이 되는 것이다. 이것이 바로 성령으로 거듭난 자의 삶의 모습이다.

"시와 찬송과 신령한 노래들로 서로 화답하며 너희의 마음으로 주께 노래하며 찬송하며."(19절)

"시와 찬미와 영적인 노래로 서로 이야기하고 여러분의 마음으로 주님께 노래하고 찬송하라."

성령 충만하면 서로 찬송으로 화답하는 삶을 산다. 시와 찬미, 신령한 노래로 서로 화답한다. 시(*psalmois*, psalms)와 찬미(*hymnois*, hymns), 신령한 노래(*pneumatikais odais*, spiritual songs)는 술 취한 사람들의 노래가 아니다. 하나님께 속한 사람들의 노래이다. 시는 구약의 시편을, 찬미는 찬양의 노래를, 신령한 노래는 하나님의 행위를 기억하면서 그를 찬양하는 것을 가리킨다.

"서로 화답하며"(*lalountes*, speaking)는 이 노래가 혼자서가 아니라 공동체성을 띄고 있음을 보여준다. 초대교회에서는 "교창"이라는 것이 있었다. 노래를 서로 주고받는 것이다. 사랑의 교제를 나누고, 기쁨을 나눈다. 이 가운데 찬송이 넘친다. 우리가 하늘나라에 가서도 해야 할 것은 찬송이다. 찬송하기를 싫어하면 성령을 충만히 받지 못했음을 의미한다. "서로 화답하고"는 간증의 찬송이다. 하나님이 주신 은혜에 대한 감사와 찬양이다.

"너희의 마음(*kardia*, heart)으로 주께 노래하며(*adontes*, singing) 찬송하며(*psallontes*, making melody)." "서로 화답하며"가 다른 사람과 함께 찬양을 나누는 것이라면 "마음으로"는 삶 속에서 자기의 가슴으로 하나님을 향해 드리는 찬송이다. 길을 가면서, 샤워를 하면서도 찬송을 한다. 삶 전체가 찬송이 되게 한다. 성령 충만하면 하나님을 향해 온 마음으로 노래한다. 바울과 실라가 하나님을 찬양할 때 옥 터가 흔들렸다. 하나님의 능력이 나타난 것이다.

성령 충만한 그리스도인은 노래하는 그리스도인(singing Christian)이 되어야 한다. 노래하고 찬송해야 할 이유가 있다. 첫째, 찬양은 성경적이기 때문이다. 시편은 하나님의 뜻을 수행하기 위한 사람을 위해 좋은 안내역할을 하고 있다. 그 시편에 많은 찬양시가 기록되어 있으며 150번 이상이나 기쁨으로 찬양할 것을 강조하고 있다. 둘째, 찬양은 실제적이기 때문이다. 찬양은 우리의 두려움, 쓰라림, 미움, 질시, 의심, 후회, 죄의식으로부터 자유하게 하고 하나님께 복종하도록 만든다. 끝으로, 찬양은 육체적이기 때문이다. 하나님께 영적 예배를 드릴 때 우리의 몸도 함께 드려야 하나님이 기뻐하신다(롬 12:1). 우리는 분노나 다툴 것(거룩하지 못한 손)이 아니라 기도하거나 찬양하며 그때 거룩한 손을 든다(딤전 2:8). 내 입술이 주를 찬양하며 내 손을 들어 주를 송축한다(시 63:3-4). 그런 삶을 살 때 주님은 날마다 새로운 기쁨을 주시고 감사하며 피차 복종하는 삶을 살게 된다(엡 5:19-21).

"범사에 우리 주 예수 그리스도의 이름으로 항상 아버지 하나님께 감사하며."(20절)

"모든 일에 언제나 우리 주 예수 그리스도의 이름으로 하나님 아버지께 감사를 드리라."

"범사에 감사하며." 범사는 우리가 어디에 있든지, 무슨 일을 당하든지 감사하는 것을 말한다. 감사는 신앙의 표현이다. 성령 충만은 감사 충만으로 나타나야 한다. 성령 충만하면 범사에 감사한다. 좋은 일에만 감사하는 것이 아니라 어려운 일을 당해도, 어떤 일이 일어난다 할지라도 감사한다. 감사하지 못할 환경 속에도 하나님께 항상 감사한다. 불평과 불만은 성령과 조화를 이루지 못한다. 크리소스토무스는 심지어 우리가 지옥에 갔다 해도 감사해야 한다고 했다. 그곳 사람에게 교훈을 줄 수 있기 때문이다. 감사는 제사이다. "감사로 제사를 드리는 자가 나를 영화롭게 하나니"(시 50:23).

"우리 주 예수 그리스도의 이름으로."(in the name of our Lord, Jesus Christ) 감사는 예수 그리스도의 이름으로 해야 한다. 그분 때문에 우리가 구원을 받았고 그분만이 우리의 중보자이시기 때문이다. 이 말씀에 따라 우리는 오늘도 주 예수 그리스도의 이름으로 기도한다.

"그리스도를 경외함으로 피차 복종하라."(21절)

"여러분은 그리스도를 두려워하는 마음으로 서로 섬기라." 이 말씀은 교회 공동체에 기본이 되는 말씀으로, 성도들이 인간관계에 있어서 실제로 어떻게 생활해야 하는지를 보여주고 있다.

성령이 충만한 사람은 서로 섬기는 삶을 산다. 여기서 두 가지를 가르치고 있다.

하나는, "그리스도를 경외함(*phobo*, reverence, fear)으로"이다. 그리스도를 경외하고 그분께 복종하는 것은 성령 충만한 결과이다.

다른 하나는, "피차 복종한다."(*hypotassomenoi*, be submitting yourselves). 서로가 복종하고 존중한다. 여기서 복종은 단순히 인간적인 복종이 아니라 그리스도를 경외함으로 우러나오는 영적인 복종을 가리킨다. 그리스도인의 복종은 공격적인 것이 아니다. 온유와 겸손, 오래 참음이 우리 가운데 있어야 한다. '겸손한 마음으로', '서로 존중하는 마음으로' 섬긴다.

4. 남편과 아내의 관계(22-33절)

5:22-6:9는 신자들의 가정 및 사회에서의 관계를 설명하고 있다. 남편과 아내, 자녀와 부모, 종과 주인 사이의 관계에 기초를 이룬다.

22-33절은 성령 충만을 받은 부부가 성령 안에서 가정생활을 어떻게 해야 하는가를 가르쳐 준다. 특히 순종을 기반으로 한 가정 윤리를 말하고 있다. 아내는 남편에게 복종하고 존경하며, 남편은 아내를 사랑하도록 한다. 그 복종과 사랑, 존경은 육신적인 것만 의미하지 않는다. "그리스도께서 교회를 사랑하시고 그 교회를 위하여 자신을 주심 같이"(25절) 한다. 이 말씀은 영적인 것과 결부되어 있음을 알 수 있다. 육적으로나 영적으로 완전하고 거룩하려면 나의 노력만으로 안 된다. 성령님이 주시는 힘이 필요하다. 아내든 남편이든 성령 충만해야 하는 이유가 여기에 있다.

"아내들이여 자기 남편에게 복종하기를 주께 하듯 하라."(22절)

"아내 된 여러분은 남편에게 하기를 주님께 하듯 하라." 원문에는 "복종"이라는 단어는 없다. 주께 하듯(hos, as) 남편에게 하라는 것이다. 물론 순종을 염두에 두고 한 말씀이다. "복종하라"는 단어는 24절에 나온다.

"이는 남편이 아내의 머리됨이 그리스도께서 교회의 머리됨과 같음이니 그가 바로 몸의 구주시니라."(23절)

"그리스도께서 교회(*ekklesia*, church)의 머리가 되심같이 남편은 아내의 머리(*kephale*, head)가 된다. 바로 그리스도께서는 몸(*somatos*, body)의 구주(*soter*, savior)이시다." 남편과 아내의 관계를 그리스도와 교회의 관계로 비유하고 있다. 여기서 "몸"은 교회를 나타낸다. 그리스도는 자기 몸인 교회의 구주가 되신다. 남편이 왜 아내의 머리가 될까? 그 이유로 아담이 먼저 지음을 받았고, 하와가 먼저 뱀의 유혹에 빠져서 범죄가 시작되었기 때문이다(딤전

2:12-15).

"그러므로 교회가 그리스도에게 하듯 아내들도 범사에 자기 남편에게 복종할지니라." (24절)

"교회가 그리스도께 복종(순종)하듯 아내도 모든 일에 남편에게 복종해야 한다(*hypotassetai*, be subjected)." 순종은 사랑의 또 다른 표현이다. 사랑하면 기꺼이 순종할 수 있기 때문이다.

"범사에" (*en panti*, in everything)는 "모든 일에" 이다. 하나에만 순종하고, 다른 것은 안하는 것이 아니다. 우리가 주님께 모든 것을 내어드리며 순종하듯 아내도 그런 모습의 삶을 살라는 말씀이다.

"남편들아 아내 사랑하기를 그리스도께서 교회를 사랑하시고 그 교회를 위하여 자신을 주심 같이 하라." (25절)

"남편 된 여러분은 아내를 사랑하라(*agapate*, love). 그리스도께서 교회를 사랑하셔서 교회를 위하여 자신을 내주심(*paredoken*, gave up) 같이 하라."

그리스도가 교회를 사랑하시듯이 남편도 아내를 사랑해야 한다. 남편은 주님이 교회에 대해 책임을 지심같이 자기 아내에 대해 책임지는 사랑을 해야 한다. 주님께서 얼마나 수고를 하고 책임 있는 사랑을 했는가를 기억하라. 주님은 우리를 위해 피 흘리고 죽으시기까지 자신의 모든 것을 내어주셨다. 무한 책임을 지신 것이다. 마찬가지로 남편은 목숨을 주기까지 아내를 사랑하고 보호해야 할 의무가 있다. 이런 의미에서 아내에 대한 남편의 사랑은 아내의 남편에 대한 순종 차원을 넘어선다. 몸을 아껴야 하지 않는 남편의 사랑은 복종보다 더 큰 헌신을 요구한다.

결혼하기 전에 남과 여는 서로 독립적인 존재였다. 그러나 결혼한 후 남편과 아내는 더 이상 독립적인 존재가 아니다. 서로를 먼저 생각해야 하는 존재로 바꾸어진다. 아내는 남편을 사랑하고, 남편은 아내를 사랑해야 한다.

"이는 곧 물로 씻어 말씀으로 깨끗하게 하사 거룩하게 하시고"(26절)

"그리스도께서 그렇게 하신 것은 교회를 물로 씻고 말씀으로 깨끗하게 하여 거룩하게 하시려는 것이다."

"물로 씻어."(by the washing of water) 물로 씻는 것은 세례(성례)와 성령으로 인한 중생 모두를 포함한다. 물세례는 성도의 성결한 삶에 필수적인 것이다. 그리스도의 속죄를 믿음으로 받아들임으로 정결하게 되었다는 외적인 표시이자 서약이기 때문이다. 그러나 그것만으로 마음의 죄를 깨끗하게 하여 자동적으로 성결한 상태를 만들어준다고 생각하는 것은 오해이다. 성령께서 우리를 거듭나게 하심으로 더 높은 차원으로 나아가게 한다.

"말씀으로(*en rhemati*, by the word) 깨끗하게 하사 거룩하게 하시고" 주님은 성례와 말씀을 통해 역사하시는 성령의 사역으로써 깨끗하게 하고(*katharisas*, having cleansed) 거룩하게 만들기를(*hagiase*, sanctify) 원하신다. 주님이 주시는 복음의 말씀은 "레마"(*rhema*)이다. 레마는 우리 안에 계시는 성령의 세미한 음성이다. 단순한 언어(*logos*)가 아니라 성령을 통해 그 때마다 필요한 말씀을 주시고 깨닫게 하시는 레마다. 주님은 교회를 통해 말씀을 주시고 물로 씻어 거룩하게 만드심(성화)으로 하나님의 백성인 성도로 하여금 세상과 구별되는 삶을 살게 하신다. 이것은 주님이 우리에게 베푸시는 최고의 사랑이다.

"자기 앞에 영광스러운 교회로 세우사 티나 주름 잡힌 것이나 이런 것들이 없이 거룩하고 흠이 없게 하려 하심이라."(27절)

"그렇게 해서 교회를 영광스럽게(*endoxon*, in glory) 자기 앞에 세우기 위해서이다. 티나 주름이나 또 그 밖의 결점 없이, 교회를 거룩하고(*hagia*, holy) 흠이 없게(*amomos*, blameless) 하시려는 것이다." 하나님은 흠이 없는 교회의 아름다운 모습을 보기 원하신다.

"자기 앞에 영광스러운 교회로 세우사." 주님은 교회를 아름답게 만들고자 하는 꿈을 가지고 있다. 주님은 교회를 자기 앞에 영광스런 신부로 만들고자 하신다. 교회인 우리가 예수님의 신부이자 꿈이다.

"티나 주름 잡힌 것이나 이런 것들이 없이 거룩하고 흠이 없게." 주님은 우리를 티(*spilon*, spot)나 주름 잡힌 것(*rhytida*, wrinkle) 없이 흠이 없는 신부로 만들기를 원하신다. 우리가 주님으로부터 사랑 받는 신부가 되기 위해서는 신부수업을 받아야 한다. 그것은 예배, 전도, 교제, 봉사, 교육 등이다.

"이와 같이 남편들도 자기 아내 사랑하기를 자기 자신과 같이 할지니 자기 아내를 사랑하는 자는 자기를 사랑하는 것이라."(28절)

"이와 같이 남편들도 아내를 제 몸과 같이(as their own bodies) 사랑해야 한다. 자기 아내를 사랑하는 것은 곧 자기 자신을 사랑하는 것이다."

"남편들도 자기 아내 사랑하기를 자기 자신과 같이 할지니"는 "이웃 사랑하기를 네 몸과 같이 하라"는 레위기 19:18의 말씀을 부부관계에 적용한 것이다.

"자기 아내를 사랑하는 자는 자기를 사랑하는 것이라"는 말씀은 아내와 남편은 한 몸임을 보여준다. 남편이 아내를 사랑하는 것은 자기의 몸의 지체(30절)를 사랑하는 것이다. 그러므로 아내를 자기 생명처럼 생각하고 그를 보호하고 사랑하라는 말이다.

"누구든지 언제나 자기 육체를 미워하지 않고 오직 양육하여 보호하기를 그리스도께서 교회에게 함과 같이 하나니."(29절)

"자기 몸(*sarka*, flesh)을 미워하는 사람은 아무도 없다. 그리스도께서 교회를 양육하고(*ektrephei*, nourish) 보살피듯이(*thalpei*, cherish) 모두 자기 몸을 양육하고 보살핀다." 남편은 영적인 가장으로 아내를 보호하고 양육할 책임이 있다. 아내에 대한 책임과 의무가 영적으로, 육적으로 주어져 있다.

"우리는 그 몸의 지체임이라." (30절)

"우리는 그리스도의 몸의 지체들(*mele*, members)이다." 우리는 그리스도 안에서 중요한 지체들이다. 따라서 그 지체답게 살아가야 할 책임이 있다. 나아가 그리스도는 그의 지체인 우리를 양육하고 보호하신다.

"그러므로 사람이 부모를 떠나 그의 아내와 합하여 그 둘이 한 육체가 될지니." (31절)

"그래서 성경에는 '사람이 부모를 떠나(*kataleipsei*, leave) 자기 아내와 합하여(*proskollethesetai*, be joined) 두 사람이 한 몸(*mian sarka*, one flesh)이 될 것이다.' 라고 했다." 창세기 2:24을 인용한 것이다. 남편과 아내는 하나님의 뜻에 따라 하나가 되었다는 말씀이다. 부모는 두 사람이 한 몸이 되기 위해 잘 떠나보내야 한다. 그들을 위해 기도한다.

"이 비밀이 크도다 나는 그리스도와 교회에 대하여 말하노라." (32절)

"이 비밀은 크다. 나는 그리스도와 교회를 두고 이 말을 한다."

"이 비밀(*mysterion*, mystery)이 크도다." 여기에는 깊은 뜻이 있다는 말이다.

"나는 그리스도와 교회에 대하여 말하노라." 남편과 아내가 하나이듯이 그리스도와 교회도 하나이다. 그리스도와 교회의 하나 됨은 남편과 아내의 하나 됨과 같이 생명과 사랑의 관계임을 강조하고 있다. 이 관계는 그것에 관한 가르침이 없다면 깨달을 수 없는 신비스러운 비밀이다.

"그러나 너희도 각각 자기의 아내 사랑하기를 자신 같이 하고 아내도 자기 남편을 존경하라." (33절)

"그러므로 여러분도 각자 자기 아내를 자기 자신처럼 사랑하고 아내도 자기 남편을 존경하라."

"그러나" (*plen*, however)는 "비록 이 비밀이 그리스도와 교회에 대한 것이지만" 이라는 뜻을 가지고 있다. 나아가 바울은 남편과 아내가 서로 사랑하고 (*agapato*, love) 존경할(*phobetai*, respect) 것을 다시금 강조하였다. 이것은 부부의 의무이자 부부관계에 대한 그의 결론이다.

에베소서 6장

자녀와 부모의 관계, 종과 상전의 관계, 성도의 영적 무장, 마지막 인사

1. 자녀와 부모의 관계(1-4절)

1-4절은 부모와 자녀 사이의 바른 관계에 관한 가르침이다.

"자녀들아 주 안에서 너희 부모에게 순종하라 이것이 옳으니라." (1절)

"자녀들은 부모에게 순종하라. 이것이 주님을 믿는 사람으로서 옳은 일이다."

"순종" (*hypakouete*, obey)은 군대용어로 "--아래 서 있다"는 뜻이다. 상관의 명령을 따르듯 따르는 것이다. 순종은 외적 행위에 해당한다. 그러나 이것은 "주 안에서" (*en Kyrio*, in the Lord)의 순종임이 강조되고 있다. 이것은 "주 뜻대로", "주께 하듯", "주님 때문에" 순종하는 것을 말한다.

이것은 그리스도인의 순종의 정신이 어디에 근거해야 하는 가를 말해주는 것으로, 부모에 대한 자녀의 태도가 주님에 대한 순종의 정신에서 비롯되어야 함을 가르쳐준다. 따라서 부모의 말씀이 주님에 뜻에 어긋나지 않는 한 순종하는 것이 그리스도인 자녀로서 마땅하다. 이것이 "옳다" (*dikaion*, right)는 것은 이러한 순종이 주안에서 중요하고 옳은 일이라는 말이다.

"네 아버지와 어머니를 공경하라 이것은 약속이 있는 첫 계명이니." (2절)

"공경" (*tima*, honor)은 "명예를 드린다."는 의미를 가지고 있다. 순종이 외적인 행위라면 경외는 마음으로부터 우러나는 내면의 태도이다. 끝까지 부모에 대한 존경심을 잃지 않고 가정에서 권위와 질서가 서도록 한다. 이를 위해 부모와 자녀는 사랑의 끈을 잃지 않아야 한다.

"약속 있는 첫 계명"(the first commandment with a promise)이란 십계명 중의 제5계명, 곧 "네 부모를 공경하라 그리하면 네 하나님 여호와가 네게 준 땅에서 네 생명이 길리라"(출 20:12)라는 말씀에 근거하고 있다. 십계명 중 제2계명에도 약속이 주어져 있지만 제5계명을 약속 있는 첫 계명이라 한 것은 제2계명의 약속이 일반적인 것(내 계명을 지키는 자는 천대까지 은혜를 베풀 것이니라)임에 비해 제5계명의 약속은 직접적이고도 실질적인 약속, 곧 이 땅에서 번성하고 장수하리라는 약속이 붙어있기 때문이다.

이스라엘 족속은 출애굽 당시 요셉의 뼈를 가져와 세겜에 장사했다(수 24:32). 요셉이 죽은 지 424년 후의 일이다. 그들은 그 오랜 광야 생활 동안 그 뼈와 함께 이동했다. 이것은 요셉의 말을 공경한 때문이다. 요셉도 아비 야곱의 유언대로 가나안에 묻었다.

"이로써 네가 잘되고 땅에서 장수하리라."(3절)

"네가 잘 되고(*eu*, well), 땅에서 오래 살 것이다(*makrochronios*, long-lived)"는 약속이다. 제5계명에 어떤 약속이 있는가를 보여준다.

"또 아비들아 너희 자녀를 노엽게 하지 말고 오직 주의 교훈과 훈계로 양육하라."(4절)

"아비된 여러분들은 자녀의 감정을 건드려 화나게 하지 말고 주님의 훈계와 가르침으로 잘 길러야 한다."

"아비들아"는 아버지만 아니라 어머니까지 포함하고 있다. 부모들은 아이들을 지도할 책임이 있기 때문이다.

"자녀를 노엽게 하지(*parorgizete*, provoke) 말고." 자녀를 괴롭혀서 화나게 하는 일을 만들지 않아야 한다. 바울 당시 로마법은 자녀에 대한 소유권을 가지고 있어 자녀를 죽일 수도 있고, 노예로 만들 수도 있었다. 그러나 바울은 자녀에 대해 남용하지 말라고 가르쳤다. 또 "자녀들을 격노케 하지 말지니 낙심할까 하노라"며 자녀들을 배려했다.

부모는 자녀로 하여금 분노의 감정을 촉발하지 않도록 해야 한다. 윌리엄 헨드릭슨은 부모가 다음의 행동을 할 때 자녀를 화나게 한다고 지적한다. 과잉보호(이것 하지 말라, 저것 하라며 지나치게 간섭할 때), 편애, 무관심, 거친 말, 과도한 체벌, 불합리한 말 등이다. 자녀와 부모와의 관계가 좋을 때 자녀는 다소 지나친 말이나 행동도 참아내지만 관계가 나쁠 경우 언제든 폭발할 가능성이 있기 때문에 먼저 관계를 좋게 유지할 필요가 있다.

자녀를 노엽게 하면 재앙을 가져온다. 히틀러나 무신론자들은 어린 시절의 상처가 폭발하여 그런 인물이 되었다고 한다. 자녀는 어떤 때 노여워하는가를 생각하라. 반항심을 가지면 배우고자 하는 마음을 없게 한다. 따라서 어른부터 모범이 되어야 한다. 요사이 아이들을 가리켜 냉소적 비판주의자라 말한다. "너나 잘하세요."라는 말이 그것을 보여준다.

상식을 존중하는 부모가 되라. 자녀의 미래를 가로막는 것은 상식이 아니다. 자녀의 적성이나 의사를 무시하고 자녀를 통해 부모의 욕심을 이루려는 것은 바람직하지 않다. 자녀는 당신과 함께 있으나 당신의 것은 아니다. 그들을 당신처럼 만들려고 하지 말라. 그들에게는 그들 나름대로의 미래가 있다. 상식성자라는 말이 있다. 상식선에서 행동해도 성자라는 소리를 듣는다.

"주의 교훈과 훈계로 양육하라." 자녀가 그리스도인다운 삶을 살도록 그들을 훈련시켜야 한다는 말씀이다. 주의 교훈과 훈계로 양육하라는 것은 자녀교육에 관한 주님의 가르침을 실제의 삶에 그대로 적용하라는 것이다.

"교훈"(*paideia*, discipline)에는 "지도, 편달, 훈련, 연단, 징계" 등 여러 의미가 담겨 있다. 일정한 지침에 따라 끊임없이 가르치는 것을 말한다. "주의 교훈" 은 주의 말씀에 따라 훈련되어야 함을 의미한다. 먼저 자녀가 어떤 상태에 있는지 살펴보라. 현대의 자녀들은 하나님의 절대 진리보다 자신의 느낌을 더 중시하고(포스트모더니즘), 세상에서의 인정과 출세를 더 중시하며(세속주의), 기술만 있으면 된다는(기술우선주의) 사고에 빠져있다. 이 모두는 하나님을 가까이 하거나 하나님을 생각하는 것으로부터 멀어지게 만든다. 따라서 부모는 자녀들이 하나님과 그 말씀에 가까워지도록 해야 한다.

"훈계" (*nouthesia*, instruction, admonition)는 긍정적 의미에서는 격려이며 부정적 의미에서는 꾸짖는 것이다. 훈계는 바른 방향을 제시하고 그 방향으로 나가게 한다. 주 안에서의 훈계는 주님에 초점을 맞추도록 하는 것이다. 먼저 하나님의 말씀을 가르쳐 하나님을 알게 한다(지적인 만남). 그리고 기도와 찬양으로 마음을 움직여 하나님께 나가도록 한다(감성적 만남).

훈계에는 두 가지 주장이 있다. 하나는 훈계는 권면하는 정도로 부드러운 말로 끝날 수 있는 우려가 크다는 주장이다. 엘리도 홉니와 비느하스를 키울 때 훈계 정도로만 하다 문제가 커졌고, 결국 저주를 자청하는 결과를 낳았다(삼상 3:12-13). 이로 보아 훈계는 말로든 매로든 일관성 있게 양육할 필요가 있다.

다른 하나는 훈계에도 징벌과 같은 행동수준이 포함되어 있고, 예방과 치료적 성격을 내포하고 있다는 주장이다. 이런 경우 훈계는 앞서의 교양과 같은 성격을 갖는다. 그러나 훈계가 정말 매까지 드는 수준인지에 대해서는 의문이 많다.

자녀 앞에서 부모는 "살아있는 성경" 이 되어야 한다. 부모부터 말씀을 매일의 삶속에 옮겨놓는다. 안 되는 것은 안 된다고 말하라. 먼저 본을 보이라.

"양육하라" (*ektrephete*, bring up)는 것은 세심한 관심을 가지고 키우는 것을 말한다. 말씀의 자양분을 주어 계속 주 안에서 키운다. 온유와 관용을 통해 교육하신 주님의 방법(고후 10:1)을 실천하는 것이다.

양육은 어릴 때에 해당한다. 가톨릭에서는 6세 되기 전에 성당에 맡기라 한다. 유대 회당에서는 13세에 성인식을 한다. 13세 이전에 부모가 자녀를 가르칠 책임이 있으며, 13세가 되어 율법을 제대로 배웠다는 것을 대내외적으로 선포하는 것이다. 어린 시절의 교육은 이만큼 중요하다.

일방적 양육보다 아이들이 말씀을 자신의 것이 되도록 한다. 이를 위해 대화의 방법을 택한다. 부모가 일방적으로 말을 하고 가르치면 관심도 적고 결국 거의 다 잊어버린다. 그러나 배우고 느낀 것을 자녀로 하여금 말하게 하면 그 말씀이 언젠가는 자신의 것으로 체화된다. 나아가 주님께 맡기라. 내 뜻대로 키우지 말고, 주님의 방식으로 키우라. 주님이 더 잘 키우신다.

2. 종과 상전의 관계(5-9절)

5-9절은 당시의 사회제도가운데 하나였던 종과 주인의 관계를 다루고 있다. 성경은 그러한 제도를 두둔하고 있는 것이 아니라 그러한 사회 현실 속에서 그리스도인들이 어떻게 살아갈 것인가를 제시하고 있다.

“종들아 두려워하고 떨며 성실한 마음으로 육체의 상전에게 순종하기를 그리스도께 하듯 하라.”(5절)

“종들(*douloi*, slaves)은 그리스도를 대하듯 두려움(*phobou*, fear)과 떨림(*tromou*, trembling)과 성실한 마음으로(*en haploteti tes kardias*, in sincerity of the heart) 주인(*kyriois*, masters)에게 순종하라(*hypakouete*, obey).” 그리스도께 순종하는 자들은 육체의 상전들에게도 그리스도께 순종하듯 성심을 다해 섬기라는 것이다. 만일 상전의 뜻이 주님의 뜻에 어긋날 경우 그리스도인은 주께 순종해야 한다.

"눈가림만 하여 사람을 기쁘게 하는 자처럼 하지 말고 그리스도의 종들처럼 마음으로 하나님의 뜻을 행하고."(6절)

"사람을 기쁘게 하는 사람, 곧 아첨하는 사람처럼 눈가림(*ophthalmodoulian*, eye service)으로 하지 말고 그리스도의 종들처럼 마음을 다하여(*ek psyches*, from the heart) 하나님의 뜻을 행하라."

"사람을 기쁘게 하는 사람들"(*anthropareskoi*, men-pleasers)과 "그리스도의 종들"(*duloi Christou*, the servants of Christ)이 대비된다. 그리스도의 종들은 그리스도를 섬기며 본 받는 자들이다. 그리스도는 눈가림이 아니라 중심으로 하나님의 뜻에 순종하는 본을 보여주셨다. '그리스도의 종'은 노비가 아니라 자발적 봉사자로, 하나님의 뜻을 실현하는 데 목적을 둔 사람들이다. 비록 상전을 둔 종이라 할지라도 눈가림으로만 하지 말고 그리스도의 종들처럼 마음과 정성을 다해 섬기며 하나님의 뜻을 이뤄가라는 말씀이다.

"기쁜 마음으로 섬기기를 주께 하듯 하고 사람들에게 하듯 하지 말라."(7절)

"주님을 섬기듯 기쁨으로 주인을 섬기며 사람에게 하듯 하지 말라."

"기쁜 마음으로"(*met eunoias*, with good will) 주인을 섬기라. "기쁜 마음"은 진심에서 우러나오는 마음, 강제로 시킬 때까지 기다리지 않는 열정적인 마음, 자발적인 마음을 뜻한다. 종은 이러한 열성에 대한 보상으로 해방되지 못한다 할지라도 열심을 다해야 한다. 인간적인 주인을 위해서라기보다 궁극적으로 주님을 위해 일하기 때문이다. 섬길 때 "주께 하듯 하고 사람들에게 하듯 하지 말라."

"이는 각 사람이 무슨 선을 행하든지 종이나 자유인이나 주께로부터 그대로 받을 줄을 앎이라."(8절)

"종이든 자유인(*eleutheros*, free)이든 누구든지 일을 선하게(*agathon*, good) 하면 주님에게 그만한 상을 받는다는 것을 알라." 그리스도 안에서 선을 행하는 모든 사람들은 주님이 오실 때 그가 행한 대로 보답해주신다.

"상전들아 너희도 그들에게 이와 같이 하고 위협을 그치라 이는 그들과 너희의 상전이 하늘에 계시고 그에게는 사람을 외모로 취하는 일이 없는 줄 너희가 앎이라."(9절)

"마찬가지로 주인들도 종들을 그렇게 대하고 위협하며 윽박지르는 행동(*ten apeilen*, the threatening)을 하지 말라. 여러분과 종들의 주인 되시는 분이 하늘에 계신다는 것과 그분은 사람의 겉모양을 보지 않으신다는 것을 알아야 한다."

상전은 종들의 주인이지만 그들 또한 모든 사람의 주인 되시는 하나님을 그의 주로 모시고 있음을 명심하고, 종들에게도 선히 대해야 한다. 하늘에 계신 하나님은 사람을 외모로 취하지 않으신다. 주님은 사람을 차별(*prosopolempsia*, partiality)하여 대하지 않으신다. 사람들은 물질, 명예, 민족적 우월감 등으로 사람들을 차별하고 편애하지만 하나님은 이 모든 것을 초월하신 평등의 하나님이시다.

3. 성도의 영적 무장: 하나님의 전신갑주를 입으라(10-20절)

10-20절에서 바울은 영적인 싸움을 다루며 하나님의 전신갑주를 입으라고 호소하고 있다. 바울은 로마 병사를 예로 들어 그것을 설명하고 있다.

하나님의 군사와 마귀의 군사는 속성이 다르다. 마귀의 군사들은 마귀들의 전신갑주를 입고 전쟁에 임하지만 하나님의 군사는 하나님의 전신갑주를 입고 전쟁에 임한다. 우리가 하나님의 군사로서 마귀를 대적하는 전쟁에 참여하는 것은 그리스도인으로서 삶의 이상을 확실히 실현하기 위한 것이다. 이 전쟁의 승리를 위해 우리의 영혼이 철저히 거듭난 그리스도의 강한 군사가 되지 않으면 안 된다.

"끝으로 너희가 주 안에서와 그 힘의 능력으로 강건하여지고."(10절)

"끝으로 여러분은 주님 안에서, 그리고 주님의 능력으로 강해지라."

"끝으로"(*loipou*, henceforth, finally)는 문자적으로 "이 후로는" 뜻으로, 편지의 끝을 맺으면서 그가 강조하고자 하는 것을 나타낸다.

바울은 그리스도인이 "주님 안에서"(*en Kyrio*, in the Lord) 그리고 "주님의 능력으로"(in the strength of the might of Him) 강건하여 질 것을 부탁하고 있다. 우리가 우리 자신의 보잘 것 없는 힘과 능력을 의지한다면 사단과의 싸움에서 패할 수밖에 없기 때문이다. 주님이 주시는 강한 힘으로 무장될(*endynamousthe*, be empowered) 때 우리는 마귀에 대적할 수 있다.

"마귀의 간계를 능히 대적하기 위하여 하나님의 전신 갑주를 입으라." (11절)

"마귀의 계략(*methodeias*, schemes)에 맞설 수 있도록 하나님의 무기로 완전 무장하라."

"하나님의 전신갑주를 입으라." 그리스도인의 영적 전투는 사단과의 끈질긴 싸움이다. 이를 위해 하나님의 전신갑주(*ten panoplian*, the complete armour)가 필요하다. 전신갑주를 입으라는 것은 전쟁을 위해 완전무장을 하라는 것이다. 완전무장은 전쟁에 임하는 군사의 결의를 보이는 것이다.

우리는 '하나님의 전신갑주' 라는 말에 주목할 필요가 있다. 우리는 이 전신갑주가 우리가 만든 갑주가 아니라 하나님이 만드신 갑주, 곧 하나님의 갑주라는 것을 잊어서는 안 된다. 마귀와의 영적 전쟁을 위해서는 하나님의 능력이 우리 속에 풍성히 역사해야 하기 때문이다. 이 싸움에서 승리하기 위해서는 하나님이 우리와 함께 하셔야 하고, 하나님이 공급하시는 힘으로 나아가야 한다. 우리 스스로 강하다고 생각하면 망한다. 그 보기는 구약에서 얼마든지 찾아볼 수 있다. 자기의 한계를 분명히 아는 사람이 지혜로운 사람이다.

14-17절까지 소개되고 있는 전신갑주는 진리의 허리띠, 의의 흉배, 복음의 신발, 믿음의 방패, 구원의 투구, 성령의 검 곧 하나님의 말씀 등 영적 투쟁을 위한 여섯 가지 덕목으로써 없어서는 안 될 중요한 내용을 담고 있다. 우리는 전신갑주를 생각할 때 허리띠, 방패 등 그 모습에 치중하는 경향이 있으나 그보다 더 중요한 것은 진리, 의 등 덕목을 갖추는 것임을 잊어서는 안 된다.

"우리의 씨름은 혈과 육을 상대하는 것이 아니요 통치자들과 권세들과 이 어둠의 세상 주관자들과 하늘에 있는 악의 영들을 상대함이라."(12절)

"우리의 싸움은 혈과 육, 곧 인간을 적대자로 상대하는 것이 아니라, 통치자들(*archas*, rulers)과 권세자들(*exousias*, authorities)과 이 어두운 세계(*skotous*, darkness)의 지배자들(*kosmokratoras*, cosmic powers)과 하늘에 있는 악한 영들(*pneumatika tes ponerias*, spiritual forces of evil)을 상대로 하는 것이다." 이 마귀들에 대항하는(*pros*, against) 포고를 하고 있다.

"우리의 씨름(*pale*, wrestling)"은 그리스도인의 영적 전쟁에 관한 것이다. 그리스도인은 항상 전쟁을 하고 있다. 이 전쟁은 총칼을 들고 적을 죽이는 전쟁이 아니라 영적 전쟁이다.

이 전쟁은 혈과 육, 곧 연약한 인간 그 자체를 향한 것이 아니다. 인간들을 배후에서 조종하는 악한 영들을 향한 것이다. "통치자들과 권세자들과 이 어두운 세계의 지배자들과 하늘에 있는 악한 영들"은 보이지 않는 영적 세계의 악한 권세들이다(엡 1:21 참고할 것). 영적 전쟁에서 가장 큰 상대는 마귀들이다.

이 세상은 악한 자에게 속해 있다고 말할 만큼 사단의 힘이 강하게 작용하고 있다. 악하다고 하는 이유는 그들이 어둠을 주관하고 있기 때문이다. 어둠이란 거짓과 죄악과 술수와 온갖 악한 것을 가리킨다. 사단은 이 땅에서 뿐 아니라 우리가 하늘나라에 가는 순간까지 우리를 그리스도인의 자리에서 끌어내려 자기들과 같은 무리로 전락시키기 위해 혈안이 되어 있다. 이것은 우리를 넘어뜨리기 위해 끝까지 따라 다닌다는 것을 의미한다.

이 마귀는 먼 데만 있는 것이 아니다. 바로 우리 가까이 또는 우리 속에 침투해 활동하고 있기 때문에 우리는 이 어두움의 세력과 싸우지 않으면 안 된다. 이 싸움에 국외자는 있을 수 없다. 아무리 좋은 믿음을 가졌다 해도 날카로운 경계심(full alertness)을 가지고 날마다 자신을 살피며 민첩하게 대응할 필요가 있다.

리시니우스는 한 때 아우구스티누스의 제자였고 매우 뛰어난 두뇌를 지녔으나 사악한 사람으로 전락했다. 이를 보다 못해 아우구스티누스는 리시니우스에게 다음과 같이 편지를 썼다. “네가 지금 사단의 종노릇을 하고 있는데 너의 뛰어난 재능이 오히려 나를 통곡하게 만든다. 네가 차라리 황금마차를 발견했더라면 그것을 교회에 바쳤을지도 모르는데 하나님께서 주신 황금 같은 머리와 기지와 재능을 가지고 사단의 종노릇을 하고 있다니.” 하나님의 사람도 이처럼 무너질 수 있다.

사단은 험악한 모습으로 나타나기보다 양의 탈을 쓰고 있다. 탈인데도 탈이라는 느낌이 전혀 들지 않는다. 사단이 광명의 천사로 나타난다는 것은 이것을 의미한다. 물고기가운데 날개를 먹는 흰줄무니 고기는 다른 흰줄무니 물고기들 속에 자연스럽게 섞인다. 다른 고기들은 모양도 같아 자기 동료인 것으로 착각하고 함께 어울린다. 다른 고기들이 방심한 틈을 타서 갑자기 그 고기들의 날개를 뜯어 먹어 버린다. 사단은 천사의 말로 우리에게 접근하지만 그 말에 넘어가서는 안 된다.

사단은 온갖 감언이설로 한번만 시도해 보도록 우리를 유혹한다. 사단은 교활하게 속인다. 한번쯤 세상맛을 보며 살라고 말하고, 실수하고 죄를 범하는 것이 오히려 인간다운 것이 아니며 부추긴다. 그것은 바로 우리를 향해 하나님의 것을 버리라는 말들이다. 사단은 하늘의 것보다 천하만국과 영화를 약속하고, 보이는 것이 최고라고 말한다. 믿을 것은 이 세상뿐이라고 한다. 그러나 보이는 것은 영원한 것이 아니다. 육신의 아름다움, 강건함, 지혜, 권력, 부 모두 영원히 의지할 수 있는 것은 아니다.

"그러므로 하나님의 전신 갑주를 취하라 이는 악한 날에 너희가 능히 대적하고 모든 일을 행한 후에 서기 위함이라."(13절)

"그러므로 하나님이 주시는 무기로 완전히 무장하라. 그래야만 여러분이 악한 날에 이 적대자들을 대항할 수 있으며 모든 일을 끝낸 뒤에 설 수 있을 것이다."

바울은 완전무장을 하는 이유에 대해서 설명하고 있다. 싸우는 이유가 명백하고, 그 근거가 확실해야 싸우는 자의 태도와 결의가 달라지기 때문이다. 바울은 악한 날에 이들을 능히 대적해 싸울 뿐 아니라 모든 싸움을 싸우고 난 후 하나님 앞에 바로 서기 위함이라고 말하고 있다. "악한 날"(*te hemera te ponera*, the day of evil)이란 마귀가 날뛰며 교회를 핍박할 때를 가리킨다. 따라서 전신갑주를 입는 이유는 마귀와 대적하기 위함이며, 그리스도 안에서 튼튼히 서고, 바로 서기 위함임을 알 수 있다.

"그런즉 서서 진리로 너희 허리띠를 띠고 의의 호심경을 붙이고"(14절)

"그러므로 여러분은 진리의 허리띠로 허리를 동이고, 정의의 가슴막이로 가슴을 가리고 굳게 서라."

허리띠로 허리를 동이는 것은 싸울 준비가 되었음을 말한다. 영적 싸움에서 하나님의 전사는 하나님의 진리(*aletheia*, truth)로 그 허리를 단단히 묶어야 한다. 다른 것으로 묶으면 끊어지거나 풀어지기 쉽다.

"의의 호심경"으로 가슴을 가린다. 호심경(護心鏡, *thoraka*, breastplate)은

가슴을 보호해주는 갑옷의 한 부분이다. 호신용으로 가죽 또는 구리조각을 단다. 가슴에 붙여 화살이나 창으로부터 보호를 받을 수 있게 한다. 지금으로 말하면 방탄복과 같다. 하나님은 의(*dikaiosyne*, righteousness)로 호심경을 삼고 정의를 베푸시는 분이시다(사 59:17). 그리스도인의 방탄복은 하나님의 칭의다.

우리는 실로 이 전쟁에 참여할 만큼 충분한 자격을 갖춘 것은 아니다. 하지만 하나님께서 우리를 의롭다 하시고, 그 나라의 군사로 삼으셨기 때문에 가능하다. 우리를 의롭다 하신 것은 우리의 의 때문은 아니다. 주님이 피로써 치른 공로 때문이다. 우리는 다만 값없이 의롭다함을 입은 것뿐이다. 이 주님의 의 때문에 우리가 하나님과의 관계가 바로 서게 되었다. 그러므로 우리는 우리의 의를 내세우는 것이 아니라 하나님의 의를 내세워야 한다.

마귀는 우리의 잘못과 비리를 너무나 잘 알고 있다. '너 이런 사람 아니냐, 나는 다 알고 있어. 그런 사람이 어떻게 하나님의 군사가 될 수 있단 말이냐, 너도 나와 같은데 어떻게 나를 공격할 수 있느냐' 며 우리의 아픈 과거를 들춘다. 우리가 다시 그 과거로 돌아가면 마귀에게 지는 것이다.

의롭지 못한 사람이 의롭게 된 것은 하나님과의 관계가 바로 서게 되었다는 것을 의미한다. 우리가 어느 누구 때문이 아니라 하나님 때문에 그 관계가 바로 서게 되었다면 오히려 그 은혜에 감사하고, 더 충실한 군사가 될 뿐 아니라 더 바른 삶을 살도록 노력해야 할 것이다. 그리스도인이 거듭나고 생활에서 정직하면 마귀도 그 달라진 모습을 보고 피하게 된다. 그리스도인이 되고서도 아무런 변화가 없다면 마귀의 공격은 심해지고, 결국 넘어지게 된다.

"평안의 복음이 준비한 것으로 신을 신고."(15절)

"평화의 기쁜 소식을 전할 태세로 신발을 신고."

그리스도인이 가는 곳마다 복음을 전해야 한다. 바울은 이 복음을 "평안

(*eirene*, peace)의 복음"이라 했다. 평안의 복음이란 그리스도로 말미암아 우리가 하나님과 화평하고, 사람들 속에도 평화가 심어지는 것을 말한다. 여기서 신은 로마의 군인들이 신던 가죽신을 주로 의미한다. 신을 신어야 험한 곳도 평지처럼 갈 수 있다. 신발은 영적으로 무장한 그리스도인이 달려야 할 기동성을 의미한다. 무장을 아무리 잘 했다 하더라도 신발이 없으면 달려갈 수 없다. 복음을 전하는 자는 하나님의 평강을 전달(전파)해야 하기 때문이다. 하나님의 복음은 사람을 살린다. 사람에게 평강을 알게 하고, 그렇게 살게 한다. 세상을 향해 외치라. 기쁨으로 달려가라. 어디든 가라.

"모든 것 위에 믿음의 방패를 가지고 이로써 능히 악한 자의 모든 불화살을 소멸하고." (16절)

"이 모든 것 외에 마귀의 불화살을 막을 수 있는 믿음의 방패를 가지라."

진리, 의, 복음도 중요하다. 하지만 이 모든 것 위에 강한 믿음(*pisteos*, faith)을 가져야 한다. 바울은 믿음의 방패(*thyreon*, shield)를 가지라고 말한다. 믿음이란 하나님을 전적으로 신뢰하는 것을 말한다. 전사가 그를 지휘하는 장수를 신뢰하지 못하면 싸울 힘을 잃게 된다. 싸움은 지지부진하게 되고, 포로가 되거나, 패전하기 쉽다. 전의를 상실한 군대처럼 보기 흉한 군대도 없다. 영적인 싸움에서 이렇듯 전의를 상실한 모습으로 나아간다면 마귀는 비웃게 될 것이다.

방패는 방어용 무기다. 사단의 집요한 공격에 맞설 준비가 되어 있어야 한다는 것이다. 방패는 전신을 보호한다. 적의 불화살(flaming arrows)을 막아낼 수 있다. 불화살이란 화살 끝에 송진을 칠한 끈을 달아 거기에 불을 붙여 쏘는 것을 말한다. 당시 방패는 나무 위에 가죽을 덮었고, 물을 적시어 날아든 불화살의 불을 꺼지게 했다.

마귀는 우리를 향해 각종 불화살을 쏘아댄다. 이기심을 부추기고, 불의를 사랑하도록 하며, 미움과 질시를 품게 한다. 그럴 때마다 하나님의 사람은 강한 믿음을 가지고 마귀의 집요한 불화살을 힘 있게 막을 수 있어야 한다.

"구원의 투구와 성령의 검 곧 하나님의 말씀을 가지라."(17절)

"그리고 구원(*soteriou*, salvation)의 투구를 쓰고 하나님의 말씀인 성령님의 칼을 가지라."

이사야에서 악을 심판하시고 승리를 거두시는 하나님은 구원을 투구(*perikephalaian*, helmet)로 삼아 머리에 쓰신 모습으로 묘사되고 있다(사 59:17). 하나님이 투구로 쓰신 구원은 우리의 승리를 의미한다. 우리가 구원의 투구를 쓴다는 것은 구원하시는 그리스도의 승리의 사역을 힘입음을 의미한다. 투구는 머리를 보호한다. 우리가 하나님이 구원하신다는 확신을 가지고 사단의 어떤 공격에도 강하게 저지할 수 있는 용맹을 발휘해야 한다. 구원에 대한 확신도 없이 싸운다면 투구를 쓰지 않고 적과 싸우는 것과 같다. 투구 없이 용맹을 발할 수 없다.

"성령의 검, 곧 하나님의 말씀을 가지라." 검(*machairan*, sword)은 방어도 하지만 공격도 할 수 있는 무기다. 바울은 우리로 하여금 성령(*Pneumatos*, the Spirit)의 검을 가지도록 하였다. 그가 말하는 성령의 검은 하나님의 말씀(*rehma*, the word)이다. 이것은 그리스도인이 착념해야 할 것은 하나님의 말씀임을 가르쳐 준다. 하나님의 말씀을 성령의 검이라 한 것은 성경이 성령의 감동으로 쓰인 것일 뿐 아니라 성도는 하나님의 말씀으로 하나님과 그의 백성들을 대적하는 그 어떤 악의 권세도 물리칠 수 있기 때문이다. 하나님의 말씀은 여호와의 입에서 나오는 모든 말씀(신 8:3)을 의미한다.

한쪽에는 검, 다른 한 쪽에는 말씀을 든 바울의 동상이 로마에 서 있다. 이것은 하나님의 군사가 무엇을 의지하며 나아가야 하는가를 보여준다. 하나님의 말씀은 세상의 어떤 칼보다 강하다.

예수님은 광야에서 시험을 받으실 때 구약에 기록된 하나님의 말씀을 인용하여 사단을 이기셨다. 성령님은 기록된 하나님의 말씀과 더불어 역사하신다. 따라서 우리도 하나님의 말씀을 배우고 간직하여 사단의 시험으로 위험에 빠졌을 때 무기로 사용해야 한다. 그러므로 성도는 떡으로만 살 것이 아니라 하나님의 입에서 나오는 말씀으로 살아야 한다. 그리스도인은 성령의 검, 말씀의 검을 꽂아두지 말고 시시때때로 사용할 줄 알아야 한다.

"모든 기도와 간구를 하되 항상 성령 안에서 기도하고 이를 위하여 깨어 구하기를 항상 힘쓰며 여러 성도를 위하여 구하라."(18절)

"온갖 기도와 간구를 하되 언제나 성령 안에서 기도하라. 언제나 깨어서 끝까지 참으면서 모든 성도를 위하여 기도하라."

영적 장비만 갖추었다고 싸움에서 이길 수 있는 것은 아니다. 바울은 하나님의 군사가 이 장비 외에 갖추고 있어야 할 것으로서 기도를 들었다. 기도가 영적 싸움에 넘쳐나야 한다는 것이다. 기도는 영적으로 승리할 수 있는 무기이기 때문이다. 주님은 우리에게 깨어 기도할 것을 가르치셨다. 우리는 영적 안테나를 하나님께 고정시켜야 한다. 이를 위해서는 무릎을 꿇고 하나님께 겸손하게 나가는 것이다.

바울은 기도할 때 몇 가지를 당부하였다.

첫째, 모든 기도(*proseuches*, prayer)와 간구(*deeseos*, supplication)로 하라고 말한다. 모든 기도와 간구란 모든 형태의 기도와 간구를 의미한다. 어떤 한 형태, 한 가지 방법에 매이지 않는다는 것이다.

둘째, "항상 성령 안에서 기도하라"는 것이다. 규칙적이고 끊이지 않게 기도하되 성령 안에서 기도하라는 것이다. "성령 안에서"(in the Spirit) 기도는 성령의 감동하심과 도움을 받으면서 기도하는 것을 의미한다. 이것은 우리의 기도가 형식적이 되어서는 안 된다는 것을 보여준다.

셋째, 항상 깨어(*agrypnountes*, watching) 기도하기를 힘쓰라는 것이다. 조금 하다가 중단하는 것이 아니라 언제나 정신을 차리고 사단을 경계하는 일을 게을리 해서는 안 된다.

끝으로, 끝끼지 인내하면서(*en pase proskarteresei,* with all perseverance) 다른 성도들을 위해서 기도하라는 것이다. 자기만 싸운다고 해서 이길 수 있는 것이 아니다. 여러 성도들이 힘을 모아 마귀를 대적해야 한다. 성도를 위한 기도는 성도를 향한 사랑을 실천하는 것이다.

"또 나를 위하여 구할 것은 내게 말씀을 주사 나로 입을 열어 복음의 비밀을 담대히 알리게 하옵소서 할 것이니." (19절)

"또 나를 위하여 기도하기를, 내가 입을 열 때마다 하나님께서 나에게 말씀(*logos*, words)을 주셔서 복음의 비밀(*mysterion*, mystery)을 담대하게 전할 수 있도록 해 달라고 하십시오."

바울은 자신을 위해 기도해줄 것을 부탁했다. 그는 하나님께서 그에게 하나님의 말씀을 주시고, 나아가 복음의 비밀을 담대히(*en parresia*, with boldness) 전할 수 있는 용기를 달라고 부탁했다. 바울이 그의 복음 전도 사역을 성공적으로 마칠 수 있었던 것은 성도들의 끊임없는 기도의 뒷받침이 있었기 때문이었으리라.

"이 일을 위하여 내가 쇠사슬에 매인 사신이 된 것은 나로 이 일에 당연히 할 말을 담대히 하게 하려 하심이라." (20절)

"나는 사슬에 매여 있으나, 이 복음을 전하는 사신(*presbeuo*, ambassador), 곧 하나님의 전권대사이다. 이런 형편에서도 내가 마땅히 해야 할 말을 담대하게 말할 수 있게 기도해 달라." 바울은 복음을 전하다 옥에 갇혀있지만 오히려 이런 상황에서도 더욱 담대히 전도할 수 있게 되기를 바랐다.

"이 일"은 복음의 비밀을 전하는 것이다. 그는 자신이 현재 쇠사슬에 매여 있는 상태에서 속히 풀려나기를 바라지 않았다. 그는 매어 있는 상태를 간수나 다른 죄수들에게 복음 전하는 기회로 생각했으며, 언제 어디서든 그리스도의 대사로서 입을 열어 복음을 전하는데 관심을 두었다.

4. 마지막 인사(21-24절)

"나의 사정 곧 내가 무엇을 하는지 너희에게도 알리려 하노니 사랑을 받은(*agapetos*, beloved) 형제요 주 안에서 진실한(*pistos*, faithful) 일꾼인 두기고가 모든 일을 너희에게 알리리라."(21절)

"내 사랑하는 형제이며 주님의 신실한 일꾼인 두기고가 모든 것을 말하여 내가 어떻게 지내며 무엇을 하는지 내 사정을 여러분에게 알려 줄 것이다."

두기고(*Tychikos*, Tychicus)는 드로비모와 함께 바울과 동행하던 신실한 동역자로서(행 20:4), 그는 바울이 쓴 여러 서신들과 그의 형편을 에베소와 골로새 등 여러 교회에 전해주었다. 후에 디도와 교대하기 위해 그레데에 갈 예정이었으나 사정에 의해 에베소로 갔다. 바울은 그를 "사랑받는 형제", "신실한 일꾼", "주 안에서 함께 된 종"이라 했다.

"우리 사정을 알리고 또 너희 마음을 위로하기 위하여 내가 특별히 그를 너희에게 보내었노라."(22절)

"우리 사정(the things concerning us)을 여러분에게 알리고 여러분을 격려하기(*parakalese*, encourage) 위해서 내가 그를 여러분에게 보낸다."

23-24절은 바울의 마지막 인사이다.

"아버지 하나님과 주 예수 그리스도께로부터 평안과 믿음을 겸한 사랑이 형제들에게 있을지어다."(23절)

"아버지 하나님과 주 예수 그리스도께서 성도들에게 평화(*eirene*, peace)를 내려주시고, 믿음과 더불어(*meta pisteos*, with faith) 사랑(*agape*, love)을 베풀어주시기를 빕니다." 주님으로부터 오는 평안과 믿음을 겸한 사랑이 있기를 기원했다.

"믿음을 겸한 사랑"은 "믿음과 사랑"의 또 다른 표현이다. 사랑 앞에 믿음을 앞에 놓은 것은 참된 믿음의 특성이 사랑임을 보여준다. 아울러 믿음과 사랑은 서로 떨어질 수 없음을 말해준다. 믿음에서 사랑이 나오며(딤전 1:5), 사랑 없는 믿음은 쓸모가 없다(고전 13:2, 약 2:17).

"우리 주 예수 그리스도를 변함없이 사랑하는 모든 자에게 은혜가 있을지어다."(24절)

감옥이라는 그 엄중한 상황 속에서 바울은 에베소 교회에 마지막 편지를 쓰며 교인들을 위해 주님의 은혜가 있기를 기도한다. 아니 그보다 더 큰 것이 있다면 그것을 주시라 기도했을 것이다.

"우리 주 예수를 변함없이 사랑하는 모든 자에게." 얼마나 사랑스런 부름인가. 이 말은 어떤 상황이 와도 우리 주 예수 그리스도를 변함없이 사랑하는 자가 되라는 당부이기도 하다. 그러면 그런 모든 자에게 주님이 주시는 은혜와 평강이 있을 것이라는 확신이 담겨 있다. 바울 자신이 지금 느끼는 이 깊은 은혜와 하늘의 평강이다. 그것을 지금 우리로 하여금 맛보라 한다.

골로새서의 이해
Colossians

골로새서

골로새서 1장

인사말, 감사와 기도, 구세주로서의 그리스도, 창조주 그리스도, 교회의 머리이신 그리스도, 바울의 사역

1. 인사말(1-2절)

"하나님의 뜻으로 말미암아 그리스도 예수의 사도 된 바울과 형제 디모데는." (1절)

바울은 자신이 하나님의 뜻(*thelematos*, the will)에 따라 사도(*apostolos*, apostle)가 되었음을 강조한다. 이것은 자신의 권위를 나타내기 위함이 아니다. 나아가 바울은 "그리스도 예수의 사도"임을 강조했다. 이것은 그리스도가 그의 삶의 중심임을 보여준다.

디모데(*Timotheos*, Timothy)는 바울의 제2차 전도여행 때 함께 하여 빌립보 교회를 개척했고, 그 후 마케도니아 지역을 두 차례 걸쳐 방문하였다. 빌립보서 인사말에서도 디모데를 소개했는데, 골로새서에서도 소개하고 있다. 디모데는 바울로부터 사랑을 받은 자이자 바울에게 위로를 많이 해준 인물이기도 하다. 빌립보서 2:19-23을 보면 그는 섬세하고, 자주 아팠으며 소심하고, 주저했으며, 격려를 필요로 했고, 쉽게 눈물을 보였다. 이렇게 부족함이 많은 인물이었지만 바울을 위로했다. 아무리 약점이 많아도 위로할 수 있음을 보여준다.

"골로새에 있는 성도들 곧 그리스도 안에서 신실한 형제들에게 편지하노니

우리 아버지 하나님으로부터 은혜와 평강이 너희에게 있을지어다." (2절)

"골로새에 있는 성도들 곧 그리스도 안에 있는 신실한 형제자매들에게 이 편지를 쓴다. 우리 아버지 하나님께서 내려주시는 은혜와 평화가 여러분에게 있기를 빈다."

골로새(*Kolossais*, Colossae)는 현재 터키 서부에 위치해 있으며 히에라폴리스(Hierapolis), 라오디게아(Laodicea)와 함께 삼각주를 이루는 곳이다. 히에라폴리스는 뜨거운 온천수, 골로새는 냉천수가 나는 곳이다. 히에라폴리스는 "성스런 도시"라는 뜻으로 현재 "파묵칼레"로 더 잘 알려져 있다. 골로새는 지진이 있어 불안심리가 크고 미신이 성행했다. 양의 가죽을 이용한 염색업이 발달했고 온천으로 관광객을 끌어들여 부가 축적되어왔다. 그러나 상업활동이 축소됨에 따라 이름뿐인 도시로 남게 되었다. 에베소 두란노에서 바울의 강론을 들은 에바브라(Epaphras)가 골로새 교회를 돌보고 있었다. 그는 평신도 사역자로 골로새 교회를 세웠을 것으로 추정되고 있으며, 라오디게아와 히에라폴리스에도 복음을 전한 자로 생각된다(골 4:13).

바울은 골로새 성도들을 향해 "그리스도 안에서 신실한 형제들"이라 했다. 이것은 그들이 에바브라를 통해 많이 가르침을 받고 신앙적으로 성숙되었음을 보여준다. "성도"(*hagiois*, saints)는 "구별된 자"라는 뜻을 가지고 있다. 도덕적으로 우월해서가 아니라 그리스도의 사람으로 구별되었음을 의미한다. 바울이 아직 그 교인들을 보지 못했지만 그들을 주 안에서 사랑하는 바울의 마음을 읽을 수 있다.

나아가 그는 예수의 이름으로 그들을 축복한다. "은혜(*charis*, grace)와 평강(*eirene*, peace)이 너희에게 있을지어다." 은혜와 평강 모두 하나님으로부터 온다. 주님 안에서만 참된 위로와 쉼이 있다.

2. 감사(3-8절)

“우리가 너희를 위하여 기도할 때마다 하나님 곧 우리 주 예수 그리스도의 아버지께 감사하노라.” (3절)

여러분을 위하여 계속(*pantote*, continually) 기도할 때마다 우리 주 예수 그리스도의 하나님 아버지께 감사를 드린다. 너희를 위한 기도는 성도들을 위한 기도다. 교인들은 바울을 위해 기도했을 것이다. 서로가 서로를 위해 기도해 주기 때문에 결국 서로의 신앙이 커지도록 하는 기도가 된다. 기도는 밑지는 법이 없다.

“이는 그리스도 예수 안에 너희의 믿음(*pistin*, faith)과 모든 성도에 대한 사랑(*agapen*, love)을 들었음이요.” (4절)

“그것은 여러분이 그리스도 예수님을 잘 믿고 모든 성도를 사랑한다는 말을 우리가 들었기 때문이다.” 에바브라는 이따금 골로새 교회 소식을 바울에게 전해주었다. 바울은 복음이 골로새에서 이처럼 아름답게 열매를 맺는 것을 기뻐하며 이들을 위해 기도했다. 바울은 이 기도를 통해 기도의 본질이 무엇인가를 가르쳐 준다.

“너희를 위하여 하늘에 쌓아 둔 소망으로 말미암음이니 곧 너희가 전에 복음 진리의 말씀을 들은 것이라.” (5절)

“이 믿음과 사랑은 여러분을 위하여 하늘에 쌓아 두신 소망(*elpida*, hope)에 근거한다. 이 소망은 여러분이 진리(*aletheias*, truth)의 말씀 곧 복음을 받아들일 때에 이미 들은 것이다.” 하늘들에 쌓아둔 소망, 믿음과 사랑은 소망 때문이다. 이 소망 없으면 살 수 없다. 이 소망이 우리를 일으키게 한다. 이 소망은 복음 진리와 연결된다. 이 복음은 변형된 복음이 아니다. 유대의 율법주의도 아니다. 그러므로 우리는 복음대로 살아야 한다. 이 복음은 믿음과 연결되어 있다.

마귀는 이 소망을 빼앗고, 미래보다 현재에 집착하도록 우리를 유혹한다. 이 소망은 물질적 풍요, 환경과 관련된 것이 아니다. 하늘에 쌓아둔 소망이다. 그리스도 안에서 성도는 끝이 아니라 새롭게 연결되어 있다. 항상 소망을 향한 새로운 시작이다. 이 소망이 우리의 연약한 무릎을 힘 있게 한다.

"이 복음이 이미 너희에게 이르매 너희가 듣고 참으로 하나님의 은혜를 깨달은 날부터 너희 중에서와 같이 또한 온 천하에서도 열매를 맺어 자라는도다."(6절)

"이 복음은 온 세상에 전해진 것과 같이 여러분에게 전해졌다. 여러분이 하나님의 은혜를 듣고서 참되게 깨달은 그날로부터 여러분 가운데서와 같이 온 세상(*panti to kosmo*, all the world)에서도 열매를 맺으며(*karpophoroumenon*, bearing fruit) 자라고 있다(*auxanomenon*, increasing)."

오순절 성령강림 이후 약 30년 만에 그리스도의 복음은 로마제국 전역에 폭발적으로 전파되었다. 복음은 좁은 지역의 소수를 위한 것이 아니라 전 세계 모든 민족에 전파되어 그들을 구원하고자 하는 범 우주적 성격을 띠고 있다. 복음은 온 천하로 퍼져 자란다는 점에서 범세계적이다. 복음은 온 세계를 위한 좋은 소식이다. 복음은 지역과 민족, 특정문화를 뛰어넘는다.

"이와 같이 우리와 함께 종 된 사랑하는 에바브라에게 너희가 배웠나니 그는 너희를 위한 그리스도의 신실한 일꾼이요."(7절)

"여러분은 이 기쁜 소식(복음)을 우리와 함께 하나님의 종이 된 사랑하는 에바브라(*Epaphra*, Epaphras)에게 배웠다. 그는 여러분을 위해 일하는 그리스도의 신실한 일꾼이다." 에바브라는 골로새 교회 설립자로 추정되고 있다. 그는 골로새 출신으로 골로새뿐 아니라 라오디게아, 히에라폴리스 등에 복음을 전했다. 투철한 신앙을 가진 그는 옥에 갇힌 바울과 골로새 교회 사이에서 소통을 맡았다. 이 에바브라는 빌립보서에 나오는 에바브로디도(Epaphroditus)와는 다른 사람이다(빌 2:25, 4:18)

"성령 안에서 너희 사랑을 우리에게 알린 자니라."(8절)

"그는 성령 안에서 여러분의 사랑(*hymon agapen*, your love), 곧 여러분이 사랑으로 생활한다는 사실을 우리에게 알려 준 사람이다." "성령 안에서"(*en Pneumati,* in the Spirit)는 성도들의 사랑의 토대가 성령임을 가르쳐 준다.

3. 기도(9-14절)

9-14절까지는 골로새 교회를 향한 바울의 기도를 담고 있다.

"이로써 우리도 듣던 날부터 너희를 위하여 기도하기를 그치지 아니하고 구하노니 너희로 하여금 모든 신령한 지혜와 총명에 하나님의 뜻을 아는 것으로 채우게 하시고."(9절)

"그 소식을 들은 후부터 우리는 쉬지 않고 여러분을 위해 기도하고 있다. 우리는 하나님이 모든 영적인 지혜와 총명으로 여러분에게 그의 뜻을 아는 지식으로 채워 주시기를 기도한다."

바울이 골로새 교인들을 위해 쉬지 않고 기도하는 것은 신령한 지혜와 총명으로 하나님의 뜻을 아는 지식으로 채우게 해달라는 것이었다. 쉬지 않고 기도하는 것은 24시간 내내 아무 일도 하지 않고 기도하는 것을 의미하지 않는다. 기도시간이 아니어도 24시간 내내 하나님을 의식하며 사는 것을 말한다. 어떤 일을 만나도 그 일에 대해 하나님의 안목을 가지고 생각하고 그 일을 당한 사람들을 위해 기도한다. 하나님을 의식하며 살면 이웃을 위해 기도하게 된다.

그의 기도제목은 교인들이 모든 신령한 지혜와 총명을 통해 하나님의 뜻을 아는 지식으로 가득 채우게 해달라는 것이었다. 즉 기도는 하나님의 뜻을 아는 것이 최대의 목적이라는 것이다.

"모든 신령한 지혜"(*pneumatike sophia*, spiritual wisdom)는 성경 지식을 바로 알고 그 앎을 삶에 바르게 적용하는 안목을 갖도록 하는 영적인 지혜를 말한다. 이 지혜를 갖으려면, 하나님의 구속사역을 바로 깨닫고, 거짓 교사들의 속임에 속지 않으려면(골 2:8) 성령의 도우심이 필요하다.

"총명"(*synesei*, understanding)은 그저 총명이 아니다. "모든 신령한 총명"이다. 이것은 여러 영역에서 영적인 분별력을 갖는 것을 말한다. 말씀을 이해하고 생활에 적용하는 데 성령의 도우심이 필요하다. 즉, 성령의 도움을 받아 "어떤 것이 하나님의 뜻에 맞는가? 어떤 것을 하나님이 기뻐하실까?" 분별하며 말씀을 생활에 적용해 균형 잡힌 신앙생활을 하도록 하는 것이다. 그리고 "하나님의 뜻을 아는 지식"(the knowledge of the will of God)은 하나님의 뜻을 알게 하는 복음을 말한다. 이 세 가지는 서로 연결되어 있다. "채우고"(*plerothete*, be filled with)는 다른 것이 들어가지 못하도록 복음의 말씀으로, 하나님의 뜻을 알고 실천하려는 의지로 꽉 차게 하는 것을 말한다.

기도는 하나님을 향한 협박이나 강요가 아니다. 하나님의 말씀을 통해 그분을 알고, 그의 뜻을 알며, 그 뜻대로 살게 해달라는 것이다. "기도 충만"은 하나님의 뜻이 충만하다는 것을 의미한다. 성령 충만도 마찬가지다. 우리 속에 하나님의 뜻을 가득 채우고, 성령의 지배를 받는 것이다. 하나님의 뜻을 아는 사람은 아는 것으로 그쳐서는 안 된다. 그 뜻을 행할 줄 아는 결단과 의지와 실천이 중요하다. 많이 알기는 하지만 행함이 없다면 그것은 바른 그리스도인이 아니다.

"주께 합당하게 행하여 범사에 기쁘시게 하고 모든 선한 일에 열매를 맺게 하시며 하나님을 아는 것에 자라게 하시고."(10절)

"그래서 여러분이 주님을 믿는 성도다운 생활을 하여 모든 일에 주님을 기쁘시게 하고 모든 선한 일에 열매를 맺으며 하나님을 아는 지식이 점점 자라기를 바라는 것이다."

바울은 이 구절을 통해 세 가지 삶을 강조하고 있다.

첫째는, 주께 합당하게 신앙생활을 한다. "주께 합당히 행하여"(*peripatesai axios*, walk worthily)는 매사에 성도다운 삶을 살아 하나님을 기쁘시게 해드리는 것을 말한다. "믿음 없이는 하나님을 기쁘시게 못하나니"(히 11:6). 그리스도인의 삶의 목적은 범사에 하나님을 기쁘시게 하는 것이다. 이것은 바울이 골로새 교인을 위한 기도 내용이기도 하다. 느헤미야는 하나님의 기쁨이 우리의 힘이라 했다.

둘째는 모든 선한 일(*agatho ergo*, good work)에 열매를 맺는 것이다. 열매가 있어야 한다는 것은 뭔가 보여주어야 한다는 것이고, 선한 열매를 맺는 것은 우리의 삶의 태도가 변하고 신앙이 가시적이어야 한다는 것을 가르치고 있다. 말로만의 신앙은 안 된다는 말씀이다.

끝으로, 하나님을 아는 지식(*epignosei*, knowledge)이 점점 자라야 한다. "자라다"(*auxanomenoi*, growing)는 퇴보가 전진하는 신앙이다. 여러 영역에서 복음이 진전되도록 한다. 이런 삶을 살면 하나님을 기쁘시게 한다. 하나님이 기뻐하시면 풍성히 채워주신다.

"그의 영광의 힘을 따라 모든 능력으로 능하게 하시며 기쁨으로 모든 견딤과 오래 참음에 이르게 하시고"(11절)

"그리고 하나님의 영광스러운 힘을 통해 오는 모든 능력으로 여러분이 강해져서 모든 일을 기쁨으로 참고 견디기 바란다."

"영광의 힘"은 하나님의 본체로부터 나오는 힘(*kratos*, the might)이다. 내 힘이 아니다. 하나님께서 힘을 주실 때 우리는 강할 수 있다. 능력 주시는 자

안에서 내가 모든 일을 할 수 있다.

바울은 성도들이 하나님이 주시는 힘으로 강하게 될 뿐 아니라 환난을 견디고 오래 참되 "기쁨으로"(*meta charas*, with joy) 잘 감내할 수 있기를 기도하고 있다. 고통가운데서도 기뻐하려면 소망이 있어야 한다. 이 소망은 하나님이 주시는 소망, 곧 주님 앞에 이르는 소망이다. 끝까지 견디는 자가 이 소망의 달음질에서 승리할 수 있다.

"견딤"(*hypomonen*, endurance)은 환경이 어려울 때 참는 것을 말한다. "오래 참음"(*makrothymian*, patience)은 사람에 대한 인내를 말한다. 환경이 어려워도, 사람들이 우리의 인내를 시험한다 해도 그리스도를 생각하며 참고 또 참는다. 이 모두 하나님이 우리에게 주시는 은사다. 우리의 힘으로는 할 수 없지만 주님이 주시는 힘으로 할 수 있기 때문이다. 스펄전은 달팽이를 거론하며 말한다. "달팽이는 인내로 방주에 올랐습니다." 우리도 인내해야 한다는 말이다.

신앙의 절정은 고통을 견디고 어려움에도 인내하는 가운데 나타난다. 고난과 고통은 신령한 지혜를 얻기 위한 도구이다. 영적 성장에는 3단계가 있다. 첫째는 연약한 음식을 먹는 단계다. 기쁜 일이 생기면 기뻐하고 감사한다. 둘째 단계는 딱딱한 음식을 먹는 단계다. 외롭고 아파도 참는다. 셋째 단계는 고급단계다. 고통을 통해 영혼이 성숙하는 단계다. 고통을 새로운 눈으로 바라보게 하고, 그것을 통해 하나님만을 전적으로 의지한다. 환난 중에서도 기뻐한다.

"우리로 하여금 빛 가운데서 성도의 기업의 부분을 얻기에 합당하게 하신 아버지께 감사하게 하시기를 원하노라."(12절)

"그리하여 성도들이 빛(*to photi*, the light) 가운데서 받을 기업, 곧 상속(*klerou*, inheritance)의 몫(*merida*, share)을 받을 수 있는 자격을 여러분에

게 주신 아버지께 감사하기를 바란다."

이것은 기업을 얻게 하신 것에 대한 감사다. 기업은 하나님 나라를 이어받을 수 있게 하신 것이다. "빛 가운데서"는 곧 빛 되신 예수 그리스도가 통치하시는 나라, 곧 빛의 나라, 하나님 나라를 말한다. "성도의 기업의 부분을 얻기에 합당하게 하신(*hikanosanti*, having qualified)"은 그 나라 백성이 될 수 있는 자격을 주신 것을 말한다. 이것은 우리가 주님의 풍성한 은혜로 구원을 받아 하나님 나라의 백성, 곧 빛의 백성이 될 수 있었음을 말한다. 영적으로 죽은 자가 영적으로 살고 주 안에서 풍요한 자가 된 것이다. 죄로 인해 하나님께 원수가 되었던 우리가 주의 백성이 되었음을 감사하지 않을 수 없다.

4. 구세주로서의 그리스도(13-14절)

"그가 우리를 흑암의 권세에서 건져내사 그의 사랑의 아들의 나라로 옮기셨으니."(13절)

"하나님은 우리를 어두움의 권세에서 구출하여 자기가 사랑하는 아들의 나라로 옮겨 주셨다."

"흑암(*skotous*, darkness)의 권세"는 사단이 통치하는 곳(*exousias*, dominion)을 뜻한다. 하나님은 우리를 흑암의 권세로부터 구속하여 하나님이 사랑하시는 아들의 나라, 그리스도가 통치하시는 나라로 옮기셨다(*metestesen*, transferred us). 어둠의 백성에서 하나님 나라의 백성이 된 것이다. 이것은 내 힘이 아니라 십자가의 피 공로에 의해 된 것이다. 여기서 "나라"(*basileia*, kingdom)는 어떤 영역을 의미하지 않고 통치를 뜻한다.

"그 아들 안에서 우리가 속량(*apolytrosin*, redemption) 곧 죄 사함을 얻었도다."(14절) 우리는 이 아들이 피 흘린 대가로 죄로부터 자유 함을 얻었을 뿐 아니라 죄의 용서(*aphesin*, forgiveness)를 받았다. 구속 받은 것에 대한 감사하지 않을 수 없다.

5. 창조주 그리스도(15-17절)

바울은 그리스도를 찬미한다. 15-20절은 찬미의 내용이다. 예수 그리스도는 누구신가? 그는 보이지 않는 하나님의 형상이다. 하나님을 꼭 빼닮은 분이시다. 그분을 보면 하나님이 어떤 분이신가, 어떤 특징을 가지고 계시는가를 명확히 알 수 있다.

"그는 보이지 아니하는 하나님의 형상이시요 모든 피조물보다 먼저 나신이시니." (15절)

"그분은 보이지 않는 하나님의 모습이며 하나님께서 모든 것을 창조하시기 전에 계신 분이다."

예수님이 보이지 않는 하나님의 형상(*eikon*, image)이라 함은 예수님이 참 하나님임을 보여준다. 바울은 이 구절과 고린도후서 4:4에서 그리스도는 하나님의 형상이라 했다. 이와 유사하게 히브리서 1:3에서도 "이는 하나님의 영광의 광채시오 그 본체의 형상이라" 하였다. 여기서 "형상" 이라 함은 "도장" 이라는 뜻을 가지고 있다. 도장을 찍으면 그대로 재현되듯 예수님은 하나님의 현현이라는 것이다. 하나님은 보이지 않지만 독생자 예수님은 보이지 않는 하나님을 인류에게 완전한 모습으로 보여주신 분이시다(요 1:18, 14:9).

나아가 예수님은 모든 만물보다 먼저 나신 자이다. "먼저 나신 자" (*prototokos*, the firstborn)에 대해서는 여러 해석이 있다. 첫째는, 만물을 창조하신 분이시므로(16절) 그리스도는 만물보다 먼저 계셨다는 것이다. 둘째는, "먼저 나신 자" 란 연대기적 개념이 아니라 으뜸 되고 장자 됨을 의미한다는 것이다.

"내가 또 저로 장자를 삼고 세계 열 왕의 으뜸이 되게 하며"(시 89:27). 주님은 가장 높이 들려지신 분이시다. 히브리서 1:2절에 "이 아들을 만유의 후사로 세우시고"에서 "만유의 후사"는 상속권과 연관되어 있다. 우리는 지금 권위가 무너지기 시작한 시대에 들어섰다. 절대적인 것이 부정되고 상대주의가 만연되었다. 그러나 성경은 "그는 모든 피조물보다 먼저 나신 자"라고 말한다. 이것은 창조주 그리스도, 예수님의 절대성을 가르쳐 준다.

"만물이 그에게서 창조되되 하늘과 땅에서 보이는 것들과 보이지 않는 것들과 혹은 왕권들이나 주권들이나 통치자들이나 권세들이나 만물이 다 그로 말미암고 그를 위하여 창조되었고."(16절)

"그분에 의해서 모든 것이 창조되었다. 하늘과 땅에 있는 것들, 보이는 것과 보이지 않는 것들, 천사들과 영적 존재들과 만물이 다 그분에 의해서 창조되었고 그분을 위해 창조되었다."

"왕권들이나 주권들이나 통치자들이나 권세들"은 여러 계급의 천사들을 가리키는 것으로, 모두 초자연적인 존재들이다. 당시 골로새에서는 천사숭배사상이 만연했기 때문에 천사도 피조물이며, 경배 받으실 분은 오직 그리스도이심을 밝히고 있다.

"만물이 다 그로 말미암아(*di autou*, through Him, by Him) 창조되었다"는 것은 예수님이 참 창조주 되심을 가르쳐 준다. 그분은 참 하나님으로 만물의 창조자시며 만물이 그를 위해 창조되었다. 과학만능 시대에도 하나님이 주인이심을 가르쳐 준다. "만물이 그로 말미암아 지은 바 되었으니 지은 것이 하나도 그가 없이는 된 것이 없느니라."(요 1:3).

중요한 것은 "만물이 그를 위하여(*eis autou*, for Him, unto Him) 창조되었다"는 사실이다. 이것은 피조물이 근본적으로 주님을 위해 존재하고, 주님만이 참 경배의 대상임을 가르쳐준다.

“또한 그가 만물보다 먼저 계시고 만물이 그 안에 함께 섰느니라.”(17절)

“그분은 만물이 있기 전에 계시고, 만물은 그분 안에서 존속한다.”

“그가 만물보다 먼저 계시고”(*estin pro panton*, be before all things)는 그리스도의 선재성을 말한다. 다른 만물과 비교한 상대적 선재성이 아니라 절대적인 선재, 곧 영원 전부터 계심을 가리킨다. 이것은 그리스도가 창조주이심을 보여준다.

“만물이 그 안에 함께 섰느니라”(*en auto synesteken*, in Him hold together)는 모든 것은 그분에 의해서 보존되고 유지되고 있다는 뜻이다. 예수님이 천체를 붙들지 않으면 파멸이다. 그분은 만물을 조화시키고 세우시는 분이시다. 예수님은 보이는 세계는 물론 보이지 않는 영계도 장악하신다. 주님의 내 삶을 장악하고 통치하신다. 주님이 내 삶의 주인이다. 그렇지 않으면 혼란, 괴로움, 부패로 떨어진다.

6. 교회의 머리이신 그리스도(18-23절)

“그는 몸인 교회의 머리시라 그가 근본이시요 죽은 자들 가운데서 먼저 나신이시니 이는 친히 만물의 으뜸이 되려 하심이요.”(18절)

“그리스도께서는 자신의 몸인 교회의 머리와 시작이 되시며, 죽은 사람들 가운데서 먼저 살아나셔서 모든 것의 으뜸이 되셨다.”

“그는 몸인 교회의 머리시라 그가 근본이시요.” 예수 그리스도는 교회라는 몸의 머리(*kephale*, head)이시고, 근원(*arche*, beginning)이시다. 예수님은 교회의 으뜸이요 참 머리이다. 성전을 건물 등으로 표현한 것이 구약의 개념이라면 예수의 몸이 교회의 머리라 한 것은 신약의 독특한 개념이다. 몸은 머리되신 예수님의 명령을 듣고 순종해야 한다. 몸은 또한 다양성을 가지고 있다.

각 기능이 은사대로 봉사한다. 다양성 속에서 일치가 있다. 상호 연합한다. 예수님이 모퉁이 돌(keystone)이시라는 것은 주님이 핵심 되는 돌이심을 말한다. 예수가 핵심이요 기준이다. 유기적 관계를 통해 만물의 으뜸 되게 하셨다. 예수가 으뜸 되는 교회마다 변화가 일어나 하나님의 영광을 선포해야 한다.

나아가 예수 그리스도는 죽은 사람들 가운데서 제일 먼저 살아나신 분(*prototokos*, firstborn)이시다. 부활의 몸을 입고 죽음에서 다시 사신 첫 열매가 되셨다(고전 15:20). 성경을 보면 그리스도 외에도 죽음에서 다시 살아난 사람들이 있다. 주님이 살려주신 사람들도 있다. 하지만 그들은 다시 죽어야만 하는 몸으로 살리심을 받았을 뿐이다. 그러나 그리스도의 부활은 다시 죽는 것이 아니라 영존의 부활이다. 주님이 이 부활의 첫 열매가 되심으로, 그분은 모든 것의 "으뜸"(the supremacy, the preeminence, first place)이 되셨다.

"아버지께서는 모든 충만으로 예수 안에 거하게 하시고."(19절)

"이것은 하나님께서 기꺼이 모든 것을 그리스도 안에 충만하게 하셨기 때문이다."

하나님께서는 예수 그리스도 안에 "모든 충만함"(*pan to pleroma*, all the fullness)을 머무르게 하시기(*katoikesai*, dwell)를 기뻐하셨다. "모든 충만"은 하나님의 모든 권능과 신적 속성들 모두를 가리킨다(골 2:9). 이 모두를 그리스도가 가지고 있다는 것은 예수 그리스도가 하나님이심을 말하고 있다. 그리스도는 하나님의 모든 충만을 소유하신 분이기 때문에 그의 백성을 구속하고 구원에 필요한 모든 것을 공급하실 수 있다. 예수님 안에는 하나님의 모든 영광과 지혜 또한 충만하다. "그 안에 지혜와 지식의 모든 보화가 감취어 있느니라."(골 2:3).

당시 영지주의자들은 신들을 다수의 "에온"(*aeons*)으로 이루어진 것으로 보았고, 이것이 세상으로 유출되었다가 다시 합쳐진 초자연적인 힘 모두를

"충만"(*pleroma*)이라 했다. 그리고 이 "충만"이 사람의 운명을 주관한다고 보았다. 하지만 바울은 "충만"을 "하나님의 속성과 권능의 전부"로 보았고, 그것을 그리스도가 소유했다고 봄으로써 예수 그리스도가 하나님이심을 강조하고 있다.

"그의 십자가의 피로 화평을 이루사 만물 곧 땅에 있는 것들이나 하늘에 있는 것들이 그로 말미암아 자기와 화목하게 되기를 기뻐하심이라."(20절)

"그리고 하나님은 그리스도께서 흘리신 십자가의 피로 평화의 길을 열어 하늘에 있는 것이든 땅에 있는 것이든 모든 것을 그분을 통해 자기와 화해하게(*apokatallaxai*, reconcile) 하셨다."

"그의 십자가의 피로 화평을 이루사."(*eirenopoiesas*, having made peace) 예수님이 우리 죄를 대속하기 위해 흘리신 보혈로 말미암아 하나님과 죄인들 사이에 화해가 이루어졌다(롬 3:25). 바울은 이 구절에서 만물(*ta panta*, all things)이 하나님과 화해가 이루어졌음을 말하고 있다.

"전에 악한 행실로 멀리 떠나 마음으로 원수가 되었던 너희를."(21절)

"여러분은 전에 여러분의 악한 행실(*ponerois ergois*, evil deeds) 때문에 하나님을 떠나 마음으로 하나님과 원수가 되었다." 하나님으로부터 소외되었고, 마음으로 하나님에 적대적이었다. 하나님과의 관계는 근본적으로 깨어지고, 인간의 힘으로는 도저히 회복될 수 없는 절망적인 상태에 빠지게 되었다.

"이제는 그의 육체의 죽음으로 말미암아 화목하게 하사 너희를 거룩하고 흠 없고 책망할 것이 없는 자로 그 앞에 세우고자 하셨으니."(22절)

"그러나 이제는 하나님이 그리스도의 육체적인 죽음을 통해 여러분과 화해하셨다(*apokatellaxen*, reconciled). 이것은 여러분을 거룩하고(*hagious*, holy) 흠이 없고(*amomous*, blemish) 책망할 것이 없는(*anenkletous*, blameless) 사람으로 자기 앞에 세우기 위한 것이다." 하나님 앞에 흠이 많던 우리를 그리스도의 보혈을 통해 화해하시고 이제는 우리를 완전한 자로 세우셨다. 전에 죄인이었던 우리를 의롭다 하셨기 때문이다. 예수만이 우리를 변화시키고, 하나님 보시기에 쓸모 있는 존재로 만드신다.

"만일 너희가 믿음에 거하고 터 위에 굳게 서서 너희 들은 바 복음의 소망에서 흔들리지 아니하면 그리하리라 이 복음은 천하 만민에게 전파된 바요 나 바울은 이 복음의 일꾼이 되었노라."(23절)

"만일 여러분이 믿음에 굳게 서서 여러분이 들은 복음의 소망에서 떠나지 않는다면 그렇게 될 것이다. 이 기쁜 소식은 하늘 아래 모든 사람에게 전파되고 있으며 나 바울은 이 기쁜 소식을 전하는 일꾼(*diakonos*, a minister)이 되었다." 그러므로 "믿음에 터를 잡아 굳건히 서라", "복음의 소망에서 떠나지 말라"는 말씀이다.

7. 바울의 사역(24-29절)

24-29절은 바울의 사역과 함께 영광스러운 교회를 향한 그의 꿈을 담고 있다.

"나는 이제 너희를 위하여 받는 괴로움을 기뻐하고 그리스도의 남은 고난을 그의 몸 된 교회를 위하여 내 육체에 채우노라."(24절)

"지금 나는 여러분을 위해 받는 괴로움을 오히려 기뻐하며 그리스도께서 자신의 몸인 교회를 위해 받으신 고난(*thlipseon*, tribulations)에 남은 부분(*ta hysteremata,* what is lacking)을 내 몸으로 겪고 있다."

"내가 이제 너희를 위하여 받는 괴로움(*pathemasin*, suffering)을 기뻐하고" 여기서 괴로움은 복음을 전하면서 바울이 받았던 온갖 고통을 말한다. 고린도후서 11:23-27까지는 옥에 갇힘과 매 맞음, 각종 위험 등 그가 당한 고난이 얼마나 컸는가를 보여준다. "이 외의 일은 고사하고 오히려 날마다 내 속에 눌리는 것이 있으니 곧 모든 교회를 위하여 염려하는 것이라"(고후 11:28). 교회를 위한 염려도 크다. 그는 교회를 위해서라면 어떤 고난과 희생도 감수하겠다고 말한다. 나아가 그는 이 괴로움을 오히려 기뻐한다고 했다. 괴로움 당하는 것과 기쁨은 서로 반대된다. 그러나 그는 괴로움 속에서 기쁨을 발견한다. 역설이 아닐 수 없다. 기뻐할 수 있는 근거는 무엇인가? 그것은 예수님이 내 안에 살아계시고, 내가 그리스도 안에 있기 때문이다. 예수님도 십자가 뒤에 올 영광을 바라보며 기쁨으로 고난을 참지 않으셨는가.

"그리스도의 남은 고난을 그의 몸 된 교회를 위하여 내 육체에 채우노라(*antanaplero*, be filling up)." 그리스도의 남은 고난이라 함은 주님이 우리를 위해 지신 십자가의 고난만으로는 부족하다는 것이 아니다. 주님은 십자가의 고난을 통해 구원을 완성하셨다. 십자가상에서 주님은 "다 이루었다" 하시지 않았는가.

그런데도 바울은 왜 그리스도의 남은 고난이라 했을까? 고난은 기본적으로 구원사역이다. 주님은 구원사역을 위해 십자가의 고난을 지셨다. 그리스도의 남은 고난은 주님이 당하신 고난 이후의 고난을 말한다. 그것은 예수님에게 고난이 남았다는 것이 아니라 주님이 다시 오실 때까지 교회와 성도들이 이 세상에서 당할 수밖에 없는 온갖 고난이 남아있음을 의미한다. 우리도 구원사역을 위해 전도해야 한다. 전도로 인한 고난을 기쁨으로 내 몸에 채워야 한다. 우리가 그리스도를 위해 핍박을 받을 때 홀로 받는 것이 아니다. 주님은 그 핍박 속에 함께 계시고, 함께 고난을 받으신다. 하지만 그 고난은 끝이 있다. 주님의 재림으로 종결된다. 이런 점에서 이 고난은 한시적인 고난이다.

"내가 교회의 일꾼 된 것은 하나님이 너희를 위하여 내게 주신 직분을 따라 하나님의 말씀을 이루려 함이니라."(25절)

"나는 하나님이 나에게 맡겨주신 직분(*ten oikonomian*, the administration,

the commission), 곧 여러분을 위하여 하나님의 말씀을 남김없이 전파하라는 사명을 따라 교회의 일꾼이 되었다." 자신은 사명을 받은 교회의 일꾼으로, 그것은 하나님의 말씀을 아낌없이 전하는 것이다. "하나님의 말씀을 이루려(*plerosai*, complete) 함이니라." 이것은 복음을 충분히 가르치고 전해서 그 말씀에 담긴 하나님의 말씀을 성취하려 한다는 것이다.

"이 비밀은 만세와 만대로부터 감추어졌던 것인데 이제는 그의 성도들에게 나타났고."(26절)

"이 말씀은 오랜 세대 동안 숨겨졌던 비밀인데 지금 성도들에게 알려졌다."

"비밀"(*mysterion*, mystery)이라는 단어는 영지주의나 신비종교에서 영적 엘리트만이 알 수 있는 은밀한 영적 지식을 뜻하는 것으로 사용되었던 것인데 그리스도로 말미암아 드러난 이 비밀은 소수의 몇 사람만이 알 수 있는 지식이 아니라 그리스도 안에 있는 모든 성도들에게 밝히 나타나고 선포된 지식이다. 이 비밀은 믿는 자마다 구원을 주시는 그리스도이다(27절). 그 비밀은 만대에 감춰져 온 것인데, 이제 그 비밀이 성도들에게 나타났다. 주님의 탄생부터 비밀이요 신비다. 다시 오심도 비밀이다. 그 비밀 속에는 지혜와 지식의 모든 보화가 감춰져 있다(골 2:3).

예수 그리스도가 우리를 풍성케 하시는 비밀이다(27절). 예수 그리스도가 내 안에 살아있고, 내가 그리스도 속으로 빠진다. 예수님이 내 안에 계신다. 이 비밀은 영광의 소망(the hope of glory)이다. 절대적인 희망이라는 점에서 "the"다. 하나님의 모든 것이 예수님 안에 있고, 예수님의 모든 것이 내 안에 있다. 내 안에 계신 예수님이 영광의 소망이다. 이것이 비밀이다.

왜 비밀인가? 첫째, 세상 지식으로는 알 없고, 영적으로만 알 수 있기 때문이다. 이것은 감추었던 것으로 하나님이 성령의 조명에 따라 알려 주셔야 알

수 있는 것이다. "육에 속한 사람은 하나님의 성령의 일을 받지 아니하나니 저희에게는 미련하게 보임이요 또 깨닫지도 못하나니 이런 일은 영적으로라야 분변함이니라."(고전 2:14). 둘째, 26절의 말씀처럼 이것은 만세와 만대로부터 감추어졌던 것이기 때문이다. "만세"(*aionon*, ages)는 오랜 시간을 가리키며, "만대"(*geneon*, generations)는 오랜 사람들을 가리킨다. 이 비밀을 가진 사람은 24절의 말씀과 같이 고난 받는 것을 기뻐하고 그리스도의 남은 고난을 내 육체에 채우는 삶을 살아야 한다.

"하나님이 그들로 하여금 이 비밀의 영광이 이방인 가운데 얼마나 풍성한지를 알게 하려 하심이라 이 비밀은 너희 안에 계신 그리스도시니 곧 영광의 소망이니라."(27절)

"하나님께서는 이방 사람 가운데 나타난 이 비밀의 영광이 얼마나 풍성한지를 성도들에게 알리려고 하셨다. 이 비밀은 여러분 안에 계신 그리스도요, 곧 영광의 소망이다."

"비밀의 영광"(*tes doxes tou mysteriou*, the glory of mystery). 비밀은 우리 안에 있는 예수이고, 영광의 풍성함은 용서와 사랑으로 나타난다. "영광의 소망(*elpis*, hope)"은 바로 예수 그리스도이다. 하나님은 이방가운데 나타난 이 비밀의 풍성한 영광을 자기 백성에게 알리시기를 원하셨다.

28-29절은 제자화의 대헌장이다.

"우리가 그를 전파하여 각 사람을 권하고 모든 지혜로 각 사람을 가르침은 각 사람을 그리스도 안에서 완전한 자로 세우려 함이니."(28절)

"우리 평신도 지도자들이 그리스도를 전하고, 하나님이 주시는 온갖 지혜(all wisdom)로 각 성도를 권면하고 가르치는 것은 그들을 그리스도 안에서 완전한 사람으로 하나님께 바치기 위한 것이다."

영지주의나 신비종교는 영적인 지식을 깨달은 소수만이 완전한 자로 보았다. 하지만 바울은 모든 믿는 자들은 그리스도 안에서 "완전한 자" (*teleion anthropon*, perfect man)가 된다고 했다. 하나님의 진리는 몇몇 사람에게만 주어지는 특권이 아니라 하나님의 모든 백성을 위한 것이기 때문이다.

인간은 결코 완전할 수 없다. 하지만 주 안에 있는 자는 그리스도로 인해 거룩함을 입음으로써 완전한 자가 되었다. "완전한 자"에 대해서는 성화, 구원의 마지막 단계 등 여러 해석이 있다. 완전한 자는 그리스도 안에서 보다 성숙한 신앙생활을 지향하고, 영적 젊음을 지속적으로 유지한다. 영적으로 굳어지지 않고, 늙어지지 않게 한다. 이것은 예수를 전하고 가르치는 사역자들이 각 성도들에게 바라는 바이다.

"이를 위하여 나도 내 속에서 능력으로(*en dynamei,* in power) 역사하시는 이의 역사(*energeian*, eneergy)를 따라 힘을 다하여 수고하노라." (29절)

"이 일을 위해 나도 내 속에서(*en emoi*, in me) 강하게 역사하시는(*energoumenen*, working) 분의 능력에 힘입어 최선을 다해 힘써 일하고 있다." 바울이 그토록 헌신하고 수고할 수 있었던 것은 자기 자신의 힘을 의지하지 않고 그의 속에서 역사하시는 하나님의 능력을 의지했기 때문이다.

골로새서 2장

바울의 관심과 염려, 거짓 가르침에 대한 경고

1. 바울의 관심과 염려(1-7절)

"내가 너희와 라오디게아에 있는 자들과 무릇 내 육신의 얼굴을 보지 못한 자들을 위하여 얼마나 힘쓰는지를 너희가 알기를 원하노니."(1절)

바울은 골로새 교인뿐 아니라 라오디게아의 성도들, 그리고 자신의 얼굴을 보지 못한 사람들을 위해 얼마나 애쓰고 있는지(helikon agona, great struggle) 알기를 원했다. 바울은 감옥에서 그들을 위해 기도로 힘썼다. 바울은 이 골로새서를 라오디게아 교회에도 전달되어 읽혀지도록 지시했다(골 4:16). 라오디게아는 "백성의 정의"라는 뜻으로, 골로새에서 약 18km 떨어져 있었다. 이 교회도 에바브라에 의해 세워진 것으로 보인다.

"이는 그들로 마음에 위안을 받고 사랑 안에서 연합하여 확실한 이해의 모든 풍성함과 하나님의 비밀인 그리스도를 깨닫게 하려 함이니."(2절)

"내가 이처럼 애쓰는 것은 그들이 마음에 용기를 얻고(*paraklethosin*, be encouraged), 사랑으로 단합하며(*symbibasthentes*, be knitted together), 완전히 이해했다는 확신(*plerophorias*, full assurance)으로 인해 생기는 부요함(*ploutos*, the riches)에 이르고, 하나님의 비밀(*mysteriou*, mystery)인 그리스도를 알도록 하기 위한 것입니다." 가장 힘들 때 위로하고 위로받을 수 있고, 그리스도를 앎으로 영적으로 더욱 풍성할 수 있다.

“그 안에는 지혜와 지식의 모든 보화가 감추어져 있느니라.” (3절)

“그리스도 안에는 모든 지혜(*sophias*, wisdom)와 지식(*gnoseos*, knowledge)의 보화가 감추어져 있다.”

지혜와 지식은 이 구절뿐 아니라 로마서 11:33과 고린도전서 12:8에도 나타난다. 이 세 구절 모두에서 지혜가 먼저 나오고, 지식이 뒤에 나온다. 지혜는 성령에 의해 주어진 하나님의 진리에 대한 포괄적인 이해를 뜻하고, 지식은 특별한 진리에 대한 이해를 뜻한다. 지혜는 영적인 통찰을, 지식은 복음의 특별한 진리에 대한 깨달음을 의미한다. 바울은 지식을 구원의 수단으로 삼는 영지주의 이단을 반박하기 위해 이 서신에서 참된 지식을 강조하였다. 참된 지식, 곧 복음의 진리를 가진 자는 영지주의자나 거짓교사들의 가르침에 미혹되지 않는다.

“내가 이것을 말함은 아무도 교묘한 말로 너희를 속이지 못하게 하려 함이니.” (4절)

바울이 이 말을 하는 이유가 있다. 아무도 교묘한 말(*pithanologia*, persuasive speech), 곧 듣기에는 달콤하지만 전혀 근거가 없는 말로 여러분을 속이지 못하게 하려는 것이다.

“속이다” (*paralogizetai*, delude, deceive)는 것은 “뭔가 다른 것에 사로잡히게 하다,” “착각하다”는 뜻이다. 거짓 것에 속임 당하지 않고 살라는 말이다. 신앙에 든든히 뿌리를 내려 영적으로 속일 수도, 속지도 않는다.

“이는 내가 육신으로는 떠나 있으나 심령으로는 너희와 함께 있어 너희가 질서 있게 행함과 그리스도를 믿는 너희 믿음이 굳건한 것을 기쁘게 봄이라.” (5절)

나는 육체로는(in the flesh) 비록 떠나 있으나, 영으로는(in spirit) 여러분과 함께 있다. 다시 말해 언제나 여러분을 생각하며 기도하고 있다. 그리고 여러분이 생활에서 질서 있게 살아가는 것(*taxin*, good order)과 그리스도를 믿는 여러분의 믿음이 굳건한 것(*stereoma*, firmness)을 보고 기뻐하고 있다.

"그러므로 너희가 그리스도 예수를 주로 받았으니 그 안에서 행하되."(6절)

"그러므로 여러분이 그리스도 예수를 주님(*ton Kyrion*, the Lord)으로 받아들였으니, 그분 안에서 살아가라." 그리스도를 주님으로 믿는 것은 시작에 불과하다. 주를 따르는 것은 주 안에서 사는 것이다. "그 안에서 행하되."(*peripateite*, walk) 주님 안에서 살아가라는 말씀이다. 그리스도와 연합된 내적이고 영적인 삶을 살라는 것이다. 이 말씀은 골로새서에서 여러 차례 반복되었다.

"그 안에 뿌리를 박으며 세움을 받아 교훈을 받은 대로 믿음에 굳게 서서 감사함을 넘치게 하라."(7절)

주 안에서 사는 삶에는 네 가지 단계가 있음을 말해주고 있다. 첫째, 그리스도 안에 뿌리를 박으라(*errizomenoi*, be rooted). 둘째, 세우심을 입으라(*epoikodomoumenoi,* be built up). 셋째, 가르침을 받은 대로 믿음에 굳게 서라(*bebaioumenoi,* be strengthened). 믿음으로 시작하고, 믿음으로 끝나라. 굳게 서는 것은 병사 개념이다. 끝으로, 감사의 마음이 넘치게 하라(*perisseuontes*, abounding).

2. 거짓 가르침에 대한 경고(8-23절)

"누가 철학과 헛된 속임수로 너희를 사로잡을까 주의하라 이것은 사람의 전통과 세상의 초등학문을 따름이요 그리스도를 따름이 아니니라."(8절)

"누가 철학이나 헛된 속임수로, 여러분을 노획물로 삼을까 조심하라. 그런 것은 사람들의 전통과 세상의 유치한 원리를 따라 하는 것이지 그리스도를 따라 하는 것이 아니다."

"철학(*philosophias*, philosophy)과 헛된 속임수(*kenes apates*, empty deceit)"는 실속 없고 기만적인 철학(현대인의성경), 헛된 속임수인 철학, 곧 영지주의의 거짓된 사상을 가리킨다. 이것은 우리가 학문에서 말하는 철학(philosophy)을 미워하라는 것은 아니다. 철학은 원래 '지혜를 사랑한다.' 는 뜻을 가지고 있다. 바울은 모든 철학을 반대하지는 않았다. 그러나 당시 철학자들은 본래의 의도에서 벗어나 궤변을 일삼았다. 그 중에 하나가 영지주의다. 영지주의 철학은 속이는 것으로 그리스도를 좇지 않고 세상의 유치한 원리, 곧 초등학문을 좇도록 한다. 참된 기독교 철학은 모든 생각을 사로잡아 그리스도께 순종하도록 만든다(고후 10:5),

"사로잡는다."(*sylagogon*, taking captive)는 것은 "납치한다"(kidnap)는 뜻이다. 납치를 당하면 우리는 그것에 포로(captive)가 되어 자유를 잃어버린다. 그것이 시키는 대로 행동한다. 우리를 노략하는 대상은 바로 거짓교사와 이단이다. 그들은 우리를 말씀의 진리에서 벗어나게 한다.

"이것이 사람의 전통과 세상의 초등학문을 따름이요 그리스도를 따름이 아니니라." 바울은 사람의 전통과 세상의 초등학문이 바로 헛된 속임수의 철학으로서 이것이 우리를 헛된 속임수에 놀아나게 하는 것들임을 밝히고 있다.

"전통"(*paradosin*, tradition)은 사람이 지어내어 전해져 내려오는 교훈을 가리킨다. 예수님의 공생애 기간에 바리새인들도 그들의 전통을 강조했다. 그들은 이른바 장로들의 전통을 귀하게 여기고 지켰다. 이 전통을 하나님 말씀 위에 놓일 정도로 옥상옥이 되었다. 오히려 하나님의 말씀이 밀려날 정도였다. 이에 대해 주님은 이렇게 말씀하셨다. "너희가 하나님의 계명은 버리고 사람의 전통을 지키느니라 너희가 너희 전통을 지키려고 하나님의 계명을 잘 저버리는도다."(막 7:8-9). 당시 이단들도 그들 나름의 전통을 중시했다. 우리가 지켜야 할 것은 전통이 아니라 하나님의 말씀이다.

"세상의 초등학문"(*ta stoicheia tou cosmou*, the principles of the world). "초등학문"(*stoicheia*, principles)은 문자적으로 원래 사물의 기본이 되는 "요소"라는 뜻으로, 학문의 기초가 되는 초보적 지식을 가리킨다. 바울은 여기에 "세상의"라는 말을 붙여 잘못된 초보지식이 있음을 밝히고 있다. 그것은 바로 유대의 율법주의, 영지주의, 헬라 철학의 영향을 받은 거짓 교사들의 가르침을 뜻한다. 그것은 참 진리에서 벗어난 것이자 세속적이고 초보적인 원리에 불과했다. 그럼에도 불구하고 성도들이 진리이신 그리스도를 떠나 그것에 미혹을 받았다.

세상의 초등학문은 크게 "영적인 초등학문"과 "실제적인 초등학문"으로 구분할 수 있다. "영적인 초등학문"은 디모데전서 4:1, 2이 직시하는 바와 같이 "미혹케 하는 영과 귀신의 가르침"을 말한다. 이것은 하늘의 악한 영들이다. 당시에는 점성술이 유행해 별자리를 통해 자신의 운명을 가름하였다. 현대의 관상도 결정론적 운명론에 빠지게 한다. "실제적 초등학문"은 어린아이처럼 사탕을 놓고 고집스럽게 떼를 쓰듯 자기주장만 하는 것을 말한다. 이념을 가지고 보수냐 진보냐며 싸우는 것이나, 이 논리가 아니면 안 된다며 고집을 피우는 것은 실제적으로 초등학문에 집착하는 것과 같다.

바울은 이 두 가지 모두 그리스도를 좇는 것이 아니라고 단호하게 말하고, 우리는 오직 예수에 집중해야 한다고 가르친다. 9절과 10절은 예수 그리스도만이 해결책임을 보여준다.

"그 안에는 신성의 모든 충만(*pleroma*, fullness)이 육체로 거하시고."(9절)

"그리스도 안에는 온갖 신적 성품이 육체적인 형태로 나타나 있다." 모든 신성(*Theotetos*, deity)이 육체로(*somatikos*, bodily) 거하신다는 것이다. 이것은 예수의 인성과 신성을 알려 보여준다. 그분은 영으로 오신 것이 아니라 육신을 입고 오셨다(성육신), 그러나 그분은 하나님이시다. 예수 그리스도의 신성 충만은 그리스도의 절대성을 보여준다.

"너희도 그 안에서 충만하여졌으니 그는 모든 통치자와 권세의 머리시라." (10절)

"여러분도 그분 안에서 충만함을 받았다. 그리스도는 모든 통치(*arches*, rule)와 권세(*exousias*, authority)의 머리이시다."

"너희도 그 안에서 충만하여졌으니"(*pepleromenoi*, complete)는 우리도 그리스도 안에서 변화된 존재임을 말해준다. 그 변화는 내면의 변화이며, 영원히 계속되는 변화이다. 우리는 오직 그리스도 안에서 그와 연합함으로써만 충만함에 이를 수 있다.

예수님이 우리 안에 충만한 것은 마태복음에 잘 나타나 있다. "보라 처녀가 잉태하여 아들을 낳을 것이요 그 이름은 임마누엘이라 하리라 하셨으니 이를 번역한즉 하나님이 우리와 함께 계시다 함이라"(마1:23). 임마누엘은 우리 안에 예수가 충만하다는 것을 보여준다. 우리에게는 다른 것이 필요하지 않다. 주님이 내 안에 충만히 계시면 부족함이 없다. 세상것 때문에 불만하며 살아서는 안 된다. 예수 충만하면 예수님을 존귀하게 한다.

베드로는 우리가 주님 안에서 어떤 존재인가를 보여준다. "그의 신기한 능력으로 생명과 경건에 속한 모든 것을 우리에게 주셨으니--너희로 정욕을 인하여 세상에서 썩어질 것을 피하여 신의 성품에 참예하는 자가 되게 하려 하셨으니"(벧전 1:3,4). 주님은 우리에게 생명과 경건에 속한 모든 것을 주셨고, 신의 성품에 참예하는 존재가 되게 하셨다. 우리가 해야 할 것은 말씀 충만과 함께 예수 충만하여 신성의 모든 충만이 우리의 삶 속에서 나타나도록 하는 것이다.

"그는 모든 통치자와 권세의 머리시라." "모든 통치자와 권세"를 "모든"

(*pases*, all) 천사들로 본다. 그리스도는 천사들을 지으신 하나님이시고, 그들의 머리(*he kephale*, the head), 곧 그들을 다스리는 분이시다.

"또 그 안에서 너희가 손으로 하지 아니한 할례를 받았으니 곧 육의 몸을 벗는 것이요 그리스도의 할례니라." (11절)

"또한 그분 안에서 여러분은 손으로 행하지 않은(*acheiropoieto*, made without hands) 할례, 곧 육신의 몸을 벗어버리는 그리스도의 할례를 받았다."

손으로 하는 할례(*peritome*, circumcision)는 주로 언약의 자손이 된다는 표로, 남자 생식기의 표피를 자르는 것을 말한다. 그러나 "그리스도의 할례" (the circumcision of Christ)는 손으로 하는 할례가 아니라 그리스도를 믿음으로써 죄 사함의 표시로 마음에 받는 할례를 말한다(롬 2:28, 29, 엡 2:11). 그리하여 이제는 더 이상 육체적 정욕대로 살지 않고 하나님만 의지하며 살겠다는 뜻을 담고 있다. 성경은 표면적이 아니라 마음의 할례를 받아야 한다고 강조한다. "그러므로 너희는 마음에 할례를 행하고 다시는 목을 곧게 하지 말라" (신 10:16). "너희는 스스로 할례를 행하여 너희 마음 가죽을 베고 나 여호와께 속하라" (렘 4:4).

"너희가 세례로 그리스도와 함께 장사되고 또 죽은 자들 가운데서 그를 일으키신 하나님의 역사를 믿음으로 말미암아 그 안에서 함께 일으키심을 받았느니라." (12절)

"여러분은 세례(*baptismo*, baptism)를 받음으로 그리스도와 함께 땅에 묻혔다. 또한 그분을 죽은 사람들 가운데서 살리신 하나님의 역사, 곧 그 능력을 믿는 믿음으로 그리스도 안에서 그리스도와 함께 살아났다."

할례가 세례와 연관되어 있음을 보여준다. 세례는 우리를 그리스도와 함께 장사되고 또 죽은 자인 우리를 그리스도 안에서 다시 일으키는 하나님의 역사이다. "역사" (*energeias*, working)란 에너지를 발하듯 지금도 활동하시는 하나님의 능력이다. 세례는 우리를 주안에서 다시 세우는 역사를 한다. "네가 만일 네 입으로 예수를 주로 시인하며 또 하나님께서 그를 죽은 자 가운데서 살리신 것을 네 마음에 믿으면 구원을 얻으리니"(롬 10:9). 주의 능력은 죽은 자를 살리시듯 없는 것 가운데서 있게 하신다.

"또 범죄와 육체의 무할례로 죽었던 너희를 하나님이 그와 함께 살리시고 우리의 모든 죄를 사하시고."(13절)

"또한 여러분은 전에는 죄를 지은 것(*paraptomasin*, trespasses)과 육신이 할례를 받지 않은 것(*akrobystia*, uncircumcision) 때문에 영적으로 죽어 있었다. 그러나 하나님이 그리스도와 함께 여러분을 살리셨다. 하나님은 우리의 모든 죄를 용서해주셨다."

"육체의 무할례로 죽었다"는 것은 이방인들이 무할례, 곧 육체적인 할례마저 받지 못해 거룩한 삶이나 행동마저 결핍되었다는 말이다. 현대인의성경은 "할례 받지 못한 육적인 욕망" 때문에 죽었다고 번역했다. 우리는 범죄한 인간이요 유대인으로부터 무할례당이라 칭함을 받았던 자였다. "그러므로 너희는 생각하라 너희는 그때에 육체로 이방인이요 손으로 육체에 행한 할례당이라 칭하는 자들에게 무할례당이라 칭함을 받는 자들이라 그 때에 너희는 그리스도 밖에 있었고 이스라엘 나라 밖의 사람이라 약속의 언약들에 대하여 외인이요 세상에서 소망이 없고 하나님도 없는 자이더니"(엡 2:11,12). 이런 우리를 하나님의 넘치는 사랑, 곧 십자가의 보혈로 용서하시고 구원하셨다. 그리스도를 통한 완벽한 구원이 완전한 용서가 된다.

"우리를 거스르고 불리하게 하는 법조문으로 쓴 증서를 지우시고 제하여 버리사 십자가에 못 박으시고."(14절)

"하나님께서는 우리에게 불리한 조문들이 들어 있는 빚 문서를 지워 버리시고, 그것을 십자가에 못 박으셔서, 우리 가운데서 제거해버리셨다."

"법조문으로 쓴 증서"(*cheirographon tois dogmasin*, handwriting in the decrees)는 채무자가 부채를 증명하는 기록 증서를 가리키는 상업용어로, 여기서는 모세의 율법과 그에 따르는 모든 규례들을 가리킨다. 바울은 이 용어를 모세의 율법에 적용하여 모든 사람이 하나님께 채무자임을 말해주고 있다. 모세의 율법과 규례들 아래서 사람들은 누구나 하나님께 빚진 자가 되며, 기록된 율법은 채무증서와 같이 우리의 죄를 고발한다.

"법조문에 쓴 증서를 지우시고"는 장부에 기록된 빚을 모두 지워주셨다는 것이다. 이 빚은 우리가 하나님께 불순종하고 거역했던 모든 죄를 말한다. 이것을 십자가의 피로 깨끗이 지워주셨다. "지우시고"(*exaleipsas*, blotted out)는 당시 파피루스 판에 기록된 부채를 깨끗이 지운 것을 말한다. 당시는 글을 지울 수 있었다. 예수님이 십자가에 못 박히심으로 그리스도는 우리의 모든 채무를 대신 다 갚아주시고 그 증서를 아예 없애버리셨다. 이것은 하나님이 우리를 어떻게 용서하셨는가를 보여준다. 모든 죄를 없애 주셨다.

"통치자들과 권세들을 무력화하여 드러내어 구경거리로 삼으시고 십자가로 그들을 이기셨느니라."(15절)

"그리고 통치자들과 권력자들을 무장 해제시키시고, 그들을 그리스도의 개선 행진에 포로로 내세우셔서 뭇 사람의 구경거리로 삼으셨다(*edeigmatisen*, made a show of them)."

하나님의 완전한 구원, 용서, 그리고 승리를 보여준다. 여기서 "통치자들"(*archas*, rulers)과 "권세들"(*exousias*, authorities)은 타락한 천사, 타락한 영, 곧 마귀들(골 1:16, 엡 6:12)을 말한다. 주님이 그 정체를 발가벗겨 꼼짝 못하게 하시고, 십자가를 높이 들어 개선하셨다. 당시 로마는 승리를 했을 경우 로마개선식(Roman Triumph)을 했다. 포로를 벗기고 묶어 끌고 오며, 승리를 구가했다.

하나님은 그리스도에 대한 율법의 정죄를 없어지도록 하셨을 뿐 아니라 그리스도에 대해 잘못된 지식을 갖도록 하는 악한 마귀를 무장 해제시켰다. 이들을 무력화시킨 것은 완전한 승리를 상징한다.

"이기셨느니라."(*thriambeusas*, have triumphed) 이 용어는 로마의 장군이 완전한 승리의 표징으로써 모든 시민들이 볼 수 있도록 도시의 거리를 통해 포로들을 끌고 가는 모습을 연상케 한다. 그리스도가 마귀의 권세들을 이기셨다는 사실은 마태복음 12:29, 누가복음 10:18, 로마서 16:20에도 잘 나타나 있다.

우리에게는 십자가 외에 자랑할 것이 없다. 우리를 예수 그리스도 안에 있는 하나님의 사랑에서 끊을 수 없다. 틈새공략 전문가인 마귀에게 틈새를 보이지 말자. 이김을 주시는 하나님께 감사하자. 견고하고 흔들리지 말자.

"그러므로 먹고 마시는 것과 절기나 초하루나 안식일을 이유로 누구든지 너희를 비판하지 못하게 하라."(16절)

"그러므로 먹고 마시는 일이나 명절(*heortes*, feast)이나 매월 초하루(월삭, *neomenias*, a New Moon, 초승달 축제)나 안식일 문제로, 누구든 여러분을 심판하지(*krineto*, let judge) 못하게 하라."

이것은 헛된 형식주의, 의식주의를 경계하라는 말씀이다. 먹고 마시는 음식문화, 절기문화, 매달 처음 제사 드리는 월삭 등은 형식주의에 관계된다. 월삭은 "그 달 초하루"를 뜻하며 이스라엘에서는 이 날에 특별한 희생제사가 드려졌다. 사람들은 각종 의식을 만들어 놓고 자신의 신앙의 척도를 삼고 있다. 그것을 지키면 신앙이 좋은 것으로 생각한다. 이 정도 된다며 자기만족을 삼는다. 바리새인처럼 자기의 의에 도취하는 것이다. 성도들은 이제 이런 형식주의 문화에 매이지 말고, 그런 일로 비판을 하거나 비판을 받아서도 안 된다는 말씀이다.

바울은 왜 이런 일에 대해 너희를 비판하지 못하게 하라 할까? 그 답은 17절에 있다. 이런 형식적인 것은 그림자와 같은 것이다. 그림자는 실체가 오면 더 이상 관심이 되어서는 안 될 대상이다. 제사나 절기나 음식은 그림자이다. 실체(몸)인 예수 그리스도가 오시면 더 이상 중요하지 않다. 그러므로 실체인 예수가 오시면 더 이상 그림자에 얽매이지 말고 예수께 매이라는 말씀이다.

먹고 마시는 것은 그림자이다. 그러나 예수가 주시는 생명의 말씀을 먹으면 더 이상 목마르지 않다. 예수가 진정한 음식이 된 것이다. 안식일은 그림자이다. 그러나 안식일의 주인이신 예수가 오셨기 때문에 안식일이 문제가 아니라 안식일의 주인이신 주님을 붙잡는 것이 더 중요하다. 주일은 바로 주님의 날(the Lord's day)이 아닌가.

"이것들은 장래 일의 그림자이나 몸(*soma*, body, 실체)은 그리스도의 것이니라."(17절)

"이런 것들은 실체이신 그리스도를 가리키는 그림자(*skia*, shadow)에 불과하다."

여기서 구약의 의식법은 그림자로 비유되어 있다(히 8:5, 10:1). 왜냐하면 이 의식법은 그리스도의 오심을 상징하고 있기 때문이다. 실체인 예수님이 오셨으므로 더 이상 형식(그림자)에 관심을 두거나 이에 속하지 말고 오직 실체에 관심을 갖고 이에 속해야 한다. 형식과 의식에 매달려 마당만 밟고 가는(사 1:12) 형식적인 신앙인이 되어서는 안 된다.

"아무도 꾸며낸 겸손과 천사 숭배를 이유로 너희를 정죄하지 못하게 하라 그가 그 본 것에 의지하여 그 육신의 생각을 따라 헛되이 과장하고."(18절)

"일부러 겸손한 체하며 천사들의 숭배를 빌미로 여러분이 상을 탈 자격을 박탈당하는 일이(*katabrabeueto*, let you disqualify) 없도록 하라. 그들은 자기들이 본 환상을 과장하며 육신의 헛된 생각으로 들떠 있다."

18-19절의 말씀은 잘못된 신비주의를 경계하라는 말씀이다. 신비주의에 대한 지적은 일부러 겸손한 척하고 천사들의 숭배를 본 따려는 것에서 나타난다. 당시 거짓 교사들은 겸손을 가장한다. 이 겸손은 자신의 경건한 생활과 영적인 체험을 과시하기 위해 일부러 꾸민 것이다. 나아가 그들은 인간의 능력으로는 하나님을 이해할 수 없고, 비천한 인간이 하나님께 나아갈 수 없기 때문에 천사를 중보자로 내세워야 한다고 했다. 인간은 천사들이 천상에서 하나님께 경배 드리는 모습을 흉내 내어 하나님을 경배할 수 있을 뿐이라는 것이다.

나아가 거짓 교사들은 자기의 본 것, 곧 자신들의 주관을 의지하고 과장한다. 자신에 몰입하며 마치 자기가 무엇이 된 것처럼 들떠서 교만하게 말한다. 자신들이 보았다고 주장하는 그 환상들은 머리 되시는 그리스도를 의지하는 것이 결코 아니다. 그들은 성도들이 붙들어야 할 예수님을 붙들지 못하게 한다. 궤도를 이탈케 해 우리가 주님으로부터 받을 상도 빼앗게 한다. 신앙이 자라지 못하게 한다. 우리는 이런 것에 매일 것이 아니라 예수님으로 내 자신이 충만해져야 한다. 바울은 이 말씀을 통해 하나님과 인간 사이의 유일한 중보자는 천사가 아니라 예수 그리스도밖에 없음을 강조하고 있다.

"머리를 붙들지 아니하는지라 온 몸이 머리로 말미암아 마디와 힘줄로 공급함을 받고 연합하여 하나님이 자라게 하시므로 자라느니라."(19절)

"그들은 머리 되시는 그리스도에게 붙어 있지 않다. 온 몸은 이 머리를 통해 각 마디와 힘줄로 서로 연결되어 영양 공급을 받아서 하나님이 원하시는 대로 자라나는 것이다."

"머리를 붙들지 아니하는지라." 골로새 이단의 주된 오류는 그리스도에 대한 잘못된 인식에 있었다. 즉 그들은 그리스도가 하나님이 아니라고 생각한 것이다(9절, 1:19). 거짓 교사들의 헛된 가르침과 행위를 떠나 그리스도께 온전히 매달리는 자만이 우리의 머리되시는 주께서 공급하시는 힘을 통해 믿음이 자라고 성장할 수 있다.

"너희가 세상의 초등학문에서 그리스도와 함께 죽었거든 어찌하여 세상에 사는 것과 같이 규례에 순종하느냐."(20절)

"너희는 그리스도와 함께 죽어서 세속의 유치한 원리에서 떠났다. 그런데 어찌하여 아직도 이 세상에 속하여 사는 것과 같이 율법의 규정에 얽매여 있는가?" 형식적 율법 규정에 매어있지 말고 그리스도와 연합하는 삶을 살라는 것이다.

20-23절은 잘못된 형식주의 고행주의, 금욕주의를 경계하라는 말씀을 통해 그 가르침을 심화하고 있다. 규례들, 곧 의문에 써놓은 것들은 자의적 숭배를 유도하고, 몸을 괴롭게 한다. 자학과 고행이 잘 섬기는 것으로 간주한다. 마치 영을 중시하고 육을 배척하는 영지주의가 육을 괴롭게 하고 가난을 미화하며 극한 고행을 유도해 그것이 곧 신앙이 좋은 것으로 간주하는 것과 같다. 수도원의 창시자 안토니는 단 한 번도 속옷을 갈아입지 않았고, 발을 씻지 않은 것을 자랑하였다. 기둥성자(stylite)로 알려진 시므온(Simeon)은 36년 동안 15미터 위에서 생활하였다. 땅은 더럽다는 생각 때문이었다. 종교개혁 전 루터도 극단적 고행으로 몸을 망칠 뻔 했다. 이것은 복음의 본질을 훼손한다는 점에서 문제가 있다. 이런 고행이 아니라 그리스도 안에서 충만히 거하는 것(골 2:10)이 중요하다.

우리는 형식주의가 아니라 찬송 하나 하더라도 찬송을 통해 예수 그리스도와 만나는 것이 중요하고, 신비주의가 아니라 그리스도와 연합하는 삶이 중요하며, 금욕주의가 아니라 그리스도 안에서 충만한 것이 중요하다. 속사도 시대에는 말씀훈련으로 형식주의를 극복하고, 생활훈련으로 신비주의를 극복했으며, 영성훈련으로 금욕주의를 벗어났다.

“곧 붙잡지도 말고 맛보지도 말고 만지지도 말라 하는 것이니.”(21절)

이 규정들은 이것은 잡지 말고, 저것은 맛보지 말고, 그것은 건드리지 말라는 따위의 것이다. 이것은 이단의 엄한 금욕적인 성격이 명시되어 있음을 말한다. 이러한 금지사항은 구약의 의식법을 극단화한 것이다. 왜 이런 규정들에 매어있느냐는 것이다.

“(이 모든 것은 한때 쓰이고는 없어지리라) 사람의 명령과 가르침을 따르느냐.”(22절)

“이런 것은 인간이 만든 명령(*entalmata*, commandments)이고 가르치는 것(*didaskalias*, teachings)이다. 이런 것들은 모두 한번 쓰고 나면 없어져 버릴 것이다.” 인간이 만든 것은 영원하지 못하다.

“이런 것들은 자의적 숭배와 겸손과 몸을 괴롭게 하는 데는 지혜 있는 모양이나 오직 육체 따르는 것을 금하는 데는 조금도 유익이 없느니라.”(23절)

“이런 규정들은 제멋대로 만든 종교적 숭배나 거짓된 겸손이나 자기 몸을 괴롭히는 데는 지혜 있는 것처럼 보이지만 육체의 정욕을 막는 데는 아무 효과가 없다.”

“자의적 숭배”(*ethelothreskia*, self-imposed worship)는 하나님이 우리에게 요구하시는 것보다 더 많은 교훈들을 만들어내 하나님을 자기 나름대로 경배하려는 제멋대로의 예배 행위를 말한다. 거짓 교사들은 그들의 이단적인 체제의 규례들을 스스로 만들었다. 이것들은 하나님으로부터 나온 것이 아니다. 이런 예배나 과장된 겸손, 부질없는 금욕주의 따위는 현명한 것처럼 보이지만 육체적 욕망을 제어하는 데는 조금도 도움이 되지 못한다.

골로새서 3장

위의 것을 찾을 것, 그리스도인의 새 생활, 그리스도인의 가정생활

1. 위의 것을 찾으라(1-4절)

"그러므로 너희가 그리스도와 함께 다시 살리심을 받았으면 위의 것을 찾으라 거기는 그리스도께서 하나님 우편에 앉아 계시느니라."(1절)

"그러므로 성도 여러분이 그리스도와 함께(*syn to Christo*, with Christ) 살려 주심을 받았으면 위에 있는 것들을 추구하라. 거기에는, 그리스도께서 하나님의 오른쪽에 앉아 계신다."

골로새서 3장은 그리스도인이 어떤 삶을 살아야 하는가를 말해준다. "너희가 그리스도와 함께 다시 살리심을 받았으면."은 2:12의 세례를 염두에 둔 것으로 보인다. 세례는 그리스도와 함께 죽고 그와 함께 사는 영적인 의미가 있기 때문이다. 교인들 앞에서 세례를 받음으로 이제 그리스도인이 되었음을 공적 증거의 의미도 있다. 당시에는 기독교에 대한 핍박이 있었기 때문에 세례를 받는다는 것은 죽음을 각오한 것이다. 이런 의미에서 그리스도인은 세상 사람과 다른 차원의 삶을 사는 사람들이다. 우리는 그리스도와 함께 살리심을 받았다. 따라서 우리는 날마다 산 자로서의 삶의 모습을 드러내야 한다.

"위의 것을 찾으라." "위의 것"(*ta ano*, the things above)은 하늘에 있는 것을 말한다. "찾으라"(*zeteite*, seek)는 것은 지속적인 행동이다. 위의 것을 찾아야 할 이유는 그리스도 때문이다. 우리는 그리스도로 인해 다시 살게 되었고, 그리스도는 지금 하나님 우편에 앉아계셔서 우리를 주관하시기 때문이다. 위의 것을 찾을수록 예수 그리스도를 발견하게 된다. 그리스도는 "하나님 우편에"(*en dexia*, at the right hand) 앉아 계신다. 하나님 우편은 우주적 권세를 가진 상징적 자리이다. 예수님은 그만큼 존귀하신 분이시다. 예수님이 하나님 우편에 앉으셨음을 생각하고 그의 뜻을 찾으며 그것을 삶에 옮겨놓아야 한다.

"위의 것을 생각하고 땅의 것을 생각하지 말라."(2절)

"여러분은 하늘에 있는 것을 생각하고 땅에 있는 것을 생각하지 말라."

위의 것과 땅의 것(things on the earth)은 서로 대조된다. 바울은 성도들을 향해 땅의 것을 생각지 말고 위의 것을 생각하라 한다. "생각하라"(*phroneite*, set your minds on)는 것은 계속 집중하라는 말이다. 집중해서 생각하고 행동해야 할 것은 "위의 것"이다. 그리스도인은 이 땅에서 하늘의 능력을 받고 사는 사람이다. 그 능력은 하나님으로부터 온다. 위의 것을 사모하고 찾으라는 것이다.

이것은 우리의 처한 모든 상황을 주님의 시각으로 바꿔야 한다는 것을 알 수 있다. 예수님을 우리 삶에 최우선 순위에 놓고 내 삶 전체를 통해 그리스도를 드러내는 것이다. 드러내는 것은 위의 것이다. 더 이상 땅의 것이 아니다.

"이는 너희가 죽었고 너희 생명이 그리스도와 함께 하나님 안에 감추어졌음이라."(3절)

"이것은 여러분이 죽었고 여러분의 생명이 그리스도와 함께 하나님 안에 감추어져 있기 때문이다."

"이는 너희가 죽었고." 이것은 "그리스도와 함께 죽었고" 라는 말을 함축하고 있다. "우리가 알거니와 우리 옛 사람이 예수와 함께 십자가에 못 박힌 것은 죄의 몸이 멸하여 다시는 우리가 죄에게 종노릇하지 아니하려 함이니." (롬 6:6) 예수님이 십자가에 못 박힐 때 우리의 옛사람도 함께 못 박혔다. 그리스도와 함께 우리 자신도 죽은 것이다. "그리스도 예수의 사람들은 육체와 함께 그 정과 욕심을 십자가에 못 박았느니라"(갈 5:24). 나의 옛 자아는 죽었다. 세상적인 나는 죽었다.

하지만 우리는 그리스도와 함께 다시 살아났다. "그러므로 우리가 그의 죽으심과 합하여 세례를 받음으로 그와 함께 장사되었나니 이는 아버지의 영광으로 말미암아 그리스도를 죽은 자 가운데서 살리심과 같이 우리로 또한 새 생명 가운데서 행하게 하려 함이니라."(롬 6:4) 우리는 예수와 함께 새로운 삶을 살게 되었다. 내 안에 그리스도께서 사신다. 내가 아니다. 그리고 그 형상을 닮아 날마다 주님처럼 변해간다. 영광에서 영광으로.

"너희 생명이 그리스도와 함께 하나님 안에 감취었음이라(*kekryptai*, has been hidden)." 주님은 하나님 우편에 앉아 계신다. 주님이 하나님 우편에 앉아 계실 때 우리를 하나님 우편에 앉히셨다. "허물로 죽은 우리를 그리스도와 함께 살리셨고 또 함께 일으키사 그리스도 예수 안에서 함께 하늘에 앉히시니."(엡 2:5,6). 그리스도인은 하늘에 앉아 세상을 사는 존재이다. 예수를 믿어도 겉모습은 달라지지 않는다. 그러나 하나님 우편에 사는 우리의 진짜 모습은 하나님 안에 감춰져 있다. 우리는 영원한 생명을 소유하고 있다. 우리의 겉모습과는 완전히 다르다. 세상 사람은 이 세상에서 보이는 것에 집착한다. 재물, 외모, 사람들로부터 인정받는 것에 생명을 건다. 그러나 그리스도인은 이것에 연연하지 않는다.

"우리 생명이신 그리스도께서 나타나실 그 때에 너희도 그와 함께 영광 중에 나타나리라."(4절)

"우리의 생명(zoe, life)이신 그리스도께서 영광의 모습으로 재림하실 때에 여러분도 그분과 함께 영광에 싸여 나타날 것이다."

이 세상은 지진이나 핵으로 망하는 것이 아니라 영광 중에 재림하실 예수님의 재림으로 끝난다. 종말론적 위기에도 예수 그리스도가 중심이 된다. 그날 예수님과 함께 "영광 중에"(*en doxe*, in glory) 나타날 것이다(*phanerothesesthe*, will appear). 과거에 우리는 그리스도와 함께 죽었고, 다시 살아났다. 현재 우리의 생명은 하나님 안에 감춰져 있다. 미래에 우리의 영광은 그리스도와 함께 나타날 것이다. 그리스도인은 이처럼 미래를 안고 있는 존재이다.

2. 그리스도인의 새 생활(5-17절)

"그러므로 땅에 있는 지체를 죽이라 곧 음란과 부정과 사욕과 악한 정욕과 탐심이니 탐심은 우상 숭배니라."(5절)

"땅에 있는 지체"(members which are upon the earth)는 세속적인 본능, 곧 악한 정욕과 탐심 등으로 우리의 영적인 삶을 방해한다. 그것을 죽이는 것은 고통스럽다. 그러나 그 고통을 극복하지 않으면 안 된다. 우리는 언제나 죄지을 성향이 남아있기 때문이다. 죽이라 해서 물리적인 죽음을 의미하지 않는다. 영적인 다스림을 의미한다. "너희가 육신대로 살면 반드시 죽을 것이로되 영으로써 몸의 행실을 죽이면 살리니."(롬 8:12) 과거 오리게네스는 생식기를 자름으로 이것으로부터 벗어나고자 했고, 14세기 유럽에서 흑사병이 유행하던 무렵, 전염병을 신의 진노로 여기고 스스로에게 고행을 가하는 방식으로서 속죄하려 했던 고행자그룹(the Flagellant)에서는 쇠 벨트를 매고 고행을 하기도 했다. 그러나 이렇다고 해서 몸의 행실이 죽는 것은 아니다.

바울은 우리 각자가 그리스도와 함께 못 박아야 할 죄악 된 행실로 다섯 가지를 들었다.

(1) 음란(*porneian*, sexual immorality): 음란은 배우자가 아닌 사람과 성관계를 갖는 것을 말한다. 성은 강물과 같은 것이다. 그 물이 강둑 안에서 안정되게 흐를 경우 그 성은 건강과 즐거움의 원천이 되지만 강둑 밖으로 흐르면 고통과 파괴와 자멸을 가져오게 된다.

(2) 부정(*akatharsian*, impurity): 변태적 섹스를 말한다.

(3) 사욕(*pathos*, lust, passion): 포르노 등 시각적으로 관능을 일으키는 것을 말한다.

(4) 악한 정욕(*kaken epithymian*, evil desire): 색욕 등 정신적으로 불결한 것들을 말한다. 정욕은 '에피데미아'로 "금지된 것임에도 불구하고 그것을 열망하는 행위"를 의미한다.

(5) 탐심(*pleonexian*, greed): 탐심은 헬라어로 "*pleonexia*"로 "더(more) 가진다(have)" 뜻을 가지고 있다. 가지고 있는데도 더 가지고자 하고, 특히 금지된 것을 더 가지고자 한다. 다른 사람의 육체를 소유하고자 하는 것도 탐심이다. 앞의 모든 죄들이 자라도록 하는 모판과 같다.

여기선 탐심을 우상숭배라 했다. 그러나 에베소서 5장은 우상숭배를 탐심뿐 아니라 악한 모든 것에 연결시켰다. 우리에게 우상은 무엇일까. 우상은 우리가 절대화하는 것들이다. 그것 아니면 안 된다 생각하고, 그것을 자기 삶의 모든 것으로 생가하는 땅의 것들이다. 그것은 재물, 자식, 명예일 수도 있다. 그것들을 과감히 상대화하라는 것이다. 하나님은 우리가 상대화하지 못할 때 그 문제를 다루실 때가 있다. 그 보기가 야곱이다. 그가 재물과 가족을 우상화할 때 찾아오셨다. 야곱은 얍복 강가에서 하나님과 씨름하지 않으면 안 되었다.

우상은 그냥 없어지는 것이 아니다. 예수님이 우리 마음에 좌정해야 한다. 위엣 것 되시는 예수님을 찾아야 한다. 우상보다 더 막강한 힘, 곧 예수님을 의지해야 한다. 세상보다 하늘에 내 마음을 둔다. 그러면 내 마음이 하나님 나라의 지점이 된다.

마음을 일시적인 땅에 것에 두고 사는가, 아니면 영원한 하늘의 것에 두고 사는가. C.S. 루이스는 말한다. "영원하지 않은 것은 영원히 무용지물이다." 땅에 것을 죽이라. 그리고 더 이상 죽은 것에 미련두지 말자. 땅에 있는 것을 죽이면 예수의 생명이 우리 안에 들어온다. 우리 속에 그 생명이 감춰져 있다. 지금 우리 삶의 중심을 세상에서 예수님 중심으로 바꾸자. 그러면 이 땅에서도 하늘의 삶을 살아갈 수 있다.

"이것들로 말미암아 하나님의 진노가 임하느니라."(6절)

하나님은 죄를 미워하신다. 우리가 땅에 있는 지체, 곧 세속적 본능에 계속 빠져 있다면 하나님의 진노(*orge*, wrath)가 임하게 된다. 그리스도와 함께 자신의 정욕을 십자가에 못 박은 사람들은 죄와 불장난을 해서는 안 된다.

"너희도 전에 그 가운데 살 때에는 그 가운데서 행하였으나."(7절)

여러분도 전에 이런 욕망에 빠졌을 때에는 그렇게 행동하며 살았다.

"이제는 너희가 이 모든 것을 벗어 버리라 곧 분함과 노여움과 악의와 비방과 너희 입의 부끄러운 말이라."(8절)

"그러나 이제 여러분은 그 모든 것, 곧 분노와 격분과 악의와 훼방과 여러분의 입에서 나오는 부끄러운 말을 버리라."

5절의 버릴 것이 개인적인 것이라면 8절의 버릴 것은 사회적 관계에서 일어나는 것들이다.

(1) 분함(*orgen*, anger): 화를 내며 계산된 모욕을 가하는 행위이다.

(2) 노여움(*thymon*, rage): 격렬하게 분노하며 심지어 폭력 등을 행하는 것이다.

(3) 악의(*kakian*, malice): 적의를 가지고 추악하게 인신공격을 하는 행위

이다.

(4) 비방(*blasphemian*, slander): 중상모략, 명예훼손을 하는 것이다.

(5) 입의 부끄러운 말(*aischrologian*, filthy, foul language): 거칠고 난폭한 욕설 등이다.

"벗어버리라."(*apothesthe*, put off). 이런 행위로 찌든 옷을 과감히 벗어버리라.

"너희가 서로 거짓말을 하지 말라 옛 사람과 그 행위를 벗어 버리고"(9절)

"서로 거짓말을 말라." 땅에 있는 지체는 거짓에서 자유로운 사람이 없다. 인간은 거짓의 먹이사슬로 연결되어 있다 할 만큼 정직하지 못한 삶을 살고 있다. 거짓말은 신뢰관계를 파괴하고 인간관계를 파괴한다.

"옛 사람과 그 행위를 벗어버리고" 옛 사람(*palaion anthropon*, old man, old self)은 그리스도를 영접하기 전의 옛 본성을 가진 자이다. 탕자처럼 늘 영적으로 방해되는 나쁜 것을 먹으며 본능에 익숙한 사람으로 살았다. 그러나 이제는 그런 행위를 벗어버린 자가 되었다.

"새 사람을 입었으니 이는 자기를 창조하신 이의 형상을 따라 지식에까지 새롭게 하심을 입은 자니라."(10절)

이제는 옛 사람의 옷을 벗어버리고 새 사람의 옷을 입었다. 새(*neon*, new) 사람은 하나님의 자녀로 신분이 바뀐 사람, 영적으로 수준이 달라진 사람이다. 따라서 새 사람은 옛 옷을 완전히 벗어 버려야 한다. 벗는 것은 옛것을 입은 채 그 위에 다른 옷을 겹으로 입는 것이 아니다. 이중적인 삶이 아니라 완전히 벗어버린다. 교회 초기에는 과거와 다른 사람이라는 의미에서 세례 받을 때 흰 새 옷을 주었다고 한다.

새 사람은 자기를 창조하신 분의 형상(*eikona*, image)을 따라 끊임없이 새로워져서 참 지식에 이르게 된다. 생명의 지식으로 새롭게 된다. 새로워지면 우리의 영성도 달라진다. 지금까지 어둠의 삶에서 살다가 빛의 삶을 살려면 바로 적응하기 쉽지 않다. 그러나 하나님의 자녀는 점점 하나님 나라의 법도에 익숙해져야 한다. 정직을 연습함으로써 생활방식을 바꿔나가야 한다. 이런 가운데 영적인 성장이 있게 된다.

옛 사람과 새 사람	
옛 사람	새 사람
타락한 본성 그대로 살아 (old nature)	하나님의 형상 속에 살아 (new nature)
죄악 된 삶의 방식	빛의 삶의 방식
거짓말, 부정직	참말, 정직
벗어야 할 속성(put off)	입어야 할 속성(put on)
낮은 수준의 삶	차원이 다른 삶
죄의 자녀	하나님의 자녀

하나님은 우리를 그 형상에 따라 지으셨다(formation). 그러나 우리의 타락으로 인해 그 형상을 잃었다(deformation). 이제 우리는 변화를 받아 하나님의 형상을 회복해야(transformation) 한다.

"너희는 유혹의 욕심을 따라 썩어져 가는 구습을 좇는 옛 사람을 벗어버리고 오직 심령으로 새롭게 되어 하나님을 따라 의와 진리의 거룩함으로 지으심을 받은 새사람을 입으라."(엡 4:22-24).

참된 복은 사람을 변화시킨다. 자기의 옷(옛 옷)을 두껍게 입은 사람은 변화하지 못한다. 이들은 자기 죄를 놓고 잠 못 이룬 적이 없다. 복음은 사람을 변화시킨다. 복음은 헬라어로, "유앙겔리온"(Euangelion)이다. 이것은 문자적으로 "좋은 소식을 가져오는 자에 대한 보상", 또는 "좋은 소식"을 뜻한다. 이 단어는 과거 전쟁에서의 승리나 왕의 즉위 때 사용되었다. 그러나 주님이 오심으로 구원과 연관되는 단어가 되었다. 주님이 오심으로 우리의 죄를 씻고, 얽매임으로부터 자유를 얻게 되었다. 복음은 능력이 있다.

진짜 자아는 무엇이고, 가짜 자아는 무엇인가? 가짜 자아는 음욕으로 살고 거친 말을 하며 살았던 사람이다. 그러나 이제 그리스도 안에서 새로이 태어난 진짜 자아는 다르다. 육으로 사는 사람이 아니라 영으로 사는 사람이다. 세상은, 자기감정에 충실하며 살라고 한다. 끌리는 데로 살라고 말한다. 그러나 영적으로 사는 사람은 거친 파도가 밀려와도 육적으로 사는 것이 아니라 주와 함께 날아오른다.

"거기에는 헬라인이나 유대인이나 할례파나 무할례파나 야만인이나 스구디아인이나 종이나 자유인이 차별이 있을 수 없나니 오직 그리스도는 만유시요 만유 안에 계시니라."(11절)

"거기에는 그리스인과 유대인도, 할례 받은 자와 할례 받지 않은 자도, 야만인도 스구디아인도, 종도 자유인도 없다. 오직 그리스도만이 모든 것이며, 모든 것 안에 계신다."

그리스도 안에서 새 사람이 되는 것은 인종, 문화, 지식, 계급의 차별이 없다. 누구나 변화될 수 있다. 헬라인은 헬라어를 사용하지 않는 자를 야만인으로 보았고, 유대인은 할례 받지 않은 이방인을 인정하지 않았다. 야만인(*barbaros*, barbarian)은 헬라어를 못하고 덜 세련된 것으로 보이는 사람을 지칭한 말이다. 스구디아인(*Skythes*, Scythian)은 흑해 북방 지역에 살던 야만 민족을 가리킨다. 사람을 잔인하게 죽이고 그 살을 먹는 등 잔인하기로 이름난 족속으로 최고 야만인을 가리킨다. 하나님은 그런 사람들까지 변화시키신다는 것이다.

"그리스도는 만유(*panta*, all)시요 만유 안에(*en pasin*, in all) 계시니라." 만유는 모든 것을 가리킨다. 그리스도는 모든 것 그 자체이며 모든 것 안에 계신다. 예수 그리스도는 그들 안에 계셔 그 누구든 고칠 수 있다. 문화가 다르고 종족이 다르고 국가가 달라도 사람을 하나, 곧 그리스도 안에서 새로운 피조물로 만든다. 예수님은 모든 장벽을 뛰어넘으신다. 그런 차이는 이제 더 이상 중요하지 않다.

"그러므로 너희는 하나님이 택하사 거룩하고 사랑 받는 자처럼 긍휼과 자비와 겸손과 온유와 오래 참음을 옷 입고"(12절)

"너희는 택하신 거룩하고 사랑하신 자처럼." 택함 받은 자(*eklektoi*, the elect), 거룩하고 의롭다 여김을 받은 자(*hagioi*, the holy), 사랑을 받은 자(*egapemenoi*, the beloved), 이것은 그리스도이 어떤 정체성을 가지고 있는가를 보여준다.

하나님의 택하심을 입은 자는 그리스도 안에서 새사람으로써 생활해야 할 의무가 있다. 바울은 긍휼에서부터 오래 참음의 새 옷을 입으라 한다. 이 옷을 입으면 말씀이 우리의 삶에 접목되어 날마다 신선한 삶을 살 수 있다. 새 옷을 입는 자는 더러운 옷, 과거의 옷을 정리하고 버린다. 죄에 대해서는 죽고 하나님을 대하여는 살아야 한다. 우리가 입어야 할 옷 다섯 가지는 다음과 같다.

(1) 긍휼(*oiktirmou*, compassion): 서로 불쌍히 여기는 마음을 갖는 것을 말한다. 연민의 마음과도 같다. 이것은 내적인 것이다.

(2) 자비(*chrestoteta*, knidness): 긍휼이 내적인 것이라면 자비는 외적인 것으로, 겉으로 나타내는 것이다. 도움이 절실히 필요한 사람들에게 직접 도움을 주고 친절을 베푸는 행위를 들 수 있다.

(3) 겸손(*tapeinophrosynen*, humility): 겸손은 그리스도인에게 가장 필요한 것이다. 겸손은 죄의 근본인 교만과 반대된다.

(4) 온유(*prauteta*, gentleness): 온유는 유약하거나 연약한 모습을 나타내는 말이 아니다. 자신을 절제할 수 있는 힘, 통제할 수 있는 힘이 있음을 말한다. 마땅히 요구할 수 있는데도 기꺼이 포기할 수 있는 힘, 이득을 볼 수 있는데도 그것을 양보하는 것이 바로 온유다.

(5) 오래 참음(*makrothymian*, patience): 인내다. 남이 실수했을 때 그것을 그대로 지적하기보다 참는다.

"누가 누구에게 불만이 있거든 서로 용납하여 피차 용서하되 주께서 너희를 용서하신 것 같이 너희도 그리하고."(13절)

12절의 다섯 가지 옷에 더하여 13절에서는 두 가지 옷, 곧 용납과 용서의 옷을 더 입으라 한다.

(1) 용납(관용, *anechomenoi*, forbearing): 인내가 소극적인 것이라면 용납은 적극적인 것이다. 적극적으로 상대를 인정하고 세워준다. "누구에게 불만이 있거든." 불만(*momphen*, complaint)이 있음에도 불구하고 서로 참고 받아들인다.

(2) 용서(*charizomenoi*, forgiving): 더 이상 상대에 대한 감정을 품지 않고 용서한다. 깊은 바다에 던져버리고 다시는 그것을 건어 올리지 않는다. 하나님이 나를 어떻게 용서했는지 생각하며 용서하라.

"이 모든 것 위에 사랑을 더하라 이는 온전하게 매는 띠니라."(14절)

이 7 가지 옷 위에 사랑(*agape*, love)을 더한다. 사랑은 이 7 가지를 완전하게 묶어주는 띠 역할을 하기 때문이다. 즉, 모두 8 가지 옷이 있으면 그리스도 안에서 새로운 삶을 신선하게 살 수 있음을 가르쳐 준다.

"그리스도의 평강이 너희 마음을 주장하게 하라 너희는 평강을 위하여 한 몸으로 부르심을 받았나니 너희는 또한 감사하는 자가 되라."(15절)

"그리스도의 평안이 여러분의 마음을 다스리게 하라. 평안을 위해 여러분은 한 몸으로 부르심을 받았다. 그리고 여러분은 감사하는 사람이 되라."

여기서 두 가지를 강조하고 있다.

첫째, 그리스도의 평강(*eirene*, peace)이 너희 마음을 주장하게 하라는 것이다. "주장하라"는 것은 문자적으로 심판이나 감독이 경기를 주관하는 것을 가리키는 말이다. 8 가지 옷으로 신선한 삶을 살고 있는지 판단하기 위해서는 우리 안에 진정 그리스도의 평강이 있는지 점검해야 한다는 것이다. 그리스도께서 우리의 마음을 다스리고 감독하실 때 참된 평화가 깃들기 때문이다. 그리스도의 평강은 세상이 주는 평강이 아니다. 우리가 주님께 속해 있을 때 주님이 주시는 참된 평강이다. 한 몸으로 부르심을 입은 자, 곧 주안에서 연합하여 한 몸을 이루도록 소명을 받은 성도들에게는 그리스도의 평강이 넘쳐야 한다.

둘째 감사하는(*eucharistoi,* thankful) 자가 되라는 것이다. 주님이 주시는 옷을 입고서도 감사가 넘치지 않는다면 그것은 죽은 자임을 보여줄 뿐이다.

"그리스도의 말씀이 너희 속에 풍성히 거하여 모든 지혜로 피차 가르치며 권면하고 시와 찬송과 신령한 노래를 부르며 감사하는 마음으로 하나님을 찬양하고."(16절)

세 가지 명령이 담겨 있다.

"그리스도의 말씀이 여러분 가운데 풍성히 살아 있게 하십시오." "풍성히 거하게 하다"(*enoikeito plousios*, let dwell richly)는 것은 "내 속에 집을 아름답게 짓는다"는 의미를 가지고 있다. 하나님의 말씀이 나를 떠나지 않고, 말씀이 계속 생각나게 함으로써 말씀이 내 안에서 살아 역사하게 한다. 하나님의 말씀이 우리 안에 거하면 하나님의 역사가 일어난다.

"온갖 지혜로(*en pase sophia*, in all wisdom) 서로 가르치고 권고하십시

오." 이것은 말씀을 나누고 적용하는 데 힘을 쓰라는 것이다. 말씀을 바탕으로 그들 자신의 삶에서 문제가 되는 점을 나누면서 나만 그런 문제를 가지고 있는 것이 아님을 확인하게 되고, 말씀대로 살 것을 서로 다짐한다.

"감사한 마음으로 시와 찬미와 신령한 노래로 여러분의 하나님께 마음을 다하여 찬양하십시오." 시, 찬미, 신령한 노래로 하나님을 찬양하되 감사한 마음으로, 마음을 다하여 한다. 시는 시편을, 찬송은 그리스도인들이 부르던 찬양을, 신령한 노래는 성령에 감동되어 즉석에서 부르는 찬송을 말한다. 그러나 엄격하게 구분하기 어려울 때도 있다.

"또 무엇을 하든지 말에나 일에나 다 주 예수의 이름으로 하고 그를 힘입어 하나님 아버지께 감사하라."(17절)

두 가지를 강조하고 있다. 하나는, 무엇을 하든지 말에나 일에나 다 "주 예수의 이름으로"(*en onomati Kyriou Iesou*, in the name of our Lord, Jesus) 하라는 명령이다. 우리의 이름이 아니라 예수의 능력이 우리 안에 나타나도록 해야 하며, 우리가 아니라 오직 주님만 영광을 받으셔야 한다. 이 말씀에 따라 우리는 기도할 때 "주 예수 이름으로" 기도한다.

다른 하나는, 그를 힘입어 하나님 아버지께 감사하라는(*eucharistountes*, giving thanks) 것이다. 15, 16, 17절 모두에 감사라는 단어가 공통적으로 들어있다. 평화의 사도로 부르심을 받았을 때 감사하고, 그리스도의 말씀이 풍성히 거할 때 감사하고, 무엇을 하든지 감사한다. 이것은 우리가 언제, 어디서나 감사하는 자가 되어야 한다는 것을 가르쳐 준다.

3. 그리스도인의 가정생활(18-25절)

"아내들아 남편에게 복종하라 이는 주 안에서 마땅하니라."(18절)

"아내는 스스로 남편에게 순종하는 것이 주 안에서 합당한 일이다."

골로새서는 합당한 인간관계를 통해 남편과 아내, 자녀와 부모, 종과 주인의 갈등구조를 회복하도록 하고 있다. 하나님이 인간관계에 제시하는 원칙은 긍정적이고 창조적이며 소망이 있다.

"복종하라"(*hypotassesthe*, submit yourself). 복종은 문자적으로 "지휘관 밑으로 들어가다"는 뜻이다. 성경의 복종은 동등 됨을 부정하거나 열등의식 및 수치를 가져오는 복종이 아니다. "스스로 순종하기", 억지로 하는 것이 아니다. 자발적이고 당당하다. 기쁘고 감사함으로 한다. 순종의 모범이신 예수를 닮기 위하여 복종한다. 그렇게 해야 진정한 안정감, 존재감을 가질 수 있다.

복종을 나타내는 "obedience"는 라틴어로 "*ob-audire*"(to hear or listen to)다. 아주 큰 관심을 가지고 듣는 것을 말한다. 복종은 상대의 말에 귀를 기울이는 데서 시작된다.

"마땅하다"(*aneken*, fitting)는 것은 "올바르다", "적합하다"는 뜻이다. 창조질서가 그렇다는 말이다. 창조질서를 따를 때 평안하다. 예수님도 하나님 아버지의 뜻을 따라 그렇게 사셨다. 책의 표지가 튼튼해야 속장이 건재할 수 있듯 좋은 서포터가 될 때 좋은 배필이 될 수 있다.

"남편들아 아내를 사랑하며 괴롭게 하지 말라."(19절)

예수님이 교회를 위해 자신을 주신 것같이 아내를 사랑하라(*agapate*, love). 바이런은 "남자에게 사랑은 일부일지 모르지만 여자에게는 삶의 전부이다."라 했다. 그만큼 남편의 사랑이 중요하다.

"괴롭게 하지 말라."(*me pikrainesthe*, do not be harsh) 조소, 경멸, 비웃음, 비아냥, 폭력행사 등으로 아내를 괴롭게 하는 것은 남편의 옛 성품을 드러내는 것이다. 주님이 우리를 사랑한 것 같이 아내를 인격으로 보고 사랑하라. 아내는 사소한 것만으로도 상처받기 쉽다. 아내에 투자하라. 빌리 그래햄의 아내 루스 그래햄의 고백이다. “나는 남편과 이혼할 생각은 하지 않았지만 미워서 살인할 마음은 있었다. 나는 많은 사람을 괴롭혀 온 불필요한 존재다. 남편을 괴롭혔다.” 이 세상에 완벽한 남편이나 아내는 없다. 서로에 대해 꿈을 회복하라.

“자녀들아 모든 일에 부모에게 순종하라(*hypakouete*, obey) 이는 주 안에서 기쁘게 하는(*euareston*, pleasing) 것이니라.”(20절) 자녀의 부모 순종은 부모로부터 배운다. 하나님의 말씀을 따르지 않거나 부모를 공경하지 않으면 자녀는 그것을 배운다. 부모부터 삶에서 모범을 보여야 한다.

“아비들아 너희 자녀를 노엽게 하지 말지니 낙심할까 함이라.”(21절)

부모는 자녀들의 감정을 건드려 화나게(*erethizete*, provoke) 하지 말아야 한다. 그렇게 하면 자녀는 낙심하게 된다(*athymosin*, might become discouraged).

“종들아 모든 일에 육신의 상전들에게 순종하되 사람을 기쁘게 하는 자와 같이 눈가림만 하지 말고 오직 주를 두려워하여 성실한 마음으로 하라.”(22절)

종들은 모든 일에 자기 주인에게 순종해야 한다. 단순히 사람을 기쁘게 하는 사람들처럼 눈가림(*ophthalmodouliais*, eye-service)만 하지 말고 주님을 두려워하며(*phoboumenoi*, fearing) 성실한 마유으로(*en haploteti kardias*, in sincerity of heart) 주인을 섬기라. 진심을 다하라는 것이다.

“무슨 일을 하든지 마음을 다하여 주께 하듯 하고 사람에게 하듯 하지 말라.”(23절)

당시 종들은 숨 쉬는 동물, 곧 인간 취급을 받지 못했다. 무슨 일을 하든지 사람에게 하듯 하지 말고 마음을 다하여 주께 하듯 하라. 교회가 그리스도에게 하듯(엡 5:24) 섬기라는 말씀이다.

조지 워싱턴 커버는 미국에서 최초 흑인 박사를 받았다. 그는 노예였지만 이 말씀을 읽고 주께 하듯 주인을 섬기고 일을 해도 주께 하듯 했다. 그는 박토에 땅콩을 심어 옥토로 만들고, 생산된 땅콩으로 300가지의 음식방법을 내놓았다.

세상의 종과 그리스도의 종	
세상의 종	그리스도의 종
사람을 기쁘게 함(man-pleaser) 눈가림만 함(eye-service) 사람에게 하듯 함	주를 두려워 함(Lord-fearing) 성실한 마음으로 함(singleness of heart) 주께 하듯 함

"이는 기업의 상을 주께 받을 줄 아나니 너희는 주 그리스도를 섬기느니라." (24절)

여러분은 주님으로부터 기업(유산, *kleronomias*, inheritance)의 상(*antapodosin*, reward), 곧 하늘의 축복을 상으로 받게 될 것을 기억하라. 여러분은 주님이신 그리스도를 섬기는 사람들이다. "기업의 상"은 하나님으로부터 그리스도와 함께 물려받을 축복이다.

"불의를 행하는 자는 불의의 보응을 받으리니 주는 사람을 외모로 취하심이 없느니라." (25절)

"나쁜 짓을 하는 사람은 반드시 그 대가를 받을 것이다. 하나님은 외형적인 것을 보고 사람을 차별하지 않으신다." 하나님은 편벽됨(partiality)이 없으시다.

그리스도인답게 살아가라. 하나님과 분리되면 도덕관념의 부재와 소외로 빠진다. 그리스도인의 삶은 다른 사람과 함께 가는 삶이다. 상생의 삶이다. 자기 유익만 생각하고 남을 배려 안하면 안 된다. 그리스도인은 하나님의 흠 없는 자녀로 빛들로 나타나야 하며(빌 2:15), 선한 일을 해 하나님께 영광 돌려야 한다(벧전 2:12) 1세기 그리스도인들은 성령으로 변화된 제자들이었다. 그들은 삶의 모범을 통해 천국의 작은 식민지를 이루었다. 우리도 그런 삶을 배워야 한다.

골로새서 4장

상전에 대한 말씀, 그리스도인의 기도생활과 권고, 작별인사와 맺음말

1. 상전에 대한 말씀(1절)

"상전들아 의와 공평을 종들에게 베풀지니 너희에게도 하늘에 상전이 계심을 알지어다." (1절)

"주인 된 사람들은 하늘에도 자기 주인(*Kyrion*, a Master)이 계신다는 것을 알고 종들을 공정하고 정당하게 대우하라."

원하든 원하지 않든지 상전은 하나님이 계신다는 사실을 잊지 않고 종들에게도 의롭고(*dikaion*, righteous) 공평하게(*isoteta*, equal) 대하라는 말씀이다. 이것은 사회적 관계가 어떻든 그리스도 안에서는 형제애가 적용되어야 한다는 것을 보여준다.

2. 그리스도인의 기도생활과 권고(2-6절)

"기도를 계속하고 기도에 감사함으로 깨어 있으라." (2절)

"기도에 계속 힘을 쓰라(*proskartereite*, continue steadfastly). 감사하는 마음으로 기도하면서, 깨어 있으라(*gregorountes*, watching)." 항상 기도에 힘쓰라. 기도할 때 정신을 바짝 차리고 하나님께 감사하라.

"또한 우리를 위하여 기도하되 하나님이 전도할 문을 우리에게 열어 주사 그리스도의 비밀을 말하게 하시기를 구하라 내가 이 일 때문에 매임을 당하였

노라." (3절)

"그리고 하나님이 우리에게 전도의 문을 열어 주셔서 그리스도의 비밀을 말할 수 있도록 우리를 위해 기도하라. 나는 이 일 때문에 지금 갇혀 있다."

"전도할 문" (*thyran tou logou*, a door for the word)은 문자적으로 "말씀을 위한 문"으로, 복음 전파의 기회가 주어지기를 바라는 마음이 담겨있다. 바울은 고린도전서 16:9과 고린도후서 2:12에서도 복음 전파의 문에 대해 언급했다. 바울은 지금 갇혀있지만 복음을 자유롭게 전할 기회가 주어지기를 간절히 바라고 있다.

그리스도의 "비밀" (*mysterion*, mystery)은 유대인과 이방인 모두 그리스도를 믿음으로써 구원을 얻는다는 하나님의 뜻을 말한다. 이 뜻은 영원 전부터 감추어져 있다가 그리스도를 통하여 이제야 나타나기 시작한 것이다(골 1:26, 엡 3:6). 바울은 옥에서 풀려나 이 복음의 비밀을 하루 빨리 더 전할 수 있기를 바랐다.

"그리하면 내가 마땅히 할 말로써 이 비밀을 나타내리라." (4절)

"그러니 내가 마땅히 해야 할 말로(*phaneroso*, I should make clear) 이 비밀을 나타낼 수 있도록 기도해 주기 바란다." 이 비밀을 명확하게 전하도록 기도해달라는 것이다.

"외인에게 대해서는 지혜로 행하여 세월을 아끼라." (5절)

"믿지 않는 사람들을 대할 때는 지혜롭게 행동하고(*peripateite*, walk) 기회를 최대한 이용하라."

불신자에게 복음을 전할 기회가 생길 때 기회를 놓치지 말고, 지혜롭게 행하여 그리스도인의 성실과 사랑을 보여주어야 한다. "세월을 아끼라" (*kairon exagorazomenoi*, time redeeming)는 것은 기회를 선용하라는 말이다. 주어진 기회를 아껴 하나님의 뜻을 깨닫고 실천하는 데 최선을 다하라는 것이다.

"너희 말을 항상 은혜 가운데서 소금으로 맛을 냄과 같이 하라 그리하면 각 사람에게 마땅히 대답할 것을 알리라."(6절)

"여러분의 말은 소금으로 맛을 냄 같이 언제나 은혜가 넘쳐야 한다. 그러면 여러분은 각 사람에게 어떻게 대답해야 마땅한지를 알 것이다."

"소금으로 맛을 냄과 같이 하라." 헬라어에서 소금(*halati*, salt)은 지혜와 재치를 상징한다. 말은 언제나 친절하고 재치 있게 하라는 말이다. 소금은 보존력이 있고 맛을 낸다. 이와 마찬가지로 그리스도인의 대화는 유익해야 한다(골 3:8, 엡 4:29). 은혜 가운데서(*en chariti*, in grace) 지혜롭고 경건한 말로 대화하고, 신실하고 너그러운 태도를 보여 불신자들이 복음에 관심을 두도록 하라는 것이다. 그렇게 하면 자기 신앙과 복음을 변호해야 할 경우가 발생해도 대답할 말을 얻을 수 있게 된다.

3. 작별인사와 맺음말(7-18절)

"두기고가 내 사정을 다 너희에게 알려 주리니 그는 사랑 받는 형제요 신실한 일꾼이요 주 안에서 함께 종이 된 자니라."(7절)

"두기고가 나에 관한 모든 소식을 여러분에게 말해 줄 것이다. 그는 우리의 사랑받는 형제이며 신실한 일꾼이요 나와 함께 주님의 종이 된 사람이다."

두기고(*Tychikos*, Tychicus)는 "행운"이라는 뜻을 가진 아시아 출신의 바울의 제자이다. 디모데, 드로비모(Trophimus)와 함께 바울의 전도여행에 참여했다(행 20:4). 에베소서와 골로새서를 각각 에베소, 골로새 교회에 전했다. 바울은 그를 사랑받는 형제(*agapetos adelphos*, beloved brother), 신실한 일꾼(*pistos diakonos*, faithful servant), 주 안에서 함께 종이 된 자(*syndoulos*, fellow bond-servant)라 할 만큼 신임을 받았다.

“내가 그를 특별히 너희에게 보내는 것은 너희로 우리 사정을 알게 하고 너희 마음을 위로하게 하려 함이라.”(8절)

“내가 특별히 그를 여러분에게 보내는 것은 여러분에게 우리에 관한 사정을 알게 하고 여러분을 격려하기(*parakalese*, encourage) 위해서이다.” 두기고를 골로새 교회에 보낸 것은 일차적으로 바울 자신의 형편을 알리려는 것이었다. 그러나 그보다 더 중요한 목적이 있다. 이 서신을 통해 골로새 교인을 위로하고 격려하여 복음의 진리에 더욱 견고히 서게 하려는 것이다.

“신실하고 사랑을 받는 형제 오네시모를 함께 보내노니 그는 너희에게서 온 사람이라 그들이 여기 일을 다 너희에게 알려 주리라.”(9절)

“그리고 우리의 사랑을 받는 신실한 형제 오네시모(*Onesimo*, Onesimus)도 함께 보낸다. 그는 여러분과 함께 있던 사람이다. 그들이 이곳 사정을 모두 여러분에게 말해 줄 것이다.”

오네시모는 “유익한”이라는 뜻을 가진 인물로, 빌레몬의 노예였다(몬 1:10). 그는 주인의 금품을 훔쳐 로마로 도망쳐왔다. 하지만 바울을 만나 회심하고 그리스도인이 되었다. 바울이 오네시모를 위해 빌레몬에게 써준 서신이 바로 빌레몬서이다. 이 구절에서 그를 사랑을 받는 형제, 신실한 형제라 부르고, 그도 두기고와 함께 골로새에 보낸다고 했다. 오네시모도 골로새 교인들과 동향인임을 밝히고 있다. 그도 바울의 사정을 잘 전해줄 것이다.

“나와 함께 갇힌 아리스다고와 바나바의 생질 마가와 (이 마가에 대하여 너희가 명을 받았으매 그가 이르거든 영접하라).”(10절)

“나와 함께 갇혀 있는 아리스다고가 여러분에게 문안하고 바나바의 조카 마가도 문안한다. 여러분이 마가에 대한 지시를 이미 받았겠지만 그가 가거든 따뜻하게 맞아 달라.”

아리스다고(*Aristarchos*, Aristarchus)는 “최량의 통치”라는 뜻을 가진 데 살로니가 출신 유대인으로(행 27:2) 기독교로 개종했다. 그 후 상당기간 바울과 동행했고(행 20:4. 27:2), 바울은 그를 "나의 동역자"라 했다(몬 1:24). 그가 바울과 함께 갇혀있다는 것을 크게 두 가지로 해석하고 있다. 하나는, 바울을 섬기기 위해 자발적으로 갇힌 자가 되었을 가능성이다. 다른 하나는, 바울과 함께 그리스도의 군병이 되어 그리스도께 얽매인 자가 되었음을 말하는 것일 수 있다.

마가(*Markos*, Mark)는 "큰 철퇴" 또는 "비췸"의 뜻을 가지고 있는 마가복음의 저자로, 바나바(Barnabas)의 조카이다. 바울은 제2차 전도여행 때 동행을 거부할 만큼 마가를 인정하지 않았지만 지금은 문안 인사를 보낼 만큼 가까워졌다. 후에는 마가를 나의 일에 유익한 자라 했다(딤후 4:11). 마가는 베드로의 제자로, 베드로는 그를 아들이라 불렀다(벧전 5:13). 전승에 따르면 그는 알렉산드리아 교회를 세웠다.

"유스도라 하는 예수도 너희에게 문안하느니라 그들은 할례파이나 이들만은 하나님의 나라를 위하여 함께 역사하는 자들이니 이런 사람들이 나의 위로가 되었느니라." (11절)

"유스도(*Ioustos*, Justus)라는 예수(*Iesous*, Jesus)도 여러분에게 문안한다. 유대인 가운데 하나님의 나라를 위해 나와 함께 일하는 사람은 이 사람들밖에 없는데 이들이 나에게 큰 위로가 되었다."

유스도은 바울의 동역자로 골로새 교회에 문안인사를 했다. 할례 받은 사람들로서는 이들만이 하나님의 나라를 위하여 일하는 바울의 동역자들이자 바울에게 위로가 되어 준 사람들이었다.

"그리스도 예수의 종인 너희에게서 온 에바브라가 너희에게 문안하느니라 그가 항상 너희를 위하여 애써 기도하여 너희로 하나님의 모든 뜻 가운데서 완전하고 확신 있게 서기를 구하나니." (12절)

"여러분의 동향인이요 그리스도 예수의 종인 에바브라가 여러분에게 문안한다. 그는 여러분이 완전하게 되고(*teleioi*, mature), 하나님의 모든 뜻에 확신을 가지고(*peplerophoremenoi*, fully assured) 서기를 기도하면서, 늘 여러분을 위하여 애쓰고 있다."

에바브라(Epaphras)는 바울의 동역자이자 골로새 교회를 설립한 인물이다. 그는 옥에 갇힌 바울과 골로새 교회 사이에서 연락을 맡았었다. 교회를 위한 그의 기도조목은 여러분이 하나님의 뜻을 확신하고 굳게 서서 성숙한 신앙생활을 하게 해 달라는 것이었다.

"그가 너희와 라오디게아에 있는 자들과 히에라볼리에 있는 자들을 위하여 많이 수고하는 것을 내가 증언하노라."(13절)

에바브라는 골로새 교회뿐 아니라 라오디게아와 히에라폴리스에 있는 성도들을 위해 많은 수고를 하고 있음을 바울 자신이 입증하고 있다.

"사랑을 받는 의사 누가와 또 데마가 너희에게 문안하느니라."(14절)

누가(*Loukas*, Luke)는 의사로 바울의 전도여행 때 여러 번 동행했다. 바울이 로마에 갇혀있을 때도 함께 머무르며 그를 돌봤다. 이런 관계로 누가는 그가 직접 보고 들은 사실을 근거해서 누가복음과 사도행전을 기록했다. 데마(Demas)는 바울의 동역자였다. 하지만 세상을 사랑하여 바울 곁을 떠났다(딤후 4:10).

"라오디게아에 있는 형제들과 눔바와 그 여자의 집에 있는 교회에 문안하고."(15절)

라오디게아에 있는 형제자매들과 눔바(Nympha)와 그 부인의 집에서 모이는 교회에 문안하라. 눔바는 여성으로 가정에서 예배드리면서 가정 교회를 책임지고 있던 인물로 보인다.

"이 편지를 너희에게서 읽은 후에 라오디게아인의 교회에서도 읽게 하고

또 라오디게아로부터 오는 편지를 너희도 읽으라." (16절)

"여러분이 이 편지(*epistole*, letter)를 읽은 다음에는 라오디게아 교회에서도 읽을 수 있게 하라. 그리고 너희는 라오디게아 교회에서 오는 편지도 읽으라."

초대 교회에서는 교인들이 모인 자리에서 사도들의 편지를 크게 낭독하는 시간을 가졌다. 바울은 이 서신을 골로새 교회에서 읽은 다음 라오디게아 교회에서도 읽도록 했다. 그리고 그곳에서 오는 편지도 읽도록 했다. "라오디게아 교회에서 오는 편지"는 바울이 그 교회에 보낸 편지를 말한다. 이 편지는 라오디게아 교회에 보낸 편지일 수도 있고, 당시에 회람서신으로 교회마다 돌려가며 읽었던 에베소서를 가리키는 것일 수도 있다.

"아킵보에게 이르기를 주 안에서 받은 직분을 삼가 이루라고 하라." (17절)

아킵보(*Archippo*, Archippus)에게는 "주님에게 받은 직무(*diakonian*, ministry)를 성실히 수행하라"고 전해주시오. 아킵보는 빌레몬 집안사람이다. 바울을 그를 가리켜 "함께 군사 된 자"라 했다(몬 1:2).

"나 바울은 친필로(*te eme cheiri*, in the own hand) 문안하노니 내가 매인 것(*mou ton desmon*, my chains)을 생각하라 은혜가 너희에게 있을지어다." (18절)

"나 바울은 손수 이 인사말을 써서 문안한다. 여러분은 내가 지금 갇혀있다는 사실을 잊지 말라. 하나님의 은혜(*charis*, grace)가 여러분과 함께 하기를 기도한다."

바울은 눈이 나빠 자신의 편지들을 다른 사람으로 하여금 받아쓰게 했다. 하지만 그 서신이 자신의 편지임을 확인시키는 차원에서 마지막 문안 인사만큼은 직접 썼다.

바울은 이 서신이 자신이 보낸 것이며, 그가 지금 복음을 전한다는 이유로 로마 감옥에 갇혀있음을 잊지 않도록 했다. 그리고 하나님의 은혜가 골로새 교회에 함께 하기를 기도했다.